德育教育与心理健康教育

刘兆俊 著

吉林教育出版社

图书在版编目（CIP）数据

德育教育与心理健康教育 / 刘兆俊著. — 长春：吉林教育出版社，2019.12（2021.9重印）
ISBN 978-7-5553-5622-6

Ⅰ. ①德… Ⅱ. ①刘… Ⅲ. ①德育－教学研究②心理健康－健康教育－教学研究 Ⅳ. ①G41②G444

中国版本图书馆 CIP 数据核字（2019）第 301101 号

DEYU JIAOYU YU XINLI JIANGKANG JIAOYU
德育教育与心理健康教育

著　　者	刘兆俊		
策划编辑	杨　琳	装帧设计	飒　飒

出版发行　吉林教育出版社
（长春市同志街1991号　130021）
印　　刷　三河市元兴印务有限公司

开　本	787mm×1092mm　1/16
印　张	15.5
字　数	100千字
版　次	2020年6月第1版
印　次	2021年9月第2次印刷
定　价	108.00元

如有印装质量问题，请直接与承印厂联系调换

PREFACE 前言

高等教育在中国教育系统中担负着培养输出社会化人才的重要使命，在社会主义改革日益全面深化的今天，对社会主义未来的建设者和接班人的大学生的素质能力要求越来越高。健康的心理是大学生接受德育以及科学文化知识的前提，是大学生正常学习、生活、工作的基本保证。心理健康教育纳入德育体系对于德育自身的发展十分有利。同时，这也对高校德育和心理健康教育工作提出了新的要求。将心理健康教育纳入德育体系中必须在高校内引起全面重视，积极开展相关工作，以此来提高德育实效性。

有鉴于此，本书通过对心理健康教育在高校德育中的实现途径、体系定位、德育功能、有效融合进行了深入剖析和探索，希望通过本书的系统研究，进一步了解大学生心理健康教育自身的实践规律，促进科学的、系统的大学生德育体系的形成和发展，有利于德育找到更加客观科学的运行规律，进而提高对德育实践活动模式的深层次理解和认识，使心理健康教育可以真正融入高校德育，为提高德育实效性做出积极的贡献。

本书共分八章，各章之间既自成体系，又有逻辑关系，内容丰富，涉及面广，撰写形式新颖，体现了最新的心理健康教育、德育教育思想，符合高校人才培养目标要求，既遵循心理健康教育的基本规律，又贴合高校德育教育的要求，是一本实用性很强的学术研究和人才培养著作。

高校教育的重要使命是为社会输送合格的人才，"人才"不仅应该具有相关的专业技能，还应心理健康以及拥有正确的世界观、人生观、价值观。高校心理健康教育承担着促进大学生健康发展和祖国繁荣富强的重要使命，高校心理健康教育的有效实施是民族昌盛和国家富强的重要标志。但大学生健康心理和良好道德素质的养成，不是一朝一夕便可完成的，需要德育教育者、心理健康教育者不断努力，不断实践，最终整合"两育"的合力，以培养出社会发展所需要的全面、自由、发展的大学生。

笔者在撰写本书的过程中，借鉴了许多前辈的研究成果，在此表示衷心的感谢。由于笔者水平有限，加之撰写时间仓促，书中难免存在不妥和疏漏之处，恳请广大读者批评指正。

作者

2019年4月

第一章 新时期高校德育教育的探索与实践 1
第一节 新时期高校德育教育的问题与对策 3
第二节 高校主体性德育与大学生德育自我教育 8

第二章 大学生和谐人格构建的德育思考 19
第一节 "和谐人格"的一般理论概述 21
第二节 德育与塑造大学生和谐人格的内在联系 28
第三节 当前大学生和谐人格塑造面临的困境及原因 32
第四节 当代大学生和谐人格塑造的德育路径 39

第三章 心理健康教育对高校德育实现途径的研究 49
第一节 心理健康教育概述 51
第二节 心理健康教育在高校德育实现途径中的现状分析 61
第三节 心理健康教育对提高高校德育实效性具体途径分析 67

第四章 心理健康教育在高校德育体系中的引入及定位 85
第一节 心理健康教育进入高校德育体系的历史 87
第二节 心理健康教育进入高校德育体系的依据 93
第三节 心理健康教育在高校德育体系中的定位 101

第五章　大学生心理健康教育的功能及其实现 …… 123
第一节　大学生心理健康教育的功能 …… 125
第二节　在高校德育中实现心理健康教育功能的路径选择 …… 131

第六章　大学生心理健康教育德育功能探究 …… 141
第一节　大学生心理健康教育德育功能相关概念辨析 …… 143
第二节　大学生心理健康教育德育功能的发生与体现 …… 148
第三节　大学生心理健康教育德育功能的优化与发展 …… 163
第四节　大学生心理健康教育德育功能的实现与发挥 …… 187

第七章　高校德育与心理健康教育的融合探究 …… 205
第一节　德育与心理健康教育融合的可能性及现实意义 …… 207
第二节　高校德育与心理健康教育的融合共生路径 …… 214

第八章　心理健康教育在高校德育教育中的运用研究 …… 219
第一节　心理健康教育在高校德育中的运用现状及其原因分析 …… 221
第二节　强化心理健康教育在高校德育中运用的策略 …… 227

结束语 …… 237

参考献 …… 239

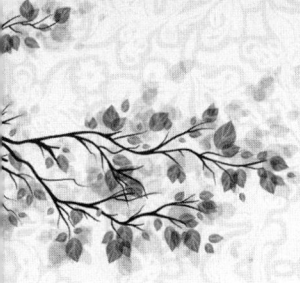

第一章

新时期高校德育教育的探索与实践

第一节　新时期高校德育教育的问题与对策

新世纪新阶段，国内外环境的变化使我国高校德育面临着严峻的挑战。从国际环境来看，经济全球化和文化全球化的迅猛发展严重冲击着高校学生的思想观念，弱化他们的国家意识和传统认同感；从国内环境来看，我国经济社会也发生着极其深刻的变化，特别是在利益多元化趋势下，相当一部分高校学生强化了个性化的价值取向，较多地关心个人利益，不少学生道德信仰缺失。为了提升高校学生的德育水平，需要进一步研究高校德育教育存在的关键问题，有针对性地探索加强高校德育教育的对策，以增强高校德育教育的实效性。

一、当前我国高校德育教育存在的问题

近年来，从总体上看，我国高校德育教育在提高大学生思想道德水平上发挥着重要作用，取得了一定的成绩。但与此同时，我们也应清楚地看到，高校德育教育也存在着诸多问题，主要表现在以下几个方面：

(一) 教育内容缺乏现实针对性

随着我国经济社会的不断发展，市场经济的负面效应对高校德育教育带来较大的冲击。大学生思想观念不断更新，出现新的道德问题，如高校学生唯利是图的现象和金钱至上、金钱万能的观念等不断盛行。而大学生的可塑造性较大，容易被不良习气所侵蚀。要求德育内容要与时俱进，不断充实更新，更加贴近生活，不断增强德育教育的实效性。然而，目前的高校德育教育目标过高，教学内容空泛，忽视了大学生的认知规律和身心发展规律，德育教育与大学生的实际需要脱离，与社会现实脱轨现象严重。

(二) 教育形式缺乏多样性

对各种衡量教育质量硬性指标的过分重视，致使高校德育教育充满功利性。对学生思想道德教育的关注不足，带来了德育教育形式的单一。在德育教育过程中，首先，教师仍然沿袭传统的教育模式，着重对学生进行教材

内容的灌输，而学生也只是被动地、单向性地接受教育，教师和学生之间的良性互动没有得到充分发挥。其次，高校过分依靠有限的思想道德理论课对学生进行德育教育，忽视了学校的文化气氛、教师的人格形象等对学生道德情操的形成所产生的潜移默化的重要影响。再次，高校忽视了社会实践活动的德育功能，从而使学生接受德育教育的渠道单一。

(三) 教育方法缺乏灵活性

高校德育教育是在教师和学生之间展开的，教师作为教育者发挥主导作用，学生作为被教育者发挥主体作用。要强化德育教育的效果，必须把两者有机结合起来，积极发挥教育者与被教育者两方面的积极性。当前，很多高校采用"灌输"和"说教"等方法对大学生进行德育教育。高校把讲授的内容当作对象性知识，由教师传授和灌输给学生，这种教育模式忽视了学生的能力培养和情感体验，阻碍了学生对道德观念的认同，也不利于思想道德观念转化为实践，难以达到预期的教育效果。

二、当前我国高校德育教育存在问题的原因分析

近年来，高校德育教育的实际效果不尽如人意，我们以为，造成这种道德教育实效性缺失的原因是多方面的，主要表现为：

(一) 对德育教育的认识不够、观念落后

高校德育教育的重要任务就是明确大学生德育教育的主体地位，培养其道德认知、激发其道德情感和指导其道德行为。长期以来，很多高校对德育教育的主体认识不够明确，重智育轻德育，存在着知识与道德相脱离等现象。伴随着经济社会的发展，大学生的思想观念也悄悄地发生着变化。这就要求高校德育教育要与时俱进地更新观念，对大学生进行针对性强、时效性高的德育教育。在过去很长的一段时间里，许多高校的德育教育受传统观念的束缚，使学生接受某种固定的道德价值，忽视了对学生个性、创造性思维和批判性思维的培养，同时也制约着教育内容、教育方法等方面的创新。因此，高校德育教育观念的滞后，成为影响和制约德育教育质量的主要不利因素。

(二) 德育教育的内容空泛、方法单一

德育教育内容的空泛表现为内容空洞，笼统说教，混淆道德理想信念和道德现实之间的区别。改革开放多年来，我国社会发生了巨大的变革，推

动了道德观念的变化，出现了许多新的道德问题，这就要求德育教育要贴近生活，不断更新和充实内容。传统德育教育主要是通过课堂教学这种强制灌输方式传播道德知识，认为不断增强德育课、政治课的理论学习是加强德育教育的有效途径。通过批评、禁止等行政管理手段来规范学生的偏差行为。这种强制性的灌输方式忽视了学生的主体需求，不利于学生在德育教育过程中主体能动性的充分发挥，难以收到应有的教育效果。

（三）德育教育人员参差不齐、工作机制存在缺陷

高校德育工作队伍是教育大学生树立科学的世界观、人生观和价值观，端正思想认识、提高道德素质、坚定理想信念，促进大学生健康成长的重要力量。然而，高校德育工作队伍却不够合理。一方面，德育教育人员专业结构不合理、思想素质理论水平低；另一方面，高校缺乏合理的考评机制，使得部分德育工作者提高自身德育理论水平的动力不足，导致他们难以应对学生遇到的问题和把握学生的思想动态，造成德育教育的效能低下。

另外，高校德育工作机制也存在着缺陷。德育教师在课堂上对学生进行道德教育，课后却缺乏与学生的交流沟通，未能对学生进行进一步的教育指导。而专职德育工作人员又由于理论知识不足，自身素养的缺乏，也导致德育工作的失效。

（四）不容乐观的德育教育环境

社会环境的优劣对高校学生思想道德的发展起着潜移默化的作用，如果对其缺乏正确有力的引导，就会在一定程度上弱化高校德育教育的效果。

改革开放以来，我国经济社会发展总体上是积极健康的，但与此同时，一些严重的社会问题也随之而来，如道德失范、是非善恶混淆、拜金主义和享乐主义滋长、诚信缺失等。这些腐朽思想和腐败现象对大学生产生了巨大的负面影响。在高校德育教育过程中，对大学生思想认识的正确引导重视不够，在一定程度上影响和制约着高校德育教育内容、方法的改革创新和高校德育教育的实效性。

三、提高我国高校德育教育实效性的对策思考

我国高校德育教育的现状和形势的深刻变化，要求我们必须结合当代大学生的新特点，积极探寻高校德育教育的新方法，有针对性地开展德育教

育工作，努力增强高校德育教育的实效性。

（一）树立"以人为本"的高校德育教育理念

"以人为本"的高校德育理念就是要求高校德育教育要以学生为本，不但要善于教育、引导和理解学生，还要切实维护学生的利益，重视学生的主体地位，帮助学生树立正确的世界观、人生观和价值观。针对当前大学生思想道德多样性、复杂性的特点，只有树立"以人为本"的德育理念，才能引起高校对德育教育地位和功能认识的转变，以适应大学生德育环境的不断发展变化。

树立"以人为本"的高校德育教育理念应从以下方面着手：一要正确认识德育在社会发展中的主导与先行作用，培养和造就具备高尚道德的大学生，引领整个社会的道德进步。二要从多个渠道加强德育教育，不仅要在德育实践中加强和改进德育专门课程的建设，对学生进行集中有效的德育教育，还要充分发挥智、体、美、劳等的育德功能。三要注重发挥德育对象的主体性。高校德育的实施，既包括教育者向德育对象传递德育信息的过程，也包含德育对象能动地接受德育信息，并实践其所接受的德育信息的过程。因此，应该充分认识到德育对象的主体作用，发挥其主动性、积极性，促使德育的内化和外化。

（二）明确德育教育目标、充实德育教育内容

高校德育必须以培养大学生的社会主义理想为基本目标。但是具体德育目标的制定又必须与当前的时代特征以及学生的个体现实需要相结合。首先，德育目标的制定要以促进人的全面发展为核心价值取向，倡导科学的世界观、人生观和价值观；其次，要确立高校德育对社会进步和人的全面发展起主导和先行作用的思想，积极促进人和社会的全面进步；最后，德育教育活动要尊重人的尊严和价值，维护人的地位和权利。

当前，大学生思想道德的选择性、多变性和差异性不断增强，这就要求创新德育教育内容，构建与时代发展相适应的符合社会发展需要和人的发展要求的道德教育体系。第一，高校德育教育的内容要突出主旋律。要强化社会主义、共产主义的理想信念教育，坚持用中国特色社会主义理论体系武装学生的头脑，使学生掌握正确观察、分析问题的立场、观点和方法。第二，高校德育教育要贴近学生的思想实际，解答学生的思想困惑和实际难

题。对高校学生进行新知识、新思想的教育，促进大学生世界观、人生观和价值观的科学形成。第三，要加强高校学生的心理健康教育。通过德育教育的熏陶，增强高校学生心理调适能力和对社会生活的适应能力，预防、缓解心理问题。

(三) 创新德育教育方法，优化德育教育环境

高校德育教育除了运用传统的灌输等方法外，还要根据学生的具体实际和教育内容的特点进行创新。一是激活道德主体的道德需要。高校德育不仅需要对道德主体进行道德知识的传授，而且需要培养道德主体自觉自愿接受外在的道德影响，并将其内化，不断地进行自我完善。二是运用实践的方法。实践教学是高校德育教育的重要方法和途径，学生通过参加社会实践，可以把所学专业知识和技能在实践中加以运用，做到理论与实践相结合。三是运用典型示范的方法。在高校德育教育过程中，要采取各种有效形式将抽象的说理变成鲜活的典型人物或事件来进行教育，激起学生思想情感的共鸣，引导学生去学习、对照和仿效。四是运用情感教育法。恰当及时地借助事件中的情感、情绪等因素进行德育教育，以使学生获得直接的思想道德准则和道德规范方面的经验，以形成正确的品德认识和健康的品德。

高校形成良好的德育教育环境，一是加强高校德育教育队伍建设，高校必须认真选拔德才兼备、素质较好的人员充实德育教育队伍。二是加强高校校风建设，高校教育行政部门领导及德育教育工作者必须重视良好校风的形成。三是加强高校校园文化建设，为德育教育提供丰富的载体。

(四) 加强德育教育管理，建立德育教育的评价体系

加强德育教育的管理，一是做好各种相关信息的沟通交流，把握学生思想变化的脉搏，不断变换工作方式方法。二是要实现德育部门与高校管理部门的信息交流共享。德育教育部门要向学校管理层反应学生的呼声，以便学校管理层科学制定管理制度。

在高校德育工作中，建立符合时代要求的德育评价体系，是提高大学生德育水平的关键所在。一要确立符合市场经济原则和人类社会发展要求的现代德育评价观念。二要确立符合社会发展要求和个性自身发展规律的德育评价目标，使德育教育的评价既有远大理想的引导，又具有现实性。三要从社会发展的需要和趋势出发，创建科学的德育评价体系。

随着我国改革开放历史进程的日益深化，各种深层次的矛盾逐渐凸显，必须发挥德育教育在提高大学生素质中的导向和决定性作用，加强大学生的思想道德教育，促进大学生的成才成长和全面发展。

第二节 高校主体性德育与大学生德育自我教育

所谓主体性德育是在教育者的指导与组织下，以调动学生的主动性、积极性、创造性为前提，教育者与受教育者共同参与的，以实现大学生德育自育为目的的社会实践活动。著名教育家苏霍姆林斯基说过："真正的教育在于能让学生实行自我教育。"主体性德育是教育者的启发、引导、指导与学生的认知、体验、践行互动的过程，也是教育者的价值导向与受教育者的自主选择相统一的结果。在高校实施主体性德育，培养大学生的主体精神，实现大学生自我育德是增强高校德育的针对性和实效性的必然选择，也是时代对高校德育提出的新要求。

一、"主体性德育"是高校德育改革的必然选择

(一) 社会转型呼唤主体性德育

我国正处于由计划经济体制向市场经济体制的转型时期，随着社会主义市场经济的确立和发展，我国的经济多元化必然带来价值取向的多元化；同时，市场经济是凸显个人利益的求利经济和优胜劣汰的分化经济。利益主体的多元化必然导致人们的主体意识增强，必然导致思想文化多元化和复杂化，这对高校德育提出了新的挑战。市场经济自主经营的原则激发了人的主体意识的生成，市场经济要求经济人充分发挥主体性，实行自主经营、自主管理、自我约束、自负盈亏，市场经济这种特质赋予人们主体意识，讲求等价交换，公平竞争，唤醒了人们的巨大积极性、主动性和能动性，人们的使命感、责任感和风险意识显著增强，这有利于人的独立性、创造性意识的形成和发展，也有助于促进学生主体意识的觉醒，以独立的人格关注社会现实，思考未来，为推动学生主体精神的发挥和自我价值的实现，为道德的主体性发挥奠定了基础。但是，另一方面，由于市场经济存在逐利性、盲目

性、自发性和滞后性的特点，个人在主体意识觉醒后，在利益的驱使下，有可能诱发极端个人主义和极端利己主义。因此，在开展主体性德育的同时，加强对学生主体意识的引导，培养学生的主体精神，正确处理个人与集体、自己和他人的利益关系，不仅必要而且是十分急迫的。

(二) 传统德育对象主体性失落，德育实效性、针对性差

当前，高校德育存在的主要问题是针对性差，实效性不强，一个根本原因就是德育忽视了大学生的主体性存在。实际上大学生较为成熟的主体意识客观上要求我们尊重学生的主体性，开展主体性教育，而且大学生的世界观、人生观、价值观并未完全成熟，大学生的主体性也还有待进一步培养、引导和发展。而我们高校德育却存在忽视学生主体性，采取单纯的理论灌输和"你打我通"的强迫式德育模式。主要表现在以下几个方面：

一是德育客体与学生道德实际相隔离。教师不是从学生实际出发引导学生内化从而接受德育客体，而是从某种抽象的社会整体高度出发，将德育客体设定为绝对高尚的结论，从而向学生强制灌输。然而，当道德知识、道德原则经教师灌输出现在学生认知领域时，学生很难从自身已有的认知结构和需要中找到与之相一致的契合点，于是便无法内化为信念，也就无法外化为行为。

二是学校德育活动与学生生活世界隔离。原因在于学校德育唯书唯上不唯实，或者有意识回避现实问题。学校德育常常自觉不自觉地营造一种纯而又纯的校园情境，造成学校与社会的反差，学生只在这种预设的情景中去认知、判断，学生一旦进入社会，就会感到不知所措。

三是教师和学生相隔离，教和学缺乏互动。在德育实践中把学生视为德育理论灌输的对象，忽视学生主体性。德育成了教育者对学生居高临下的阵地，形成了"我讲你听""我打你通"的局面。

四是德育忽视学生自身实践体验，将复杂的德育过程简单地等同于德育课堂中的说理、讲解，重视学生道德知识的掌握，在"掌握"和"认同"之间画等号，忽视了外在的道德要求向学生个体道德需要转化的心理机制，把个体品德的形成视为德育"外炼"的结果，对学生在日常生活中多样化的道德实践关心不足。

五是把德育目标当作起点。忽视学生个体差异性，把德育的终极目标

作为起点，采取高调宣讲，单向灌输的手段，德育过程缺乏阶段目标，以至高层次、高要求的德育目标找不到基础性的支持点后，无异于空中楼阁，难以达成。

(三) 创新人才培养要求创新高校德育

教育的使命就是要培养有创造性思维和创造能力的人。高等学校作为培养与造就社会主义事业建设者和接班人的重要基地，必须始终把培育有创新能力的人才放到首位，这是关系到我们中华民族兴衰的大事。要培养创新人才，就要转变传统的教育理念和教育模式；要培养创新人才，就要重新审视教育的主客体关系，就要突出学生的主体性。开展主体性德育，引导、发展大学生的主体性是高等教育一项十分重要的任务。一方面，高校德育不仅为保证高校培养社会主义建设者和接班人提供支撑，而且为培养合格的社会公民提供平台；另一方面，时代要求高校为社会培养更多地具有创新素质的人才，而创新人才的最基本素质就是人的主体性意识。因此必须创新德育理念，澄清德育的概念与功能，突出德育的地位，创新高校德育体系，构建新的有利于培养创新人才的主体德育模式。

(四) 弘扬人的主体性是时代对高校德育工作的要求

主体性是人作为对象性活动的主体所具有的本质属性，是作为认识主体在处理外部环境时所表现出来的一种功能性特征，是主体作用于客体的活动表现出来的自主性、能动性和创造性。只有培养人的主体性，才能实现"个人的独立和自由的发展"。弘扬人的主体性，这对推动人的全面发展和社会的全面进步具有极其深远的意义。具有主体性的大学生也一样，能够认识自己，适应社会，改革世界，实现自我价值。弘扬大学生的主体性，增强大学生的主体性品质与能力是当代教育的主题，是社会对大学生的客观要求，也是大学生成长进步的必然要求。主体性德育的理论与实践，正是针对传统德育中忽视学生的主体性这一问题而提出来的，它以学生的主体性发展作为德育改革的起点和依据，调动学生的主体性，充分发挥大学生德育自育功能，对传统德育中不合理的思维方法与行为方式进行深刻的反思，实现德育观念的转变，为发展学生德行和素质教育的实施提供新的理论框架，探索学生的德行得到主动发展的新途径。在高校开展主体性德育，培养大学生的主体意识，提高大学生的自主性、积极性、创造性等方面的品质与能力，是时代发展对高校德育工作提出的新要求、新任务。

二、高校主体性德育的目标是实现大学生自我育德

(一)"教育的目的是为了达到不教育"

人是教育的起点和归宿，教育最终要解决的是人的发展问题。我国教育家叶圣陶说："教育的目的是为了达到不教育。"教育家陶行知也说："智育注重自学，体育注重自强，德育注重自治。"强调自我教育并不等于否认教师在传授道德原则和知识中的重要作用，但是反对单纯的理论知识灌输，反对不顾学生实际和自我意识水平的"硬灌"，反对把道德知识、原则、规范的灌输作为德育的唯一手段。在德育过程中教师不仅应该而且必须发挥主体作用。高校德育教师的主导作用是多方面的，但主要是要引导学生走上自我修身育德的成长道路。高校主体性德育的目标是实现大学生自我育德，主体性德育要达到的结果是大学生群体的自我教育、自我服务、自我管理和大学生个体的自我认识、自我发展、自我超越。

(二) 学生也是德育主体

"德育就是用社会规范来约束个体行为和思想意识的活动，学生就是接受教育的对象。"传统的德育理论认为，学校德育的主体是指对学生施加可控性影响的组织者和教育者；客体是指学校德育主体认识和施加可控性影响的对象，即学生。主体性德育认为在主体性德育实践中教师和学生都是德育活动的主体，教师是德育中"教育""引导"的主体，学生是自我育德的主体。教师的主体性作用体现在"主导"上，而学生的主体性作用体现在"自我育德"中。学生在育德过程中具有社会主体和育德主体双重主体地位，一方面，青年大学生是社会的主体，是国家的主人，他们的社会主体地位决定他们在育德过程中的主体地位。只有意识到其自身的社会主体地位，才能更清楚地意识到自己在育德过程中的主体地位；也只有清醒地意识到自己只有自我育德才能更好地实现自身的社会主体地位，更好地履行国家主人翁的责任。主体性德育要求教师在主体性德育实践中要创造德育自育的条件，鼓励学生参与，让学生在德育情景中感受体验，在参与中加深对德育内容的理解和认识，在生活中践行道德规范，实现德育自育的目的。在德育过程中，"内化"是核心环节和基本规律，学生又是德育"内化"的主体，当然德育

中的主体理应由"内化"的主体——学生来充当。否则，我们的德育工作将会失去实际意义。"学生既是发展的第一主角，又是发展的终极目标，学会自主、主动、生动、活泼地发展是素质教育对学生素质发展的核心要求。"由此可见：学生是德育的主体并处于主体地位，学生是素质教育的主体，发挥着主体作用。

(三) 德育过程本身应是学生自我育德的过程

德行是自主建构和主动发展的，是个体通过自我认识、自我修养、自我超越实现的。当然，德行的自我构建并不等于说道德是自发生成的，德性的自主构建是主体在价值的引导下，在有组织、有计划、有目的的教育活动中，在精心设计的价值环境中自主建构的。高校德育应该是"环境与生长的统一，价值引导和个体价值建构的统一""是教育者组织适合德育对象成长的价值环境，促进他们在道德价值的理解和道德实践能力等方面不断建构和提升的教育活动。"[1]纵观大学生德育的过程，自我发现和自我认识是大学生自我育德的起点，自我完善和自我超越是大学生自我育德的结果。一个完整的德育过程应当是学生的认知、体验和践行相结合的过程，是学生在环境的影响下自我育德的过程，德育不是单纯地说教，是在浓厚的人文环境中展开，主体性德育要求教育者、受教育者的作用与环境的作用协调发展。教育者与受教育者的双向认知、互动、互补、相互作用，是在优美、和谐的环境中，与社会经济、政治、文化环境的作用相协调相发展，使学生置身于浓郁的文化氛围之中，陶冶学生情操，促进学生品德健康发展。离开学生的主体作用就不可能有真正的德育过程。

(四) 主体性德育的目标是培养和发展学生的主体性素质

主体性德育与传统德育的观念和思维方式截然不同，最集中地体现在培养目标上，它"不是造就传统的机械模仿者，而是培养传统道德的批判继承者，未来文明的创造者。"它的出发点不是禁锢人，而是创造条件发展人。它不仅重视道德规范的掌握，还注重尽可能地发展学生道德思维能力，培养丰富的道德情感，更着力于通过学校德育为学生一生的品德发展奠定基础。主体性德育要求大学生以积极的姿态去适应现时社会，并具有自主性、独立

---

[1] 檀传宝. 学校道德教育原理 [M]. 北京：教育科学出版社, 2001: 6.

性、主动性、创造性等"主体性道德素质";大学生作为道德实践活动的主体,不仅能在社会规范基础上,经过自己的理性思维,独立地做出道德判断和道德选择,还能够自主地调节自己的道德行为,在生活实践中完善自身的品德。主体性德育强调德育途径、德育形式的多样化;强调在社会教育、学校教育和家庭教育中体现学生思想和行为的主体性特征;强调学生在教育者营造的主体性育人环境中实现德育自育;强调德育过程是多样化、个性化和师生双向思想信息的交流沟通过程。

(五)主体性德育全面展现了德育功能

主体性德育将德育的现实性功能与超越性功能、实用工具性功能和个体享用性功能等一系列功能有机地整合于"受教育者主体性"培养上,全面展示了高校主体性德育的功能。主体性德育既通过道德教育传授现时代的规范,又"按照某种超越于现实的道德理想去塑造与培养人,促进人去追求一种理想的精神境界与行为方式,以此实现对现时代的否定"[1],即超越时代,进入一个新的道德平台。也就是说,德育不应仅仅简单地采取"约束人"的方法实现对现时代的维护,而应力求通过发展人的主体素质、提升人的主体性去继承现时代的道德,去批判和改造其不合理的部分,从而实现对现时代的超越,个体也在这种超越中获得个性的充分发展。与传统德育不同,我们赞成大学生德育自育在道德互惠互利的工具性应用中发扬光大;鼓励大学生道德的享用性在奉献、付出和使命承担的负荷中表达出崇高的精神愉悦和超凡脱俗的荣光。主体性德育充分体现了人对人类自身和人类社会的能动改造。

(六)高校主体性德育凸现了大学生德育的内在价值

传统德育强调外在社会发展价值而忽视内在的人的发展价值。主体性德育突出内在价值和外在价值的结合,更强调其内在价值。主体性德育突出精神价值与物质价值的结合,更强调精神价值。内在价值的核心是大学生自身内在的价值体现,是大学生作为人才体现出的价值,是大学生的素质全面发展的价值。精神价值也是内在价值。主体性德育在凸显培养"建设者""接班人",创造社会财富的物质价值的同时,更强调提升大学生的德行和精神境界的精神价值。主体性德育的落脚点是自我教育,目的是实现德育自育。

---

[1] 戚万学. 冲突与整合——20世纪西方道德教育理论[M]. 济南:山东教育出版社,1995:3.

德育是一种培养人、发展人的素质的社会实践活动，其根本价值指向就是不断提高学生的主体意识和主体能力，并成为自我教育、自我管理的社会主体。德育的内在价值和精神价值在于唤醒、激活与弘扬个体潜能中积极的、建设性的因素，启动学生的自我教育，在学校德育体系中使教育与自我教育相结合，形成动态平衡的发展机制。大学生主体性德育体现了自身素质发展的内在本体功能，把来自环境的作用转化为学生主体对环境反作用的精神动力和思想品质不断升华的良性机制。

三、高校主体性德育实践的方法论

理论的价值在于指导实践，主体性德育理论探索和研究在于推动主体性德育的实践。高校主体性德育是21世纪高校德育的新亮点，也是时代对高校德育提出的新要求。高校主体性德育不仅需要变革观念、创新理论，更重要的是在德育实践中引导学生自我育德，实现自我育德的目标。

（一）树立"以学生发展为本"的德育理念是主体性德育实践的前提

人的全面发展是教育目的。人是社会发展的手段，更是社会发展的目的。教育是通过学生素质的全面发展来促进社会的发展，而社会发展最终目的是为了人的发展。促进大学生素质的全面发展，是高等教育的目的，也是高校主体性德育的目的。新形势下高校德育工作必须树立"以学生发展为本"的德育理念，这是高校主体性德育实践的前提。坚持以学生发展为本，就必须从学生的内在需要出发，帮助学生形成正确的需要层次和需要结构，引导学生把个人的成才目标与学校的德育目标统一起来；坚持以学生发展为本，学校德育工作必须面向每个学生，尊重、关心、教育、引导好每一个学生，最大限度地满足每一个学生成长成才的需要。"为了一切学生，为了学生的一切，一切为了学生"，为学生成长成才创造各种可能创造的条件，最大限度地激发学生内在的成才动力，把工作实实在在放到育人为本的这一个工作价值目标上来；坚持以学生发展为本，就必须突出大学生的主体地位，以大学生的素质发展为本，为学生素质自由而全面的发展服务，使学生主体的德行得到主动、积极的发展。

（二）"主体意识培养"是德育自育的目的

青年大学生一般都在18岁以上，他们自主意识显著增强，开始反对不符合自己意愿的强制物。这在客观上要求我们必须尊重学生的主体意识存在，开展主体性德育。而传统德育却在很大程度上忽视了学生的主体意识存在，是一种被动式、强制式、灌输式的教育，它试图通过一切可能的方法和措施使学生接受并最终形成特定社会所要求的道德价值观念和道德行为习惯，所要传授给学生的乃是人们推崇的并为大多数人一致认可的、制度文化内容和具体的道德规则、规范或宗教教条。高校德育改革要冲破这种传统德育模式的束缚，构建主体性德育模式，开展主体性德育，关注学生的主体性，尊重学生的主体地位，引导和培育学生的主体意识，启发和引导学生自我认识、自我发现和自我提高。

(三)"双向互动"是德育自育的必要手段

在主体性德育实践中，师生互为主客体，德育过程是师生双向沟通的思想、信息和行为交流的过程。教育者在德育过程中发挥主导作用，教育者对学生施加的德育影响，通过学生内在的心理矛盾转化为思想动机，形成内在的驱动力，支配外在的自主行为。德育主体间自主地进行思想信息的沟通，相互交流，相互学习，展示自己，认识别人，并使自己的思想感情得到升华，实现自我教育、相互教育，这是德育自育的首要手段。主体性德育要求社会教育、学校教育和家庭教育要很好地结合起来，促进教育者与受教育者思想、观点、信息的双向沟通与交流，在沟通中协调，在协调中沟通。教育者在沟通和协调中实现引导，确保德育的方向性。

(四)"形式多样化"是德育自育的必然要求

个体和群体的差异性要求教育的内容、形式的多样化，也要求高校德育的内容、形式和途径的多样化。主体性德育形式的多样化是指不断创新学生德育自育的形式和途径。主体性德育要求教育者根据社会发展变化和学生的思想实际开展形式多样、内容丰富的德育实践活动，特别是运用现代科技手段和互联网，提高德育内容的生动性与深刻性。网络给德育带来了挑战和机遇，要充分认识网络的掩蔽性和无序性，要加强网络管理，开展网络德育，在网络德育实践活动中，加强大学生"慎独"网络道德教育，引导大学生自我管理，自我约束，自我教育，自我提高。

(五)"主体育人氛围营造"是德育自育的催化剂

主体性育人氛围是指教师和学生之间教育与自我教育的和谐发展的氛围。

这种氛围主要是靠教育者有意识地运用教育的艺术性手段与技巧，建设校园文化，构建"我是生活主人""自己的事自己做""自己的问题要靠自己解决"的主体性发展氛围；高校主体性德育要强调大学生对文化的主动适应性和创造性，促使大学生在选择、内化传统社会文化的基础上，形成大学生走向社会的过渡性亚文化——校园文化。营造主体氛围不仅要注重学生微观主体文化群体建设，如班级文化、寝室文化、社团文化，还要注重宏观文化群体建设，即校园校风建设。主体性育人氛围也是德育主体间良好的人际关系，主体间交互作用、和谐发展的氛围。创建和谐的人际关系环境。根据平等、理解、信任、互爱和互助等原则，建立教师之间、学生之间、师生之间和谐的人际关系，创造一个良好的心理氛围和人际环境，以利于学生的健康成长。

(六)"环境熏陶"是德育自育的必要条件

加强校园环境建设是营造德育自育环境的条件。高校校园环境建设：一要建设优美的校园物质文化环境。物质文化环境传达人的主体思想，反映人的价值意识，是人的主体价值的反映，是环境与人和谐发展的体现，校园校貌反映人的精神风貌。建设优美的校园物质文化环境，能激发学生的主体意识，使之对学生起到提高文化素养、陶冶思想情操的潜移默化的作用；二是营造宽松的宣传舆论环境。通过正确的舆论导向、政策导向和价值导向，弘扬主旋律，宣传先进模范人物，正确引导师生的主体价值取向，培育良好的校园主体性育人氛围，达到德育自育的目的。

(七)"德育实践"是德育自育的必要过程

学生具备了主体意识后，教育者应鼓励学生积极主动大胆实践，引导学生形成个体意识，不断地强化个体的主体行为，并逐步形成良好的主体行为习惯和转化为个性特征。在德育实践活动中，一方面，应给学生自主权，引导学生发现问题，主动、独立地思考并解决问题；另一方面，创造情景，鼓励学生在德育实践中亲身体验，让学生体验主体角色，表现自己，张扬个性。高校德育要反映社会生活实际，提倡生活及德育的理念，要用现实社会生活来教育学生，减少空洞的理论说教。对学生关心的社会问题和学生生活实际问题，要进行有说服力的引导、解答和真诚的帮助。高校德育内容要切合学生身心发展实际，反映学生生活实际，符合学生思想道德发展水平，能满足学生主体思想道德素质发展的需要。德育内容的安排要有针对性，体现差异性，切忌一刀切及形式主义，要树立生活即德育的理念。

(八)"学生自治组织的自我管理"是德育自育的平台

主体性德育的职能是引导学生成为校园生活的主人，通过自我教育和自我管理，实现学生学习自助，生活自理，事务自治，行为自律。主体性德育要求发挥高校学生党团组织、班级等正式学生组织和学生会、学生社团及自治组织的积极作用和功能，引导学生在组织中进行自我教育、自我管理和自我服务。大学校区建设和后勤社会化的推行为学生提供了自我教育、自我管理的道德实践平台，使学生成为学校社区的主体。学校领导和教师对于学生组织的活动要起好指导作用，提供咨询、经费、场地的帮助，负责推荐指导教师，更为重要的是应为学生组织创造条件、提供服务。

(九)"主体性德育模式"是主体性德育实践的保障

在主体性德育理论指导下的高校主体性德育模式，是指高校德育工作在学生工作干部和教师的主导作用下，坚持把学生放在主体地位，营造一种良好主体性育人氛围，不断增强学生的主体意识和主动精神，引导学生自我育德的德育模式。主体性德育思想强调培养学生的主体意识，强调学生思想道德的形成和发展是个体理智选择的结果，是学生自主建构的过程。主体性德育模式把"发展学生的主动性"作为德育的使命，瞄准培养学生集体的"自我教育、自我服务、自我管理"和学生个体主动"自我认识、自我发展、自我超越"的目标，把引导学生自我育德的方法作为德育的主要途径和方法。为了更好地构建主体性德育模式，实现学生德育自育的目的，我们必须深刻认识、深入探讨主体性德育的本质特征、方法手段以及规律性质。学校在主体性德育实践中建立健全适应主体性德育的组织、管理机构；探索高校主体性德育模式及其运行方式，其中包括"两课"主体性课堂教学模式、大学生主体性管理模式、大学生课外主体性活动模式和大学生党团及自治组织的建设模式等，不断增强德育的针对性和实效性，确保高校德育任务的完成和德育目标的实现，为社会主义事业培养合格的建设者和接班人。

第二章

大学生和谐人格构建的德育思考

第一节 "和谐人格"的一般理论概述

一、和谐人格的内涵

(一) 人格的含义

人格整合了人类全部的心理要素,是一个健全的、稳定的个体内部组织,它时刻影响着个体的心理状态、思维方式和行为表现。人格也是一个人在与外部环境的相互作用中表现出的独特思维模式、行为模式和情绪反应,是一个人区别于其他人的重要标志。人格是一个具有多层含义的综合性名词,在不同的领域对它也有不同的理解。比如在心理学中,人格可以理解为以性格、气质、能力为特征的"心理人格";在伦理学中,人格体现着与个人的气节、情操、品质、德行相关的"道德人格";在法学领域,人格也包含着与法律主题不可分离的"法律人格"。

(二) 和谐人格的内涵

和谐人格指的是人格内部各要素之间的和谐以及人格与所处环境之间的和谐,它是现实人格、传统人格与马克思主义人格理论的有机结合,是多种人格要素的协调统一。和谐人格是人格发展的最高状态,是个人进行自我完善,实现理想目标的基本前提,也是个人融入社会交往,处理人际关系的重要基础。人格和谐的人既能够在社会中实现自身的价值,又能够适应社会进步与发展的需要,培养具有和谐人格的大学生是高校德育的目标,也是国家进步与发展的要求。因此,高校要把培养大学生和谐人格的工作放在重要位置,为社会的和谐发展培养后备人才。当代大学生作为祖国的未来和民族的希望,培养其和谐的人格特质是促进和谐社会进步发展的基础,在社会主义核心价值观积极作用的引导下,培养当代大学生具有和谐的人格,是高校德育必须努力实现的伟大目标。

二、和谐人格的特征

和谐人格体现为一种心理活动、道德表现与价值追求相互协调、相互统一的行为模式,这种行为模式既能够创造出和谐有序的个体生存环境,又能够创造出稳定健康的个体发展环境。因此,这种"和谐"并不是静止的、一成不变的,而是不断地由心理层面的"和谐"向道德层面、价值层面的"和谐"转化发展的。

(一)心理层面:心理因素健全、人格倾向健康

心理因素健全、人格倾向健康是和谐人格的基本特征,而心理因素健全是人格和谐的首要基础。我国心理学家研究表明,心理因素又包括心理过程和人格两个方面,二者相互交融、相互统一才能够形成完整的和谐的人格特征。

首先,心理过程可分为认识过程、情绪过程与意志过程。人的感觉、知觉、记忆、思维与想象属于人的认识过程,这是人类通过各种感官反映外界事物个别属性和人体自身各个部分内在现象的过程。和谐的认知过程既能够使人们对外部事物有正常的感知、认识和了解,又能够让人们对自身综合情况拥有正确的认知和考量,这是人们能够身处社会并安然生活的重要前提。人们在感知客观事物的同时总会不自觉地带有一定的主观态度,在心理学中人们感知客观事物时所带有的这种态度叫作情绪。情绪虽然也能够表达个体对客观事物的感知,但它又不同于认识过程。认识过程反映的仅仅是客观事物本身,但是情绪所反映的是客观事物与主体需要之间的关系,根据客观事物满足主体需要的程度,可分为满意或不满意的情绪,或者是肯定与否定的情绪。由此可见,情绪反应是一种人们的心理活动、生活态度、情感表现与人们的社会行为、社会评价相联系的态度体验,例如义务感、责任感、爱国主义情感,甚至人的身心健康与疾病,在某种程度上都是通过人的情绪过程而发挥作用的。意志是能够支配主体行为、以此实现主体既定理想目标的心理过程,意志过程也是在认识过程与情绪过程的基础之上,对客观事物有了自己的认识和理解之后所确定的行为目标,是人们行为的指南,对人们的日常行为、价值取向、立身处世都有着十分重要的影响。总之,认识过程、情绪过程和意志过程的和谐统一才能形成一个完整的心理过程,才能够为和谐人格的塑造奠定心理基础。

心理过程是人们对外在客观事物简单的不稳定的反应,在这个反应过程中,所有的感性、理性和非理性因素都能够对人们的人格产生重要的影

响，它们之间是否能够协调统一，关系着人格发展的健康与和谐。感性是人们对事物的直接感知，理性则是主体对客观事物本质和规律的认识。人格标志着人的整体精神面貌，一个和谐的人，必然应当是感性、理性与非理性等各因素全面而平衡发展的人。相对于理性而言，感性往往更加形象而具体、丰富而多彩，从而让人们产生各种各样的情感表现，使人们成为真实的、有血有肉的有感情的社会中人。而理性则是人类独具的特征，凭借理性人们能创造出巨大的物质财富，也能创造出辉煌的人类文明。由此可见，感性和理性因素在和谐人格塑造的过程中都起到了不可忽视的作用。除了感性和理性因素之外还有一些非理性因素，比如人的情感、本能、欲望、信念、想象等等对人们的认识活动及实践活动也起到了重要作用，特别是情感，在人与人之间的交往中发挥着重要作用。正因为人们心存丰富而深厚的情感，人与人之间才能够相互理解、相互信任，才能够形成个人关系间、集体关系间、自然关系间伟大而美好的感情，才能够形成和谐的社会环境，才能够建设良好的生态环境。

和谐人格具有内在统一性，它需要个体人格内部各要素健全完整、平衡发展，那么人格倾向性是否健康也就成为塑造良好内心状态的关键因素。马克思强调，"人的本质不是单个人所固有的抽象物，在其现实性上，它是一切社会关系的总和"。人格倾向性的健康表现在人与社会的政治环境、经济环境、文化环境以及自然环境之间的协调融合、和谐统一。

(二) 道德层面：自我修养良好、道德情操高尚

和谐人格的心理层面指的是人的内在精神状态与外在行为表现的和谐统一，而道德层面主要侧重于人在社会关系之中的社会交往，包括个人自身的立身处世，又包括个人与其所有外部环境之间的相互关系，是一种具有实践意义的道德智慧，具体表现为于己，具备良好的自我修养；于人，付之高尚的道德情操。

作为一种社会意识形态，道德是人们共同生活的准则也是人们行为的规范，它往往代表着正面的价值取向。道不仅是一种引人向善的理念，更是一种天地人和、感知万物的综合能力，它能够引导人们恰当地处理人与自身、人与社会、人与自然之间的关系。而德则是在对道有所认识、有所践履的基础之上有所得、有所行的外在表现。外施于人，内得于己，以善德施于他人，使众人各得其宜；以善念存储心中，使身心互得其益，此谓之于德，这便是我们律己修身应遵循的道德准则。对于当代大学生而言，具有良好的自身修养是正确认识自己和他人的基础，培养高尚的道德情操是正确处理与他人、与社会、与自然关系的行为指南，在塑造大学生和谐人格的过程中二者都是不可或缺的关键因素。

（三）价值层面：理想目标明确、价值取向积极

如果说健全的心理因素是为构建人格奠定的生理基石，高尚的道德情操是在追求和谐中的自我完善，那么拥有积极健康的价值取向则是塑造和谐人格中的精神升华。

价值观顾名思义，就是人们在认识各种具体事物价值的基础上形成的关于事物价值总的看法和观点，价值观影响着人们对世界的认识水平同时也影响着人们对世界的改造能力。一方面，价值观是人们的一种价值选择；另一方面，价值观作为人们对事物总的看法和观点，能够对人们改造世界的活动加以影响，从而影响着人们的外在行为选择。价值观选择正确才能在改造世界的实践中取得成功，选择错误就会遭到失败。价值观作为人生的重要向导，对于人们追求生活方式、选择人生道路都具有重要的指导作用，不同的价值观会引导人们在面对公与私、名与利、善与恶、是与非等冲突的时候做出不同的选择。由此可见只有树立积极的价值取向，才能够分辨善恶、辨清是非、淡看名利、区分公私，只有树立积极的人生理想和远大的奋斗目标，选择正确的人生道路并为之不断付出努力，才能够塑造出和谐的人格，才能够拥有积极健康的人生。

价值观作为一种社会意识，它是对一定社会存在的反映，代表了人们对社会生活的认识、判断与追求。任何一个社会在其发展的过程中，都会形成符合社会统治阶级利益的，并要求全体社会成员遵循的社会核心价值体系，这种价值体系是对社会经济基础的集中体现，代表了社会的根本性质和发展方向。社会核心价值体系作为一种上层建筑不仅对经济基础起着重要的反作用，而且影响着每个社会成员价值观的形成与发展，它对社会生活的方方面面都产生着重要作用。党的十八大报告重点强调要积极践行社会主义核心价值观，并明确阐述了社会主义核心价值观对国家发展的促进作用，对社会进步的推动作用和对个人自身完善的指导作用。用社会主义核心价值观

的基本内涵来引导人们的社会实践活动，有利于社会的长期发展，有利于国家的长治久安，更有利于人们坚定信仰，实现远大的理想目标。当代大学生的价值观受到来自社会、家庭与个人自身因素的影响，具有非常独特的群体特征，既追求完美的精神境界、崇尚高尚的人格，又注重现实、讲求个人实惠、看重物质利益；虽然对贪婪与不道德的现象表示憎恶，但却对于自己的小恶行为过分宽容；由此造成了大学生的价值困惑。因此，想要塑造当代大学生的和谐人格就必须在社会主义核心价值观的指导下加强对大学生的价值观教育，引导他们走出自身的价值困境，树立他们积极的价值取向，树立远大的理想目标，为塑造和谐人格打好基础。

三、和谐人格的表现

社会是由个体通过各种方式组成的集合体，因此在多种和谐因素当中，社会成员之间的和谐相处是社会和谐发展的根本前提，同时也是社会成员与社会环境之间、社会成员与自然环境之间和谐共融的根本保证。想要造就社会中和谐的个体，首先要塑造个人健全、和谐的人格，使其形成科学的世界观，并能够在正确价值观的指导下处理与外部错综复杂的关系，能够做到正视自我、融入社会、尊重自然。大学生虽然是处在发展阶段的特殊人群，但是同样需要面对与自身、与社会、与自然之间种种复杂的关系，因此，大学生群体的和谐人格离不开和谐人格的普遍内涵，但又具有其自身发展的独特性，主要表现为以下两个方面。

1. 个人自身人格的协调一致

美国心理学家奥尔波特在哈佛大学长期对高心理健康水平的人进行研究，并归纳出高心理健康水平的几大特点：自我接纳，情绪上有安全感，客观地看待自己，有自我扩展的能力，具有现实性知觉等。由此可以看出，一个人要想具有健康的心理水平，塑造出和谐的人格，首先其自身人格内部各要素要协调一致，良性运行。

大学生是否具有和谐的人格要看他们自身的综合素质能否得到全面的发展，比如在道德方面是否具有高尚的道德品质和道德情操；在智力方面是否具有较高的智慧和才能；在体质方面是否具有健康的体魄；在审美方面是否能够用美学眼光看待周围的事物和环境，在生活方面是否具有积极的兴趣爱好，在价值观方面是否能够进行正确的价值判断，等等。人格真正和谐的大学生内心是稳定平和的，认知与行为是协调统一的，具体还有以下表现：

首先，能够正确认识自我、评价自我。人格和谐的大学生首先应该能够正确看待自己，能够用客观的标准评价自己，能够在不断的实践中发展自己的长处，但是并不会过分骄傲，同时也能够发现自身存在的不足，也能够正确接受，不会妄自菲薄。有自己明确的生活目标和生活理想，不会随波逐流，也不会过分标新立异。同时能够全面地认识自我、悦纳自我，懂得自尊、自爱、自信、自强。面对生活的压力能够适当进行自我调节，自我监督，不断完善自我发展。

其次，能够努力学习、健康生活。人格和谐的大学生能够明确现阶段最主要的学习任务，能够积极主动地学习科学文化知识，为自身的发展充分汲取养料。能够保持对生活的健康态度，会合理安排自己的生活，丰富自己的生活。无论是在学习还是在实践中，都有面对挫折和困境的能力和勇气，并能够通过自身的不断努力实现自己的人生理想和目标。

再次，懂得调适自我、排解压力。随着自身的成熟和社会的发展，大学生会面对越来越多的压力，尤其是就业压力。在面对强大的压力时，人格和谐的大学生能够用合理的方式来调适自己，能够在压力中找到自我排遣的途径，尽量保持自身的情绪稳定和行为理性。

最后，具有健康的审美情趣。生活中从来不缺少美，人格和谐的大学生具备高尚、健康的审美情趣，懂得在生活中发现美、欣赏美、追求美，能够从生活中不断获取正能量，使自身更加积极向上，不断追求更加美好的生活。

2. 个人与外界关系的和谐统一

个人与外界关系的和谐主要包括个人与他人关系的和睦，个人与社会关系的协调，以及个人与自然关系的和谐这三个具体的层面。

(1) 学会与他人和谐共处

能够处理好日常的人际关系，能够正确对待他人、友善与人相处，是人格和谐的大学生首要的外在表现，这样的大学生能够与他人建立友谊，能够与他人在相互尊重的基础上友善相待。与他人发生矛盾和冲突时，能够首先从自身寻找原因，拥有理解包容的胸怀。人格和谐的大学生在日常与他人的交往中，既不随波逐流，也不孤芳自赏，既要有自己的评价标准、原则和底线，也要中肯、不偏激、特立独行，能够使自己的行为与他人协调统一。

(2) 主动与社会和谐共融

马克思强调：人具有双重性，既具有客观的自然属性又具有发展的社会属性。但归根到底，人的本质属性则是社会实践性，人的生存和发展都依赖于一定的社会物质实践活动。因此，必须按照马克思主义的要求把人放在特定的社会环境中去考量，放在特定的生产实践过程中去考察和认识。所以拥有和谐人格的大学生必须具备良好的社会适应能力，可以在复杂的社会关系中对各类社会现象有正确的认识和理解，适应社会的发展，对待事物理智、中肯，不一味抱怨也不过分偏激。人格和谐的大学生必然具备高度的集体意识和社会责任感，不会过分以个人为中心而去损害他人和集体的利益。在集体生活当中要有团结协作意识，能够主动把自己的思想和行为统一到集体发展的大环境中，懂得张弛有度，不过分追求个性，不一味特立独行，更不会片面突出个人能力而导致与集体与社会之间的脱节。

(3) 力求与自然和谐共生

大自然是人类生存与发展的基础，无论是关系到人类生存的物质生产实践还是关乎人类发展的社会实践都是以大自然为依托进行的，因此人类必须充分重视自然，在利用自然和改造自然的同时，必须尊重自然界的客观规律，只有懂得保护自然，才能让大自然造福于人类，服务于人类。人与自然的关系主要表现在两个方面：一是人类对自然利用，包括从自然界索取自然资源与空间资源，享受良好的生态系统为生活提供的服务，向环境排放生产废弃物等；二是大自然对人类的反作用，这种反作用主要体现在自然资源对人类生存发展的制约，自然灾害给人类带来的灾难，生态环境恶化给人类健康带来的隐患等。所以人格和谐的大学生不仅要理解尊重自然、保护自然的重要作用，还能够付诸自身的实际行动，在利用、改造自然的同时具备良好的生态意识和环境保护意识，这样才能够与自然和谐共生、协同与发展。

第二节　德育与塑造大学生和谐人格的内在联系

一、德育的内涵

德育的发展对人类自身的发展与社会的进步都能够起到积极的推动作用。首先，德育是促进人类自身发展的重要方式，德育能够通过自身的内容与方法不断提高个人的综合素质，使人得到自由而全面的发展；其次，德育的发展符合社会进步的必然要求，德育能够通过其育人功能为社会发展培养高素质人才，能够促进社会的发展进步。随着时代的不断变化，高校德育也应促进德育内容与时俱进，丰富和发展德育理论，使其具有新的时代内涵，这样又为德育的发展注入了新的时代活力。但是在理论研究和实际工作中，人们对德育的内涵存在不同的理解。较为有代表性的有两种观点：一是把学校内的思想政治教育称为德育；二是认为德育即是对全体社会成员进行的思想、政治和品德教育。这两种观点虽然都能够体现德育的内容、都能够揭示德育的社会性与阶级性，但是相比于高校德育的实际情况，这两种观点显然是不够准确、不够全面的。

高校德育一直以来都是高等教育工作的重中之重，习总书记在十八大报告中提出："要把'立德树人'作为教育的根本任务。"高校德育工作的开展情况，直接关系到当代大学生素质能力的水平及和谐人格的塑造。因此要不断加强高校德育队伍建设，提高德育工作实效，要从德育的内涵与现实意义出发，把握德育工作的重点及关键所在。

德育是一个复合概念，它是"德"和"育"两个部分的综合，同时也具有鲜明的时代特征，德育的内容也与社会生产力的发展水平、社会阶级的发展状况息息相关。在古代社会中，德育总是被当作维护统治阶级利益的工具。例如，在西周学校教育中，在"礼、乐、射、御、书、数"六艺当中，"礼"教就是居于首要位置的。儒家主张"德治"和"礼治"，孔子强调"以德教民""以德化民"。很显然，在古代社会中，德育除了用来维护统治者的统治地位之外，更多侧重的是对人道德行为的教育。

在当代德育理论中，对德育的含义可以从广义和狭义两个不同角度去理解。狭义的德育从其范围上看指的是学校德育，是学校内部教育者按照一定的阶级或社会的要求，对受教育者进行有计划、有目的、有系统的政治教育、思想教育和道德文化教育等，通过教育过程让受教育者不断由对知识的占有过渡到情感上的认同再达到行为上的一致，并逐渐形成符合一定社会与阶级要求的道德品质，简单概括为教育者培养受教育者符合自身发展与社会需要的内在品质的活动。在德育的过程中，受教育者在教育者的不断引导下，逐步实现思想、意识、行为转化，即由一定的社会意识转化为个体主观的思想意识，再随着个体认识的不断深入逐渐转化为个体的行为习惯，通过反复实践最终形成个体的思想品德。广义的德育比狭义德育的范围要大，广义的德育既是对学生进行的道德品质教育，又是对学生进行的思想政治、心理健康、社会法制等方面的教育，是培养人们的内在品质、调节人们的社会行为、塑造人们的和谐人格并形成良好社会舆论风气的重要手段，也是人才培养的重要方式。德育不仅具有阶级性，同时也具有社会历史性，它能够随着社会历史的发展变化而变化，当前德育作为高等教育事业中的重中之重，其内涵不仅仅是要传授知识能力，更重要的是传授思想能力、道德能力、行为能力并使之内化于心、外化于行。高校德育还应坚持用社会主义核心价值体系培养大学生形成正确的价值观，使他们拥有正确认识世界的能力，树立正确的价值观，培养学生塑造和谐的人格，提高大学生的综合素质，使其得到全面而自由的发展。

二、德育的目标

随着我国改革开放不断深入，人们的思想意识、价值观念、行为习惯都随之发生了深刻的变化。尤其是伴随着经济全球化世界新形势的快速发展，使世界各国在政治、经济、文化方面不断交融，逐渐形成多元化的发展趋势。在新时期时代背景的影响下，大学生的成长与发展必然会呈现出新的特点与需求，这就要求我国高校的德育工作必须紧跟时代步伐，因事而化、因时而进、因势而新，适应社会新变化，不断满足社会进步与国家发展的新要求和新期望。德育目标为高校德育工作指明了方向，是高校德育工作的出发点和落脚点，也是评估高校人才培养能力的重要尺度。高校德育目标的设定是否科学合理，直接关系到高校人才培养的成败。因此，把握好德育目标对高校德育工作的发展具有深刻的理论意义和现实意义。

十一届三中全会之后，教育部对高校德育目标做出了明确规定，并在《中国普通高等学校德育大纲试行》中详细规定了高校德育目标的具体内容，为高校德育工作指明了方向。《试行》中高校德育目标的具体内容是"培养学生的爱国主义情怀，培养学生拥护党的领导，听从党的指挥，坚定社会主义的政治立场和方向，提高认识世界和改造世界的能力；培养大学生法律意识，做遵纪守法公民的表率；提升大学生各方面发展的综合能力；使大学生的智力水平与道德素养同步提升，培养出具有为共产主义伟大理想不断奋斗的先进分子和社会主义事业建设的接班人"。

在高校德育的实际工作中应以《试行》中的德育目标为指导，全面把握德育目标各层面的现实意义。第一，高校德育首先要坚持对大学生进行社会主义核心价值观教育，使学生坚定地信仰马克思主义理论，并结合我国具体国情在认识世界和改造世界的过程中主动以毛泽东思想及中国特色社会主义理论体系为指导，努力提高实践水平。第二，高校德育还要不断培养大学生的爱国意识和民族精神，坚持集体主义的价值取向，抵制极端的个人主义。要用科学的世界观指导他们认识世界的活动，要鼓励大学生积极实践，主动践行社会主义道德的基本要求。第三，高校德育应重视大学生的健康成长和立德成才的需要，积极鼓励大学生实现自我价值。德育过程中要以学生为主体，注重培养大学生健康的心理素质，努力塑造大学生的和谐人格。值得强调的是，德育使大学生掌握科学文化知识的同时，更应着眼于社会发展现代化，着眼于新时期、新形势对人才素质的要求，使其成为社会发展的优秀力量。

三、德育与塑造大学生和谐人格的关系

高校是我国培养优秀的高素质、综合型人才的重要场所，是发挥德育功能的重要阵地。塑造大学生的和谐人格是高校德育工作的重中之重，高校德育既肩负着为中国特色社会主义事业培养新生力量的重要任务，又承担着为社会发展养创新型人才的重任。我国高校德育始终坚持用丰富的德育理论和多样的德育方式教育、引导学生，尊重大学生在德育过程中的主体地位，为大学生自身地不断完善和发展创造优良的环境，为培养大学生成为健康发展的和谐之人、成为社会建设的合格之才奠定坚实基础。

(一) 德育与塑造大学生和谐人格相互影响、相互渗透

高等教育极其重视大学生和谐人格的培养，并把它作为德育的首要目标，但是德育与塑造大学生的和谐人格并不是单向作用的关系，因为塑造大学生和谐人格这一过程又会对高校德育工作的开展产生影响，二者是相互作用、相互渗透的。一方面，德育是塑造大学生和谐人格的重要方式，德育能够为大学生创造良好的受教育环境，并通过德育的内涵、目标、内容、方法来引导大学生在心理、思想、道德、行为等各方面不断协调发展，不断提高其综合素质，为大学生塑造和谐人格奠定良好的基础。另一方面，人格和谐是大学生能够接受德育理论的重要基础。对于一个心理扭曲、人格不健全的人来讲，即使其智商再高，也很难接受德育理论，更谈不上把德育理论的内容内化于心、外化于行，甚至还会产生更为严重的、危害社会及他人的结果。由此可见，只有通过高校德育这一重要途径，才能引导大学生形成和谐的人格、实现健康的发展；也只有人格和谐、价值观积极、生活态度乐观，并对科学知识和社会道德心怀向往的大学生，才能主动地接受德育理论，并不断内化到自身的思想意识中，并最终外化到具体的生活实践当中。

(二) 塑造大学生和谐人格有利于丰富和创新德育内容

高校把培养大学生的和谐人格作为高校德育工作的重要环节，除此之外高校德育还包括知识教育、道德教育、思想教育、实践教育等其他环节和内容。塑造大学生的和谐人格是通过这些环节的共同作用来实现的，在这个过程中也必然推动了德育其他环节的发展，进而使得高校德育内容不断丰富、不断发展创新，最终实现高校整体德育水平的提高。此外，塑造大学生的和谐人格有利于提高德育的育人效果。人格和谐发展的大学生，在道德品质、思维能力、实践能力等方面的素质较高，并且能够在自身的日常行为中自觉将这些要素协调统一。塑造大学生和谐人格的过程也是高校德育不断实践的过程，在这个过程中不仅能够使德育内容得到丰富和创新，还能够使教育者达到教学相长的效果，提高教育者的教育水平。

第三节　当前大学生和谐人格塑造面临的困境及原因

一、大学生人格发展存在诸多问题

和谐人格是一种理想的人格模式，实现人格的和谐除了需要自身不断努力之外，还需要社会各方面力量长期的共同努力。当代大学生大多是90后的独生子女，他们从小就是父母长辈的掌上明珠，家中的小公主、小皇帝，成长的环境富足而又优越，因此成长的道路上他们缺少锻炼和磨砺，性格当中多了些任性、自私和冷漠等不良习惯。大学生受到来自社会、学校、家庭、社群等多方面因素的影响，其人格发展过程当中存在着诸多问题，甚至出现了隐形人格、双重人格、多重人格、反社会人格等现象。这些问题说明当代大学生的人格现状并不乐观，与和谐人格的目标之间还存在一定差距。

(一) 价值观困惑、信仰迷失导致大学生精神世界空虚

21世纪以来，国际形势和社会环境的不断发展变化使人们的价值观也发生了转变。面对复杂的社会环境和强大的现实压力，大学生的价值困惑和信仰迷失所带来的心理和人格问题也逐渐显现出来，主要有以下表现：

第一，丧失奋斗目标。在我国的教育体制当中，家长和老师经常强调高考是学生改变命运的战场，学生们十多年的寒窗苦读，为的就是在高考中完成改变命运的使命。所以当学生们跨过了高考这个命运的转折点之后便失去了人生的理想和目标，认为人生已成定局，失去了奋斗的动力。

第二，迷失奋斗方向。很多大学生不清楚上了大学自己到底应该做些什么，没有了高考这样的压力，学习就变得没有了动力；面对严峻的就业形势又时常感到恐惧和无所适从因而选择消极逃避，不敢面对现实问题；有些大学生则陷入了"考证风暴"之中，对未来没有合理规划，盲目考证，将自己未来就业的希望寄托在各种各样、纷繁复杂的证书之中，导致学业荒废、学艺不精。

第三，缺乏坚定信仰。现实中，一些大学生所表现出来的信仰缺失现状令人忧虑。部分大学生缺乏正确的价值导向，缺乏衡量自身行为的标尺，也缺乏约束自身行为的底线，从而导致精神世界空虚并出现一些追求低俗精神

生活的现象，更有甚者违背道德、触犯法律甚至伤害他人、危害社会。大学生是未来社会建设的主力军，是国家发展的栋梁，如果缺乏坚定的信仰，精神世界空虚，则会给国家和社会带来不可估量的灾难。

(二) 功利性思维导致大学生人格发展片面

当代大学生在面对范围广、种类多的大学课程时往往会出现这样的现象：对实用性强、能快速为自己带来物质利益的技术知识过分重视，却忽略了能够提高自身精神境界的人文知识的学习。在很多人看来，接受教育的主要目的是适应经济社会的需要，给自己谋求切实的利益，为未来的消费做好物质储备，把学习看作追求金钱、权力和舒适工作的手段。认为那些能够提高自己智慧、提高自身创造能力和综合素养的学习则是无关紧要的，至于自身的理想与信念的问题更是甚少考虑。对知识学习的过分功利化、对其能够带来的利益的过分追求，反映出大学生人格发展过程中理性因素过分膨胀的倾向，这种倾向取决于一种工具理性思维。这种思维的特点是："把任何事物都当作实现个人目标的手段，不管这个目标是否具有合理性，只要手段能快速达到预期目标，即被认为是合理的。"这种工具理性思维很容易导致大学生人格发展片面，不利于大学生健康成才。

功利性思维导致大学生们为了升学、就业而将自己的精力过分集中于智力素质的获得上，重视提高自身的专业技术，但忽视了自身道德、思想、情感等素质的培养，造成了"成才"与"成人"之间的矛盾。达尔文说过，一个人过分理性，是不能够获得幸福生活的，没有感受美好生活的真实情感，生活也就失去了意义，情感因素的消退会产生可怕的后果，会使人们失去最初的善良和道德心。功利性思维会使人们过分追求物质欲望，会导致精神生活缺失和人心的自私与冷漠，人由于成为一种缺乏精神内涵的物化的存在而变得不再完整。大学生人格发展片面的问题为高校德育工作敲响了警钟，若不及时纠正则会导致严重的社会后果。

(三) 道德认知与情感认同脱节导致大学生知行不一

从当代大学生的整体综合素质与实践行为方式来看，大部分大学生的道德判断都能够符合正确的价值标准。但是不能否认各种不文明现象在校园内还是时有发生，这说明知行不一是大学生人格失衡的又一特殊表现。虽然大学生们有一定的道德认知和道德标准，但是在面对一些不文明现象、不道德行为时，往往采取冷漠的态度，事不关己，置之不理，做不到身体力行、躬身实践。

在高校德育的过程中，道德认知是不会直接转化成道德行为的，由道德认知向道德行为转化的过程中，道德情感与道德意志发挥着重要作用。道德情感既能够深化人们的道德认知，也能够调节人们的道德行为，是人们进行良好道德实践的关键因素。大学生之所以会出现知行不一的人格失衡现象，是因为他们只掌握了抽象的道德知识，但并没有通过内心的情感对道德知识产生认同，更没有通过意志的转化产生内化的效果，因而不能做出相符合的实践行为。想要塑造和谐的人格，各种非理性因素的共同作用必不可少，特别是情感发挥着更加重要的作用，情感作为人类整个生命活动的有机成分，它能够为理性行为提供动力。

我国的德育理论研究者们也都强调，道德知识必须通过受教育者的内心情感加以认同转化，才有可能形成受教育者的道德行为，道德知识的积累与道德行为的提升并不能够同步实现。大学生虽具备一定的道德认知，但是却没能通过自身的情感达成认同，也没能自觉地内化到自身的品德结构中去，因此无法产生积极的道德行为。二者之间存在的明显脱节，是导致大学生知行不一、人格失衡的关键所在。

(四) 心理健康隐患导致大学生人格缺陷及社会问题

个体心理是否健康发展决定了大学生能否塑造和谐的人格，近年来在高校德育发展的过程中我们发现，一部分大学生出现了心理安全感缺乏和心理情绪亚健康的现象，部分大学生甚至还出现了严重的心理问题与心理障碍。所谓心理安全，就是指个体内心平和，没有恐惧感，对外界的压力不会感到过分焦虑，能够对周围环境保持基本的信任。心理安全是人生活的基本需要，也是心理健康的重要前提。大学生正处于发展转变的阶段，随着其生理、心理的不断变化，其思维方式也在不断转变，面对不断增强的竞争压力与挑战，其心理安全感逐渐降低，不可避免地会产生各种心理问题。尤其在面对一些来自社会、经济、生活、学习、情感、就业、人际交往等方面的各种问题、各种矛盾之时，常常会感到压力大或焦虑不安。若此时不能够对这些大学生进行心理疏导，很容易产生心理问题，长期积累下去便会形成严重的心理障碍，甚至出现出走、自残、自杀、暴力伤人等危害社会秩序的极端行为。

大学是社会的缩影，是锻炼人的熔炉，在这里难免会遇到如学习与就业、情感与恋爱、人际与交往、未来与发展等各种问题，当大学生们的个人发展受到社会因素的影响制约，其自身的心理要素不能做到合理的调适，负面情绪长期郁结积累的时候，就会产生自我认知的偏差与心理障碍。心理疾病已成为大学生休学、退学的首要原因，发生在大学生身上的极端恶性事件频频见报，着实令人震惊。严峻的现实警示我们，加强大学生的心理健康教育已刻不容缓。大学生的发展关系到社会的发展，只有具备健康的心理素质与和谐的人格才能当此重任，才能够有力推动社会主义事业进步与发展。

二、制约大学生和谐人格塑造的主要原因

人格的发展受到多方面因素的影响，大学生人格发展中产生的各种问题是其自身因素与外在因素共同作用导致的。作为大学生，虽已成年但是并未步入社会，生活在校园内，其人格的形成与发展受到高校德育的影响较为明显，高校德育中存在的一些不足和缺陷也制约着大学生和谐人格的塑造。

（一）高校德育偏重知识教育忽视信仰教育

多年来大学一直承载着立德树人、教书育才的艰巨任务，知识教育固然就成为这项任务中的重要环节。高校要为社会培育未来的建设者和接班人，要为社会发展培养创新型、复合型人才，就必须使大学生们掌握多样的专业知识与娴熟的技能，以此来满足未来社会的需要与发展。因此大学专业课程设置丰富多样，能够让莘莘学子自由地泛舟于知识的汪洋，能够让大学生们根据自己的兴趣与爱好自由选择适合的专业，学习相关知识，掌握相关技能，便于日后的发展，对于优秀大学生的评价标准也往往取决于专业课的考核成绩。在强调高校知识教育的过程中，我们不难发现很多大学生入学之后，知道要学习，但是积极性不高，甚至感到茫然和无所适从。究其根本在于高校德育过分偏重知识教育，忽视了信仰教育和价值观教育，甚至把二者同知识教育混为一谈。

信仰是人类存在的一种重要的精神状态，是人基本的生活态度和品格特性。科学的信仰能够凝聚人的愿望，能够体现人的意志，能够激励人们为了理想而不懈奋斗，它既能够体现人类对自身的存在、发展与价值的肯定，体现人类对人生目标和理想的坚定，更是一个人、一个民族、一个国家不断进

步与发展的强大精神支柱和动力。但是在当代大学生群体中，价值观困惑、信仰迷失、精神空虚等种种现象，已经严重影响了自身人格的发展。对此高校德育必须根据大学生价值观发展的现实情况，在重视知性教育的前提下，深刻认识到信仰教育是高校德育中不容忽视的重要因素，是直接关系到知性教育成败的关键因素。因此，高校德育应重视信仰教育，遵循信仰教育的内在规律和要求，树立大学生科学的信仰，丰富大学生的精神生活和内心世界。

　　传统的高校德育在对大学生进行信仰教育时过于偏重实现其社会价值，单方面强调人的社会性，忽视了人的主体性，因而使得信仰教育过于刻板，缺乏人文关怀。这样的信仰教育由于其价值定位片面，忽视了个体自我价值的实现，因此不被大学生所接受，甚至使大学生对信仰教育产生漠视，甚至带有某种排斥或抵触心理。要想提高信仰教育的实效必须注意以下方面：一是要尊重学生的主体地位。信仰教育的最终目的是通过对大学生科学世界观的树立、对积极人生观和价值观的引导，使其树立科学的信仰，坚定正确的立场，使其不断主动地为自己的人生理想和社会发展努力奋斗，而不仅仅是机械地培养符合社会需要的人。二是要激发学生的能动性。灌输式的信仰教育不能够被大学生接受，空洞的说教也不能够被大学生认同。只有激发学生的能动性，改善信仰教育方法，鼓励学生在认识和生活实践中检验信仰教育的合理性。三是要发掘学生的创造性。信仰教育也应保持与时俱进的状态，在对学生进行主流价值观教育的同时，也应给学生分析其他的价值体系，发掘学生的创造性，使学生学会用辩证唯物主义的观点来看待信仰教育，并通过实践来反复检验对信仰的认识，使认识不断深化、发展、升华。

（二）高校德育对大学生的主体性重视不够

　　随着科技革命的深入和经济水平的发展，人们生活的各个领域都离不开先进的科学技术，知识改变命运、科技改变生活体现得更加明显。同样任何事物的发展都是一分为二的，虽然科学技术的进步提高了人们的生活质量，但是我们也明显能够感受到，近年来的高等教育也越来越被这种发展产生的负面影响制约。一方面，当代大学受到市场化、商业化的影响，校园内商业气息逐渐浓厚，文化氛围逐渐遭到破坏；另一方面，高校德育受社会化的影响，对大学生的主体性重视不够。

　　自20世纪中叶以来，高校德育开始重视学生的主体地位，现代教育也提出尊重学生自主发展的新要求,鼓励学生主动参与教学过程,积极地提出问题、自主地解决问题。但是在目前高校德育工作中,教育者往往会将社会的具体需要作为参照建构德育目标,重视培养学生适应社会的需求、满足社会的需要,而忽视了德育活动过程中学生的主体地位、忽视了学生主体在德育过程中自身的全面发展,导致了大学生功利化思想严重和人格的片面化。我们必须深刻认识到,德育过程中的大学生并不是德育理论消极被动的接收者,而是积极主动的参与者。他们能够依据自己已有的思想基础、生活经验和认识能力,对德育理论进行分析、评价和选择,并能够把德育理论内化成为自身主体意识的有机组成部分。由此可见高校德育的主体是大学生本身,而不是教育者,也不是那些要求大学生掌握的社会规范的内容。大学生是自教自律的主体,德育的过程实质上也就是大学生人格形成和发展的过程。大学生人格的形成和发展归根到底是由积极与消极、先进与落后、正确与错误等自身的内部矛盾运动推动的,大学生的人格正是在这些既对立又统一的内部矛盾运动中形成和发展起来的。积极战胜消极,先进战胜落后,正确战胜错误的矛盾斗争过程,就是其和谐人格形成的过程,在这个过程当中,大学生作为主体,能动地认识自己的心理,按照自身实际和社会具体要求能动地改造自己的思想、规范自己的行为。因此,高校德育必须充分尊重大学生的主体地位,把促进大学生的自我实现与全面发展作为奋斗目标,努力培养完整和谐的人才。

(三)高校德育对象接受实效性不强

目前我国高校德育对象对德育内容的接受效果并不是很理想,仍然有很多教育者只重视学生知识水平的提升,忽视学生综合素质的培养,高校德育内容只能被大学生被动接收,而没有被真正意义上接受,导致了大学生道德认知与情感认同的脱节,无法做到知与行相统一。"接受"在汉语词典中的意思是对事物容纳而不拒绝,是人的一种认同行为,"接收"的含义是接纳、收受,根据字义两者相较,前者含有受众能动选择的意味,后者在于被动地容纳。对于高校德育而言,被大学生接收和接受是有质的区别的。高校德育内容被大学生接收止于大学生对教育环节和教育内容的理解,是学生主体理解性的认识活动,更多表现为对德育内容的占有,不能够对受教育者的思想和行为真正发挥作用。但是高校德育被大学生接受是与学生主体的情感和需要相联系的，它是学生主体对教育者传授的客体信息的认同，并与主体自身的价值判断相联系，通过对德育内容的接受和认同将外在的道德规范内化为自身的信念并指导自身的行为。

传统的高校德育往往过于偏重使学生掌握具体的德育知识，以此来提高大学生的德育素养，但是德育知识的积累与德育素养的提高并不是同步伴生的。这样的德育方法只能够使大学生对德育理论被动地接收，但不能被真正接受，因此造成了部分学生认知与行为相分离的人格问题。想要使学生真正做到知行统一，还是应该促使大学生积极内化已掌握的德育理论，并将之付诸实践。因此，高校德育必须从这个基本点出发，尊重德育工作规律和大学生自身发展的规律，不断提高德育效果。首先教育者应充分考虑到学生的主体需求和学生主体间的差异，对传统的灌输式德育进行改善，通过体验、实践等新的方式使大学生积极参与到德育过程中，并主动内化德育理论。还可以利用大学生喜闻乐见的传授形式，将高校德育的传统优势同信息技术高度融合，增强德育的时代感和对大学生的吸引力。其次教育者要认识到大学生德育接受的能力存在差异。由于大学生个体素质不同，对德育理论的接受能力也有差别，因此要具体情况具体分析，要因材施教，对于不同情况的学生提出不同的德育方案，使德育的效果作用于每一个学生。最后也是最重要的一点，高校德育必须融入实践。高校德育不能只停留在说教层次，必须融入具体的社会实践中，让学生将已接收的德育理论应用到实践活动当中，切身体会德育理论在实践中的作用，这样既能够提高大学生的德育践行能力，又能够加深其对德育理论的认可和接受，达成知与行的有效统一。实际上德育接受的过程并不是一帆风顺的，大学生在实践的过程中可能会受到其他因素的影响和阻碍，因此可能会使得德育接受过程中断或反复。然而人的认识正是要经过实践反复和不断的检验才能够实现深化和发展，因此高校德育的接受效果也是在这种不断地反复中表现出来的。

（四）高校德育与心理健康教育的融合性较差

高校德育成效的大小以及大学生和谐人格的塑造与心理健康教育是密切相关的。但是传统的高校德育通常重视对理论的传授、对道德的教化，却极易忽视大学生的心理成长和发展过程中存在的心理健康问题。高校德育的主要任务是提高大学生的思想品德和综合素养，与此同时也不能忽视学生的心理问题与心理素质的提升，若忽视了学生心理因素的健全与健康，就会导致高校德育与心理健康教育的融合性差，这样就违背了高校德育立德树人的目标，从而不利于高校的人才培养，甚至会导致大学生出现一系列的心理问题进而形成人格障碍，引发社会问题。

高校德育不是一项单一的工作，它所面对的大学生群体也不是一个普遍的单一的群体，他们既有共性也有其个性，因此高校德育在重视传统德育方法的同时，也必须提高与心理健康教育的融合性，真正关注大学生的身心健康，为培养其和谐人格奠定内在基础。德育是教育者根据一定的社会需要，通过教学活动，对受教育者进行思想道德方面教育的活动，并通过受教育者对教育内容的理解认同，培养受教育者的道德行为，提升受教育者的综合素质。心理健康教育则是教育者运用心理学的理论知识，通过语言文字或其他的信息的传递方式，帮助学生正确认识自我，树立积极的人生目标，提高他们的实践能力，使其能够正确处理人际关系和社会关系中遇到的问题，实现学生健康成长的教育活动。二者看似在内涵上有所区别，但是仔细分析二者对大学生和谐人格塑造的作用是相辅相成的。健康的心理素质是人格和谐的基础，人格的发展首先要健全、健康才能够达到和谐的状态。而健康心理素质的形成也需通过德育的方式来实现，通过不断提高学生的认知水平和接受能力来促进大学生心理健康教育水平的提高。只有二者相互融合，相互推进，才能够塑造出大学生和谐的人格。加强高校德育与心理健康教育的融合性有利于促进人的全面发展，符合科学发展观以人为本的核心，这也要求高校德育工作在符合教育教学规律的同时也必须符合人的发展规律，真正促进人的健康成长和全面发展，实现大学生和谐人格塑造这个高校德育和心理健康教育的共同目标。

第四节 当代大学生和谐人格塑造的德育路径

塑造和谐人格的出发点是实现当代大学生综合素质的整体提高与全面发展，为社会发展和国家建设培养栋梁之才。培养当代大学生的和谐人格是一个渐进性、长期性的过程，需要高校德育从各个方面不断努力。

一、改善德育方法

(一) 加强大学生的信仰教育,树立大学生正确的价值追求

大学生信仰教育是指能够使大学生形成对马克思主义和共产主义的坚定信仰,并能够通过自身的积极实践为社会主义事业贡献力量的教育活动。对当代大学生进行信仰教育,帮助大学生提高用正确价值观认识世界的能力,为大学生能够成为祖国发展的建设者奠定思想基础。加强对大学生进行马克思主义信仰教育,是高校德育的重要任务,也是高校德育的必然要求。当代大学生正处在思想意识逐步成熟的关键时期,又肩负着国家发展、民族复兴的重任,因此,加强对大学生的信仰教育,既有利于大学生自身思想的不断成熟与发展,又对社会、国家、民族的发展具有重要意义。于个人发展而言,正确的信仰能够提供不竭的动力,能够增强大学生的学习积极性,促使其不断追求正确的价值观,有助于大学生形成健康良好的精神风貌,塑造大学生的和谐人格。于国家和民族而言,大学生只有树立正确的信仰才能够在未来的社会建设中坚持社会主义方向,才能够洁身自好,抵制各种非科学的不良思想的影响。只有加强信仰教育,才能够保证我们中国特色社会主义的伟大事业不会偏离方向,才能够实现共产主义的伟大目标。

目前,我国正处于社会发展的重要阶段,受经济全球化的影响,各种新的社会思潮不断涌现。大学生正处于思维发展的阶段,思想尚不成熟,更加容易受到新事物、新观念的影响,大学生的价值观也容易受到冲击,导致他们信仰迷茫,甚至出现信仰危机。因此,高校必须在遵循德育工作规律、遵循教书育人规律和遵循学生成长规律的基础之上,加强对大学生进行马克思主义信仰教育,使大学生走出价值困惑,树立正确的价值追求。党和国家始终把马克思主义作为根本指导思想,是因为马克思主义不仅具有严密的科学体系、鲜明的阶级立场和巨大的实践指导作用,它更是近代以来中国人民长期实践探索的历史选择。对大学生进行马克思主义信仰教育,使大学生拥有正确的价值立场,学会用辩证唯物主义和历史唯物主义的观点、方法分析问题,才能在西方各种思潮的冲击下保持自我,才能透过复杂的表象抓住事物的本质和规律,为社会进步和国家发展做出更大的贡献。

(二) 重视大学生的自我教育，促进大学生的全面发展

自我教育对塑造大学生和谐人格具有非常重要的意义。自我教育，就是在大学生的德育过程中充分激发学生参与的主动性，把学生的健康发展和现实需要作为首要目标，让学生在自主体验的过程中领悟德育的具体内涵，在实践的过程中检验学到的德育理论，通过不断的自我认识和自我检验达到自我教育、自我发展的效果。自我教育有助于提高大学生在德育过程中的积极性，有利于大学生以主体姿态参与德育过程，有利于提高大学生和谐人格培养的自主性。引导大学生进行自我教育既是当前高校德育工作的重要内容，又是塑造大学生和谐人格的有效方法，更是保障大学生和谐发展的本质需要。

引导大学生进行自我教育，必须在德育的载体和方式上不断创新，使大学生自我教育体现时代性，把握规律性，富于创造性。由此高校德育必须做到以下几个方面：

第一，培养大学生独立分析问题、解决问题的能力。高校德育要始终坚持党的教育方针，不断转变德育方式和德育理念，为大学生的健康成长和立德成才而服务，绝不是培养一些具体知识的继承者和传递者。大学生在分析问题、解决问题时要自觉以马克思主义为指导，在不断的实践当中积累经验、提高能力，努力为社会的进步与国家的发展贡献力量。基于这一观念，就要求在德育过程中要明确学生的主体性，要激发学生的能动性并主动分析问题和解决问题。另外，在考核学生时不能仅仅以对知识的背诵掌握情况为标准，更应主要考核其用所学观点和方法发现问题、分析问题和解决问题的实践能力。

第二，培养学生合理安排自己生活的能力。随着社会经济的快速发展，社会竞争日趋激烈，大学生想要在强大的竞争压力下快速适应社会需要，必须学会合理安排自己的生活。因此，高校德育应鼓励大学生自主学习，培养大学生合理安排自己生活的能力，提高大学生的社会适应能力和在实践中不断创新的能力，才能促进其全面发展。目前，学分制教学是培养学生合理安排自己学习生活能力的一种有效方法，学分制充分尊重了不同个体的内在需要，给大学生提供了可以根据自身的兴趣、能力进行不同课业选择的空间，可以通过大学生的自主学习使其更好地进行自我教育，充分调动其学习积极性，提高大学生自我约束、自我促进的能力。

第三，引导大学生积极实践。自我教育不是个人进行的封闭式教育，自我教育也要积极与社会实践相结合，才能达到塑造大学生和谐人格的目的。大学生积极参与社会实践，才能够对社会对国情有更加深刻的认识和体会，才能够积累经验、增长才干，不断培养自己坚强的毅力与和谐的人格。高校应鼓励学生参加实践活动，规划好课外的实践项目，让大学生在实践中锻炼自我，在实践中提升自我，不断实现自我发展。

(三) 丰富大学生的社会实践，培养大学生的创新精神

实践是高校德育的出发点和落脚点，离开了社会实践，高校德育将变成无源之水、无本之木。因此，高校应积极引导大学生进行社会实践，提高大学生的实践能力，培养大学生的创新精神，鼓励大学生在不断的实践中深化其认识水平，来更好地指导社会实践。高校应切实发挥好社会实践在高校德育过程中的积极作用，为鼓励大学生学以致用，塑造大学生知行合一的和谐人格奠定实践基础。从增强德育工作效果的角度出发，高校首先要提高统筹能力，高校要为大学生德育实践的开展做好全面的筹划和准备，实践不能局限于课堂中，还需走出课堂、走出校园，让学生真正在体会中实践，在实践中发展。其次要将实践与服务相结合，既能够使德育实践变得丰富而有意义，又能够促进大学生对德育理论的内化，对塑造大学生的和谐人格具有十分重要的意义。高校广泛开展大学生服务社会的实践活动，并在实践的过程中根据客观实际情况要求大学生积极总结反思，大胆改革创新，能够促使当代大学生在服务社会的实践过程中积累更多的社会经验，掌握具体的基层情况，从而树立大学生主动服务社会的意识，培养大学生的实践创新精神和社会责任感，强有力地推动当代大学生和谐人格的培养工作。

二、注重德育关怀

(一) 重视大学生的心理健康教育，保障大学生的身心健康

高校德育与大学生的心理健康教育是相互促进、相辅相成的，如何促进二者的有机统一也成为高校工作中的重点与难点。必须承认的是，心理健康教育无论是对大学生的和谐人格的培养还是对德育工作效率的提高，都具有现实的必然性。目前，高校应努力改善德育工作方法、探索和谐人格塑造

的有效途径，积极开展心理健康教育，促进大学生的健康发展，为大学生塑造和谐人格提供保障。首先，高校德育能够使大学生掌握一定的理论基础，能够提高他们认识世界的水平和改造世界的能力，侧重于能力的培养；心理健康教育则旨在帮助大学生形成健全的心理素质和健康的人格，从而更加适应社会，更偏重心理疏导。但无论是高校德育还是心理健康教育，其最终目的都是培养大学生的和谐人格，促进其健康成长和全面成才，二者的目的具有一致性。其次，对大学生进行心理健康教育有助于在德育过程中观察大学生的心理动态，及时发现他们成长过程中出现的问题，有利于确保大学生的健康发展，提高德育工作的效果。由此可见，高校德育工作与心理健康教育的结合，既存在着现实的可能性，又存在着结合的必要性。

　　高校德育工作与心理健康教育的紧密结合是大学生形成和谐人格的有效途径。一方面，二者的紧密结合能够使教育者准确地把握当代大学生成长发展的自身规律，及时把握大学生成长过程中出现的心理问题，并给予有效的引导和调节，如此才能保障大学生的身心健康，实现全面发展。另一方面，二者的紧密结合能够创新传统的德育方式，通过心理健康教育的新路径、新方式使传统的德育方法更加具有人性关怀，对大学生进行思想道德教育的同时更加关注大学生的内心世界，重视大学生的心理健康，不断增强德育的吸引力，使大学生身心健康、愉悦地参与到德育过程中去，这样才能够真正提高大学生的道德水平，塑造其和谐人格，促使其全面自由的发展。

（二）尊重大学生的德育主体地位，激发大学生的主体意识

　　多年来，高校德育一直秉承以人为本的核心理念，在德育实践中结合马克思主义的发展理论，致力于塑造大学生的和谐人格与促进大学生健康全面的发展。高校始终坚持德育服务学生，遵循教育教学规律与大学生自身的发展规律，在德育的过程中充分尊重大学生的主体地位，体现了高校德育人本追求的精神内涵。高校德育归根到底是一种意识形态领域中的实践活动，在这种实践当中，必须考虑到受教育者的主观能动性，学生并不是简单的对象性的客体，而是有意识、有思想的主体存在。因此，高校德育必须要坚持以人为本，尊重大学生的主体地位，德育的内容要结合大学生的实际发展情况，德育的方式要充满关怀，真正尊重和关心大学生的现实生活和内心世界，激发大学生的主体意识。首先，高校应建立以学生为主体的管理体

制，把学生看作独立的人格主体而不仅仅是被管理者，用德育的方法激发大学生主体的自主性和创造性，使大学生能够作为主体，主动参与到学校管理中。大学生的德育主体性还表现在能够对德育的具体内容进行选择性的理解和接受，在接受德育内容的同时，不断由内化转向外化，从而促进大学生自身的知行合一与和谐发展。其次，高校应尊重学生的个体差异，世界上没有两片完全相同的叶子，每一个学生都有自身的独特点，因而德育方法不能够千篇一律，要学会因材施教，尊重大学生德育主体性的同时更应尊重学生发展的个体差异，鼓励每一个学生都能够得到机会充分发展。最后，高校要不断激发大学生的能动性，德育要采用大学生喜闻乐见的形式开展，吸引大学生主动参与到教育教学的全过程，在教学过程中给他们提供更多的自主发挥的空间，使他们成为能动的参与者而不是被动的接受者。学校的各项工作要保障大学生更多的知情权、参与权与建议权，使大学生具备主人翁意识，树立责任感，并在主动的德育实践中体会到人生价值和生活的意义。只有充分激发大学生的主体意识，才能使大学生真正形成科学的世界观、形成积极的人生观和价值观，才能够正确处理好个人与他人、与集体、与国家之间的关系，才能促使大学生不断追求高尚的道德品质，不断塑造自身的和谐人格，不断实现全面发展。

（三）建立师生间的关怀关系，提升大学生的情感认同

在高校德育工作中，教师发挥的至关重要的作用不在于监督学生遵守规则、灌输德育理论，关键在于教师以身作则、真正关心学生的内心世界。教师并不需要机械地教给学生解决问题的原则和方法，只需在与学生的关系中通过与学生建立的关心关系来提升学生的情感认同。教师要做一个关怀者，用爱心去关怀学生，这种关怀行为是建立师生之间信任关系的基石，对学生践行关怀、提升情感认同具有催化作用。学生能够在被关怀的氛围中接受德育理论，然后再去学会关怀他人他物，因此，高校德育应该通过教师关怀的行为而不是生硬的讲授来进行的。关怀型的师生关系是学生学会关怀、提升情感的无言向导和动力之源，它能够让学生在拥有足够被关心的体验之后，逐步提升自己的情感认同，培养学生践行理论、关怀他人的能力。

一直以来，对德育关怀的忽视正是导致高校德育实效性不佳的主要原因之一。因此，教育者应该正确认识到建立与学生之间的关怀关系的重要性，并积极投身于高校的德育实践中，在师生之间建立起一种平等交往、彼此认同、互信互助的和谐关系，在此基础上通过人格、品德上的相互影响以及合理的德育方法，从而达到良好的德育效果。同时，这也需要教师不断提高自身的关怀能力，不仅要在观念上建立与学生的关怀关系，更应该将关怀的情感结合到教学实践当中，不断扩展个人的知识体系，这就要求教师不仅要具有爱心，更要具有沟通与交往的艺术。想要与学生建立真诚的关怀关系，要求教师必须掌握良好的专业知识，必须具有广博的学识，能够运用多种方法把关怀德育贯穿到教育教学的全过程。基于这种关怀关系，要求高校德育不仅表现在课堂上，还应渗透到课外的所有实践活动中，教育者要有较强的育人能力，在与学生建立关怀关系的同时，引导学生积极实践，让学生在关怀中接受理论，在实践中提升情感，在情感的升华中塑造自身的和谐人格。

三、营造德育氛围

(一) 倡导"我与你"的对话交流，建立和谐的生活关系

对话是教育者与受教育者在情感层面理解沟通的桥梁，"能够决定一种交流是真正对话的，是一种民主的意见，是一种相互理解、相互合作、共生共存、和睦相处与共同创造的精神意识。"在这种对话过程中，师生不仅要保持自身的独特价值，同时更要去尊重"你"——另一个和自己一样的主体的内在价值，这样才能够使主体双方在相互理解、相互尊重的关系中，实现价值的共同发展。"我与你"的对话关系所指的不单是主体间语言方面的沟通与交流，更是双方情感中主动的发自内心的理解与信任。在这样的对话过程中，师生之间才能够坦诚相待、敞开心扉，在愉悦的精神交流中师生间才能够产生深厚的情感共鸣，这种共鸣能激发他们各自的潜能，促进各自主体价值的实现，有利于教育者素质的不断提升，同时也有利于大学生和谐人格的塑造。

外在关系的和谐是和谐人格内涵中的重要方面，现实生活中部分大学生存在外在关系不和谐、人际关系较差的问题。究其根本原因在于这些大学生过分关注自身的主体性，即使关注他人，也仅仅是把他人放在与自己相对的关系中去看待，在这样不对等的对话关系中，人与人之间很难达成精神上

的理解与沟通，必然很难形成和谐的人际关系。同样道理，当人们把外部世界仅仅当作客观的对象存在时，那么外部世界于他而言只是认识的对象和生活的依托，这样的对话观难以使个人与外部关系之间产生共鸣，更谈不上形成和谐的外在关系。前文提到的大学生人格发展中存在的诸多问题正是与此紧密相关的，因此，高校应倡导"我与你"的对话观，在和谐的师生关系中，在民主的德育氛围中，让大学生学会用"我与你"的对话观对待他人与外部世界，加强大学生对他人、对外部世界的理解与信任，加强大学生与他人、与外部世界的平等沟通与和谐共融，促使大学生形成良好的人际关系与和谐的外在关系，塑造大学生和谐的人格，使大学生的生活世界更加美好和谐。

（二）加强德育过程中主体间性的交往，创造和谐德育环境

高校德育过程中主体间性的交往指的是：教育者主体与受教育者主体的平等交流、双向互动，这种交往以双方的日常交往为主要载体，通过教育者与受教育者之间情感上的平等交流、相互理解、相互信任，在民主融洽的交往氛围中实现双方思想境界的提升，达到双方精神世界的共鸣，它既包含教学模式，也包含日常交往活动模式。

德育过程中主体间性的交往是一种教学相长的过程，它既可以通过教育者的知识传授，使受教育者生成现实的观念和规范，并通过不断的内化与外化更好地成长为一个社会化的个体，又能够通过与受教育者的真诚交往、坦诚交流，使教育者对自身的教育行为产生全新的认识，从而提高自身的教育能力。加强德育过程中主体间性的交往符合高校德育的实际情况，在双方互动的总体氛围中，彻底改变原来单向的灌输式德育方法，使受教育者在与教育者互动交往过程中亲其师、信其道，主动地接受德育理论，并外化到自己的行为习惯当中。

高校德育想要塑造大学生的和谐人格，实现大学生全面发展的重要目标，必须尊重受教育者的主体性，把受教育者看作具有能动性和创造性的主体。德育交往中主体间的关系，并不是简单地把双方都看作主体，而是在主体双方的互动中达成精神的共鸣，相互有所助益。这是建立在教育者与受教育者之间平等的主体关系，它是对传统灌输式德育的突破，也是对主体性德育的发展。在德育主体间的交往中需要彼此的理解，教师理解学生，就要把学生作为与自己平等的主体真诚交往，给予学生更多的支持与鼓励；而学生理解教师，不仅要理解教育过程的动机、方法、情感和态度，而且同样要把教师作为与自己平等的，同样具有个性与情感的主体坦诚沟通，这样主体间才能互相认可、相互理解，才能共同实现双方主体价值的提升，才能在和谐融洽的德育氛围中塑造大学生的和谐人格。

（三）引导德育回归生活世界，关注大学生的现实生活

陶行知指出："没有生活作为中心，教育就是一潭死水，学校就会毫无生气，书本也将失去价值。没有生活作为中心，道德教育就会失去最终的归宿。"道德只有在生活中才有意义，德育只有回归生活世界，才能真正成为培养人的教育活动。引导德育回归生活世界必须做到以下三点：

首先，关注大学生的现实生活。高校德育应将关注点从宏大的德育目标或社会发展的要求规范，转向大学生的现实生活。这就要求高校德育的落脚点必须回到大学生的真实生活世界，使大学生能够在真实、复杂的生活中，通过对德育内容的感悟和体验，提升自身的道德品质，塑造自身的和谐人格，以便于更好地生活。关注大学生的现实生活首先要把生活当作德育的内容，在日常的生活实践中提高大学生的道德践行能力，丰富和积累他们的生活经验，打破德育的"美德袋"，促使德育从大学生的现实生活出发、在生活中进行、以生活为内容引导学生在真实的生活中践行道德，培养和谐人格。

其次，要培养学生的生活责任感。生活本是自在的、自由的、自发的，但是德育则要求人们过规范的生活，德育取材于生活，来源于生活，同时又能指导人们更好地生活。享受生活的自由是原始生活的状态，承担生活的责任则是现实生活的要求。德育告诉我们生活中没有绝对的自由，享受生活的自由必须承担生活的责任，履行应尽的义务。

最后，应鼓励大学生追求美好的生活。人的价值需要在具体的生活中实现，高校德育不仅要关注大学生现实生活的状况，更要鼓励大学生在珍惜现阶段美好生活的同时，积极追求理想，敢于创造美好未来。引导德育回归现实生活，要教会大学生做自己生活的主人，要合理规划自己的生活，要选择自己的生活方式，要努力追求自己想要的美好生活。

引导德育回归现实生活对于营造和谐的德育氛围、塑造大学生的和谐人格具有十分重要的意义。生活德育以大学生的现实生活作为德育的具体内容，能让大学生在现实的生活中体悟道德内涵，在生活实践中深化道德情感，从而提升自己的生活质量和生活的幸福感，有利于激发大学生的自主性、创造性，有利于大学生产生主动的道德行为，促进大学生的健康成长与和谐发展。高校德育在回归生活的过程中，还应关注大学生的心理成长、生活态度、交往观念等具体问题，并把这些贴近学生实际的问题与高校德育理论相结合，使大学生的理论认知和实践体验展开一致，并指导大学生在生活中把德育理论付诸实践。高校要坚持把德育理论与现实生活相结合，关注大学生的现实发展，提高大学生的生活能力，加强高校德育实效，有力地促进大学生和谐人格的塑造。

第三章

心理健康教育对高校德育实现途径的研究

第一节　心理健康教育概述

一、心理健康教育的理念

作为学校教育的一个有机组成部分，学校心理健康教育是指面向全体学生提供的一项服务，其目的在于解决学生的心理困惑和心理问题，最终以提高学生的心理健康水平为宗旨。对于学校心理健康教育内涵的阐述，不同学者的理解不尽相同，这本身也说明心理健康教育是一个有着丰富内涵的概念。笔者以为，心理健康教育是一项实践性很强的活动，心理健康教育的内涵也在不断地发展。具体而言，心理健康教育应该包括以下几方面的内容。

(一) 树立科学的心理健康意识

心理健康教育首先要解决的问题应该是帮助学生树立科学的心理健康意识，这是心理健康教育的一项重要内容，是心理健康教育效果优劣的一项重要评价指标，同时也是心理健康教育的主要目的。

大学生心理健康意识作为一种思想意识，有着特殊的内涵和意义。首先，表现为一种心理认知，包括对于心理的认知和对于健康的认知。这涉及对一些心理知识以及健康内涵的把握。比如什么是心理意识，心理与生理的区别，健康的内涵以及如何实现心理健康等问题。其次，表现为一种态度。包括对心理问题关注的程度，对有关心理健康知识获取的积极程度等。最后，心理健康还表现为一种具体的行为。心理健康不仅仅是一种内在的意识，也不仅仅是表现为一种态度，而更为关键的是表现为一种具体的行为。心理健康要最终体现在日常生活的具体行为中，这才能体现出心理健康教育的意义。

对于心理健康意识的认知主要依赖于对相关心理学知识和心理健康知识的学习和掌握。这不同于对其他文化知识的学习和掌握，不是单纯学习和掌握一些有关心理健康知识的理论就可以，而是有很强的实践性。学习和掌握心理健康知识的关键在于学以致用，要把所学到的理论在日常学习与生活中加以运用，这样才能真正树立科学的心理健康意识，也才能真正把心理健康教育落到实处。

(二) 掌握有关心理健康方面的常识

关于心理健康,有一些基本的常识问题。对于心理健康基本常识的把握是深入了解心理健康内涵的前提和基础。具体包括以下几方面的内容。

1. 心理健康的标准

探讨心理健康,首先需要明确的是心理健康的标准。如何判定心理是否健康,有几种不同的评价标准。评价标准的多样性使得确立心理健康的标准成为一个比较复杂的问题。但是这又是一个必须首先面对的问题,倘若对心理健康的评价标准模糊不清,对于心理健康问题的认识必然只会停留在一个比较低的层次。目前对于心理健康的评判,比较常用和权威的标准是心理测验标准。除此之外,还有诸如社会适应标准、主观经验标准等。

所谓心理测验标准,从名称上的"测验"二字就能感受到其权威性和规范性。心理测验需要运用一些专门的心理测验仪器,通过这些仪器对接受测验的对象进行各项心理因素的测验。这种测验如同文化课的考试测验一样,其优点是受众面较广,而且比较规范,测验之后还有确切的数据可以参考。整个测验过程体现出科学实验的严谨,其测验数据也就具有一定的权威性。但这种测验显然也是有缺点的,而且缺点还比较明显。心理测验虽然形式上如同文化课的课堂测试一般,但其实质还是有不少差别的。文化课的测试首先能够表明学生目前对所学知识掌握的程度,即能够说明"现在有什么";其次文化课的测试结果也表明学生存在的问题,并且还能大致分析出学生存在问题的原因,即能够说明"为什么";再次文化课的测试结果还能够预测出学生在以后的学习中对哪些知识会把握得比较好,对哪些知识的把握还存在一定困难,即能够说明"将来会怎么样"。而心理测验只能够说明"现在有什么",而不能说明为什么,对于学生未来的心理发展走向更是无法把握。社会适应评价,实际是一种关系适应评价。人生活在社会中,不可避免地要同其他人、其他团体乃至社会环境形成各种各样的关系。在各种关系中,主体有一个适应的程度,或者说不同的主体对于关系适应的质量是不同的,这就是所谓社会适应评价。不同的评价主体对于评价的标准要求不同,或者说对于关系适应质量要求不同,造成对于同一对象的评价也会出现比较大的差异。从某种意义上讲,这种差异是不可避免的。所谓主观经验标准,单从字面上看，就带有主观臆断的色彩。主要是指评价主体对自身心理健康状况的体验和感受。同上述两种评价标准相比，主观经验标准更容易出现评价失误。

由此可见，心理健康标准的划定是一个比较困难的问题。每一种标准都有其合理之处，但也都有不足之处，很难简单地用某一种标准作为评价尺度的。这要求我们不能把问题简单化，而应该具体问题具体对待。用马克思主义的观点来看，就是不能用片面的、绝对的、静止的观点看问题，而应该考虑到不同主体的具体实际情况，运用辩证的方法去进行科学的评价。

2. 心理健康的表现

心理健康的具体表现各异，没有一个普遍模式。心理健康表现形式的多样性无疑会增加我们理解和研究的难度。对不同时期不同学者在各自的研究中提出的心理健康的表现不尽相同。如王极盛所著的《青年心理学》，是我国第一部探求青年心理健康的专著。王极盛提出："青年心理健康的表现有五点，即智力正常、心理特点符合年龄特征、完整的人格、尊重自己尊重他人以及人际关系的心理适应。"[①] 黄希庭、徐凤妹所著的《大学生心理学》中认为："心理健康与不健康的表现主要包括以下五点，一是个人的心理特点是否符合相应的心理发展的年龄特征，二是能否坚持正常的学习和工作，三是有无和谐的人际关系，四是个人能否和社会协调一致，五是有没有完整的人格。"[②] 由邹学荣主编的《青年学概论》则认为心理健康的表现为以下六点："是否有正确的自我观念、是否能建立和谐的人际关系、是否有健全的人格、是否有良好的情绪控制能力、能否正确对待挫折、能否有效地进行工作、学习和生活。"[③] 而由孟东方等主编的《新世纪大学生学会论》则认为大学生心理健康表现为以下几个方面："有正常的认知能力、情绪健康、意志健全、自我认知恰当、人格完整、人际关系良好、社会适应良好。"[④] 从以上论述可以看出，不同的人对于心理健康的理解各有差异。应该说这种差异的存在是正常的，形成这种差异的主要原因就在于对于心理健康的评判标准不

---

① 王极盛.青年心理学[M].北京：中国社会科学出版社，1984：35.
② 黄希庭.徐凤妹主编.大学生心理学[M].上海：上海人民出版社，1988：43.
③ 邹学荣主编.青年学概论[M].高等教育出版社，1992：38.
④ 孟东方，周希贤，李志，彭晓玲.新世纪大学生学会论[M].重庆大学出版社，2000：76.

一，当然也不排除还有其他因素的影响，比如对于一些相同的因素，各人的认识不同，强调的程度也不尽相同。

如何判定心理健康与否尽管是一项难题，但我们却无法回避这个问题。因为不解决什么是心理健康，就无法进一步深入研究关于心理健康教育的其他问题，也就无从谈及心理健康教育对于德育实现途径的影响。综合以上专家学者的观点，笔者认为，大学生心理健康应该包括以下几个方面的内容。首先心理健康最重要的表现应该是有较强的自我调节的能力，包括在顺境中如何调整自己的心态以及如何应对困境。一个善于自我调节的人既不容易在顺境时太得意忘形而导致丧失自我，也不容易在困境时出现悲观失望的心态，而是较长时间地保持一种较为积极乐观的心态。其次心理健康表现为善于认识自我，或者说有自知之明。这种自知之明包括对自己目前的处境以及今后的发展都有一个比较清醒的认识，善于适度的自我批评，但不是过分地苛责自己。三是在日常生活中要善于与人交流，能与周围的环境和谐相处，能与他人建立和谐的关系。四是生活目的明确。有明确的生活目的是积极生活的前提和基础，这也是心理健康的一个重要表现。设想一个连生活目的都不明确的人，又怎么能保持一种健康的生活态度呢？五是要有自我学习的能力。每一个人不可能一辈子都待在学校，都在老师的教导下学习。从某种角度上讲，大学学习的重点不在于掌握了多少知识，而在于学会了多少方法。因此培养学生具有自我学习的能力，是心理健康教育的一项重要内容。

3. 心理健康的程度判别

由于心理健康的评判标准各异，再加上评判主体的差异性等因素的影响，使得对心理健康的程度判别成为一项比较困难的课题。心理健康与否既然不好评判，对于什么是健康心理，什么是不健康心理，就难以区别清楚。对于健康心理没有一个科学测量的尺度，对于心理健康程度的判别自然也成为一项难题。而且在大多数情况下，心理健康状况不是一成不变的，而是呈现出不断变化的特点，是以变态的形式出现的。即使是相同的心理状况下，对于不同性别、不同年龄、不同社会文化背景下的大学生的学习与生活的影响也是很不相同的。因此，对心理健康程度的判别不能简单化，而要参照各种标准综合来评判。比如上文提到的心理测验标准、社会适应标准以及主观经验标准，不能随便废弃哪一个标准不用，而是要进行综合评判。其中心理测验是基础，其他两项是综合参照依据。总之，进行心理健康的程度判别，要因人因时因事因地而异，而不能统一化或是简单化。

(三) 学会对不健康心理的调适与处理

当前大学生所面临的社会生活远不如以前那样单纯，各种各样的社会问题或多或少都能影响到大学生的心理健康。心理健康教育的一项重要内容就是帮助大学生主动而有效地进行心理调适。

如上文所述，善于进行自我调节是大学生心理健康最重要的一个表现。社会生活纷繁复杂，大学生在日常生活中难免会遇到一些困惑，会产生这样或那样的心理问题。当出现心理问题时，倘若善于自我调节，或者说善于采用一些有效的方法和途径，进行一定的心理调适，往往就能达到消除心理困惑、最终恢复心理健康的目的。但是需要指出的是，这种自我心理调适不是每一位大学生都能胜任的，必须建立在自我意识比较正常的基础上。对于一些心理问题过于严重而自我意识发生障碍的人来说就不太合适。一般情形下，大学生所遇到的问题都是日常生活中的常见问题，都不太严重；绝大多数人的自我意识也都表现正常。对于日常生活中出现的一般的困惑和问题，大学生普遍都具有一定的自我调适的能力，尤其是在接受了一定心理健康教育的基础上，在遇到心理问题时比较自觉地进行自我调适，从而在一定程度上减轻心理困惑，应该说不是一件太难做到的事情。

(四) 促进人格的健全发展

心理健康教育的一个重要内容及目标是提高大学生的心理素质水平，培养健全的人格。心理健康教育不是孤立存在的，它是学校德育的重要补充。心理健康教育有利于学生健康心态的培养，从而有利于学生健全人格的形成。可以说，心理健康教育极大地丰富了德育的内涵，是德育教育的一项不可缺少的内容，是为实现教育的最终目标服务的。另外，通过心理健康教育，通过对学生心理的分析和疏导，可以使学生更充分地了解自己，培养学生善于自我调适的能力，提高学生心理健康的程度，从而最终促进健康人格的发展。

当然，我们强调心理健康教育的重要性，强调心理健康教育在德育实现过程中的作用，也不能走向另一个极端，不能用心理健康教育来代替德育。学生在日常学习和生活中出现的问题是多种多样的，既有思想观念、人生价值甚至是政治观念方面的问题，也有心理方面的问题。我们不能把一切问题都看成是思想品德方面的问题，用德育来代替心理健康教育，或是使心理健康教育德育化；也不能过分夸大心理健康教育的作用，把所有问题都看成是心理方面的问题，用心理健康教育代替德育。

综上所述，心理健康教育首先是一种育人活动，是学校教育内容的一部分。心理健康教育所面对的应该是学校的全体学生，而不仅仅是一部分自认为有心理障碍且上门求助者。心理健康教育的教育性应该体现为主动性，在学生的心理问题尚未产生和暴露之前进行积极干预，预防心理问题是心理健康教育的重要职责。随着心理健康教育事业的不断发展，心理健康教育工作领域的内容也在不断拓宽。心理健康教育在诸多方面发挥着越来越重要的作用。另外，随着社会的发展，对人的心理素质的要求也在不断提高，心理健康教育工作的领域也就不断扩展，心理健康教育在学校教育中也会占据越来越重要的地位。

二、心理健康教育在大学生德育实现途径中的意义

在高校德育中逐步运用心理健康教育，可以极大地扩展高校德育的领域，在高校德育教育过程中能运用更多的方法和途径，从而更好地发挥高校德育的功能。

高校教育历来比较强调德育。但是传统的德育比较关注的是德育的政治性功能，这当然也无可厚非。高校德育的政治性功能是德育的一项重要内容，但同时也不能过于专注这一点。在注重政治性功能的同时，也要重视德育对个体发展的关注。正因为传统高校的德育目标是针对全体受教育者提出的，在教育过程中容易忽视个体发展存在的差异性，因而加强心理健康教育就成为新时期高校德育的新内容、新课题。加强心理健康教育，还可以拉近教育者与被教育者之间的心理距离，可以有效地解决许多新问题，而这许多新问题往往是传统的德育方法难以处理的。此外，加强心理健康教育可以培养学生良好的心理素质，这也是高校德育的一项重要内容。在新的历史时期，大学生的思想道德状况如何，大学生的心理素质的高低，直接影响高校教育目标实现的程度。因此明确心理健康教育在高校德育中运用的意义，对于探索心理健康教育在高校德育中的运用，对于高校德育的全面发展，无疑

有着十分重要的意义。

(一) 心理健康教育有利于提高高校德育的实效性

心理健康教育是高校德育的一个有机组成部分，只有加强大学生心理健康教育，才能确保高校德育内容的完整性，从而进一步提高高校德育的实效性。

传统的高校德育工作一般注重理论讲授，而轻视实践运用的能力。但这种单纯的理论学习往往效果不大，通常的情形是浪费了大量的人力物力，但最后所取得的成效却并不尽如人意。高校德育教育的理论教育固然很重要，但把理论指导的地位提到太高的位置，轻视实践，轻视个体的感受，最终的结果只能是影响了高校德育的实效性。只有注重心理健康教育，才能使学生明白"为什么"，并且知道"怎么做"，才能把大学生培养成为符合社会需要的全面发展的人。

1. 心理健康教育为保证高校德育的有效实施奠定了心理基础

高校德育教育主要是指思想政治教育，其中对道德方面的行为规范较为关注，而对于心理问题重视程度显然不够。大学生如何更好地认识自己，如何成功地进行人际交往，如何应付生活中的挫折，以及如何及时调整自己的情绪状态等问题，传统的德育涉及并不多。想要有效地解决以上问题，只有通过心理健康教育，只有关注大学生出现的心理问题，并适当地指导大学生进行有效的心理调适。这样不但能帮助大学生树立良好的心态，培养良好的心理素质，而且也能更有效地提高高校德育的实效性。

2. 心理健康教育是高校德育有效实施的重要辅助力量

传统德育主要运用理论的方法来提高大学生的道德认识。这种教育方法只注重普遍性，只关注到大学生中普遍出现的问题，而忽视了个性的差异。对于大学生个体面临的实际问题，就不能有效地解决，从而直接影响了高校德育的实效。在高校德育中运用心理健康教育，就是从遵循大学生心理发展规律的角度去做德育工作，对高校德育的不足之处是一种有效的弥补。与传统的德育相比，心理健康教育更加注重学生的个性特征，更加关注学生的心理问题，把培养健康的心理作为教育的目标，这对于高校德育目标的实现是有很大的促进作用的。

3. 心理健康教育有利于高校德育目标的实现

高校德育的目标就是把大学生培养成为德才兼备的人才。要达到这一目标还存在很多实际的困难。长期以来高校德育的成效不高是一个困惑教育者的重大问题。高校德育的主要内容与大学生的实际心理需要之间有一定的距离。要想进一步缩小这种距离，进一步提高高校德育教育的实效，就要在高校德育中充分利用心理健康教育的手段，大力促进心理健康教育与高校德育相互融合的关系，使心理健康教育发挥更大的作用。因为心理健康教育更加关注个体，其内容涉及大学生日常生活、学习的方方面面，在教育内容的选择上比较贴近大学生的实际。心理健康教育遵从自愿、平等的原则，容易与大学生心理产生共鸣，消除逆反的心理。大学生在接受心理健康教育时不再是被动地接受，也不再觉得德育是无谓而空洞地说教，从而使高校德育的效果大大增强，也就更有利于实现高校德育的目标。

（二）心理健康教育有利于提高高校德育工作者自身的素质

相对于传统的德育，心理健康教育是一项复杂而艰巨的工作，因此对教育者的素质要求较高。心理健康教育在有效地提高学生心理素质的同时，也有利于提高高校德育工作者自身的素质。

1. 心理健康教育有利于提高高校德育工作者的思想政治和道德素质。

与其他种类的教育相比，高校的心理健康教育是一项比较复杂的系统工程，对于教育者的素质要求比较高。除心理方面的专业知识外，心理健康教育者还必须具备良好的思想道德素质。不难设想，一个自身思想道德素质不高的人会培养教育出思想道德素质很高的受教育者。从某种角度上看，心理健康教育的过程实际上就是教育者自身素质展示的过程。心理健康教育者必须不断提高自身的素质，才能更好地承担心理健康教育的工作。因此心理健康教育的过程，实际上也是教育者自身思想政治和道德素质提高的过程。

2. 心理健康教育有利于提高高校德育工作者的心理素质

高校德育的培养目标，是要培养学生具有健全的人格。这就要求高校德育工作者有良好的心理素质。从事心理健康教育是一项挑战性较强的工作，心理健康教育的特殊性要求教育者应该具有较高的心理素质。从事心理健康教育，每天要面对各种心理问题，没有一个过硬的心理承受能力是做不来的。当然，对于任何一个生活在现实社会中的个体的人，都会难免出现各种各样的心理问题。心理素质的高低主要表现在应对各种心理问题和解决各种心理问题的能力。只有具备了扎实的专业知识，具备良好的思想道德素质，且心理素质较高的人，才能站在高屋建瓴的角度给予受教育者以有用的启示。从这个意义上讲，心理健康教育在高校德育中运用的过程，也是高校德育工作者不断提高自身心理素质的过程。所谓教学相长，不但体现在文化课的教育过程中，也体现在心理健康教育的过程中。

（三）心理健康教育有利于提高大学生的主体发展

大学生的主体性发展是在大学实践过程中所建立起来的自主性、能动性和创造性的一种能力，对于社会的进步和发展具有重要的作用。加强心理健康教育促进主体性发展，培养全面发展的人是教育的目标。大学生心理健康教育推动着大学生主体教育的发展，有利于引导学生建立健全完善的人格，加强大学生对社会的责任意识、发展意识以及对社会服务精神、奉献精神的培养。

1. 加强大学生心理健康教育的意义

心理素质是主体在心理方面比较稳定的内在特点，包括个人的精神风貌、气质、性格和情绪等心理要素，是其他素质形成和发展的基础。在复杂多变的社会环境中，保持良好的心理适应状况，是抗拒诱惑、承受挫折、实现自我调节的关键。进行心理健康教育是驱动学生人格发展的基本动力。教育的目的之一就是要开发大学生的潜能，良好的心理素质和潜能开发是相互促进、互为前提的，心理健康教育为二者的协调发展创造必要条件。心理健康教育通过激发大学生的自信心，帮助主题在更高的层次上认识自我，从而实现角色转换，发展对环境的适应能力，最终使潜能得到充分发挥。

2. 心理健康教育是大学生主体发展的重要组成因素

大学生主体发展在于培养全面发展的高素质人才，而在高素质人才的培养中心理健康教育起着至关重要的作用。良好的心理素质是大学生建立健全良好的思想品德的基础；是积极学习现代文化知识以及科学技术推动社会不断进步的前提；是在校园中引导大学生正确交往，建立合作意识的动力。大学生主体发展的前提是大学生拥有良好的心理素质。大学生主体发展中包含对大学生自主性、能动性以及创造性的培养。大学生自主性的培养建立在完善的人格及思想道德品质基础上；能动性是展现大学生积极向上，努力学习科学文化知识的一种能力；心理健康教育有利于提高大学生的创造性思维，推动社会的发展进步，因此说心理健康教育是大学生主体发展的重要组成因素。

3. 心理健康教育有效推动大学生的主体发展

大学生心理健康教育有利于提高大学生独立分析问题和创造性解决问题的能力。正如世界著名未来学家阿尔文·托夫勒在《未来的打击》中指出："教育必须以培养个人的适应能力为第一目标，以便使人能够很快地、很容易地适应新事物。"[1] 而心理健康教育在大学生主体发展中正是以这为目标。未来世界发展中的文盲是没有学会学习的人，而心理健康教育对于提高大学生的自学能力有着很重要的作用。心理健康教育有利于培养大学生良好的品格，而良好的品格是人类发展进步的宏观条件。因此说心理健康教育大大推动了大学生的主体发展。

(四) 心理健康教育有利于促进高校德育环境的建设

进入21世纪后，随着社会不断发展，高校德育环境发生着很大的变化。中共中央、国务院发出的《关于进一步加强和改进大学生思想政治教育的意见》，对高校德育工作做了深刻阐述和整体部署，对高校德育环境提出了更高、更好的要求。

1. 心理健康教育与德育环境建设的联系

心理健康教育与德育环境建设同样注重人的精神因素的作用，二者关系密切，相得益彰。良好的心理健康教育有利于引导高校德育环境的形成和发展方向，而心理健康教育又为德育环境建设提供了一个有效的载体和教育方式，高校可以通过各种形式的心理健康教育来营造自身特有的德育环境氛围，对于学生科学的世界观、人生观、价值观的树立以及思想、意识、行为、观念的发挥起到正确的导向作用。

2. 心理健康教育是德育环境建设的延伸和具体化

高校德育环境建设必须关注学生的内在需求，而心理健康教育恰恰是师生间沟通的渠道，教师通过心理健康教育可以进入大学生的视野，这样才能找到有效的途径让大学生接受和践行，因势利导，才能真正使大学生自觉

---

[1] 阿尔文·托夫勒. 未来的冲击 [M]. 北京：中信出版社，2006：23.

地接受德育教育，在受教育中汲取营养，提高自身素质。

3. 心理健康教育与德育教育相互促进，共同发展

从心理学角度看，任何群体成员都有很多需要，有些需要通过学习可以得到满足，而有些需要则必须通过群体来满足。而高校德育环境恰恰是这样一种非常有效的外力，它能够营造一个积极的、向上的、健康的大环境来影响、引导大学生群体。其中心理健康教育作为德育教育的具体方式与途径担当着重要的作用。心理健康教育对德育教育提出要求，而伴随着时代改变德育环境有促进心理健康教育方式的改变和成长。

(五) 心理健康教育有利于把握高校德育规律

高校德育是一门综合性的学科，是塑造大学生灵魂的一门综合艺术。而高校德育中的心理健康教育更具复杂性，心理健康教育的过程是由一系列复杂的心理活动实现的。但也并不是说心理健康教育无规律可循。虽然人的心理活动是复杂多变的，但它并不是随意变化，而是一种有规律的变化过程。人的心理活动诸要素之间有着必然的、本质的联系。按照马克思主义的观点，人只能认识和利用规律，而不能凭主观意志随意地改变规律。心理健康教育就是研究大学生的心理活动，就是探讨大学生心理活动的规律，从而促进对大学生德育工作的因势利导。因此，重视心理健康教育，加强对大学生心理活动的研究，有利于更好地把握德育规律，从而使德育工作更有实效性。

第二节 心理健康教育在高校德育实现途径中的现状分析

目前，对心理健康教育在高校德育中运用的认识还有待于进一步提高。对于普通教育者来说，一般都能认识到心理健康教育与德育具有不同的特色，从理论依据、具体内容到教育方法等方面认识到二者有诸多不同之处，也有不少教师尝试将心理健康教育融入德育中，以期提高高校德育的效果。应该说，这样的尝试很有价值，也取得了一定的成效。但在大多数情况下，将心理健康教育融入德育中的效果还不尽如人意，心理健康教育在大学生德育实现途径中的现状还有待于进一步改善。以下分别从认识现状、方法现状

以及作用现状三个方面探求心理健康教育在大学生德育实现途径中存在的问题，从而为改善心理健康教育在德育中的作用提供理论依据及现实依据。

一、心理健康教育在大学生德育实现途径中的认识现状

目前，对心理健康教育在高校德育中运用的认识还不一致。这种认识上的不一致体现在诸多方面，不仅存在于高校内部，而且对于心理健康教育在高校德育中运用的各种社会环境的认识也存在不一致的现象。

(一) 心理健康教育与高校德育自成体系

有不少人认为：心理健康教育与高校德育自成体系，两者有着本质的不同，因此认为心理健康教育在高校德育中难以运用。他们认为高校德育与心理健康教育在诸多方面都存在区别。德育旨在培养学生具有一定的世界观、人生观和价值观，具有符合一定社会要求的道德规范等；而心理健康教育则旨在解决学生的心理问题，或是排除学生的心理障碍，注重学生心理健康水平的维护和提高。德育中双方是教育者与被教育者的关系，常常表现为教育者直接说教，被教育者被动接受；心理健康教育则主要是一个沟通、疏导的过程，教育者在更多的情形下采取一种被动态势，注意倾听被教育者的"宣泄"，努力进入并力求疏导被教育者的内心世界。德育工作带有很强的阶级性与政治色彩，以培养合格的建设者和接班人为目标；而心理健康教育则很少受阶级性和社会制度的制约，以培养健康的心理为目标。可以说二者的理论依据不同，具体内容和任务不同，采用的方法不同，教育目标也不尽相同。既然心理健康教育与高校德育存在诸多差异，心理健康教育在高校德育中的运用自然就谈不上了。

(二) 心理健康教育机构设置模糊

近年来，随着高校心理健康教育的发展，各高校纷纷设立了相关的心理健康教育服务机构，比如心理咨询、心理治疗等。但从整体上说，由于对心理健康教育的理解还存在认识上的偏差，对于心理健康教育机构的设置仍旧处在比较模糊的阶段。有些高校把心理健康教育作为学生的一门必修课程列入教学计划中，由教务处统筹管理；有些高校根据心理健康教育的内容将其归到社科部，作为与德育课并行的科目，强调其学科性和知识性；有些高校则根据心理健康教育在素质教育中的特殊作用，把心理健康教育机构挂靠

在团委，只偏重其咨询服务，而忽视其理论教育的功能；还有的高校则将心理健康教育看作一种医疗手段，将其挂靠到校医院，结果让绝大多数学生望而生畏，心理健康教育自然不能发挥应有的功能。

(三) 心理健康教育人员配备不当

在相当一部分高校中，目前担当心理健康教育的人员主要是三部分成员：一是德育课教师兼职。作为德育课教师，受过专门心理学知识培训的人员很少。而心理健康教育着重要解决的是成长中的学生的心理问题以及心理障碍，这要求教育者不但要有心理学理论基础，还要有丰富的知识和实践经验。没有丰富心理学知识的教师显然难以胜任心理健康教育的工作，而且也很难产生良好的效果。二是心理专业人员。与德育课教师兼职相比，这部分人具备专业理论知识，熟悉心理领域的各种理论，但不熟悉学生的具体情况。结果就会造成心理健康教育只偏重心理知识的教育，忽视德育指导，从而使心理健康教育的效果难以全面发挥出来。三是心理医生。作为心理医生，他们都接受过较长时间的专业训练，熟悉心理学的有关理论。但心理医生的职责主要是治疗各种心理疾病，其治疗对象是患有较严重心理障碍的人。心理医生中的"医生"二字鲜明地体现出心理医生的特点，医生注定只能面对一小部分有心理疾病的学生，而不能面向大多数学生。但心理健康教育应该是面向全体学生，而不应该有所偏差。由心理医生来担当心理健康教育工作显然也是不太合适的。心理健康教育的目标是促进大学生心理健康发展，提高大学生的心理素质，培养健全的人格。这样的工作性质对从事心理健康教育的人员提出了相当高的要求，不是单纯的德育工作者或是单纯的心理专业毕业的人员就能胜任的。

(四) 心理问题与德育问题混淆不清

对于什么是心理问题，什么是思想品德问题，很多人并没有弄得太清楚，经常把二者混为一谈。对于二者的独特性搞不清楚，就会造成在实际工作中把心理问题当成思想品德问题来处理的情形。这样处理的后果自然会有很多不尽如人意的地方。形成这种认识的主要原因就在于在高校教育中过分强调政治，过分强调思想政治教育，这样强调的后果就是经常把学生出现的心理问题看作单纯的思想问题，看成是思想觉悟的问题。以上是问题的一个方面。

另一方面，由于近年来高校教育对心理健康教育比较重视，尤其是强调心理健康教育在高校德育中的运用，就又造成过分夸大心理健康教育的倾向。他们把学生在学习生活中出现的所在问题几乎都看成是心理问题，都主张用心理健康教育的方法加以解决，甚至主张用心理健康教育代替德育。这种倾向显然又走到了另一个极端，同上一种偏差相比，同样不利于高校德育工作的开展。

(五) 对心理健康教育认识模糊

对于心理健康教育是什么，包括哪些内容，有相当一部分大学生并不清楚。大学生有了这样或那样的心理问题，也有过去进行心理咨询的想法。但一方面这种想法并不迫切，另一方面对于心理咨询的效果也持怀疑态度。大学生对心理健康教育的认识模糊，直接影响了心理健康教育在高校德育中的运用。

(六) 对心理健康教育重视程度不够

毋庸置疑，新时期的大学生受到来自各方面的压力也日益加大，于是很容易产生一些心理问题乃至心理疾病。比如缺乏学习的动力，甚至产生厌学情绪，或者自卑心理较为严重等问题。这些心理问题如果得不到及时处理，势必会严重影响大学生正常的生活和学习。但是这些情况并没有引起高校足够的重视，也缺乏卓有成效的改善措施，致使这些心理问题一直困扰着大学生，从而造成大学生心理健康状况普遍不佳的状况。

二、心理健康教育在大学生德育实现途径中的方法现状

传统的高校德育教育方法比较简单，心理健康教育融入德育教育的结果是为高校德育工作提供了新的方法。心理健康教育在自身的发展中，形成了一些较为系统的理论和方法。将这些理论和方法引入德育工作中，对提高德育水平有极大的促进作用。但是由于对心理健康教育还存在这样或那样的认识缺陷，有关心理健康教育的一些新的方法在高校德育中还尚未得到广泛的运用，因此心理健康教育在大学生德育实现途径中还存在这样或那样的问题。

(一) 重视社会教化，忽视个体的自我内化

传统的高校德育注重社会教化，更多地关注大学生的社会性特征。而实际上社会化的社会教化和个体的自我内化是两个密不可分的部分，二者不

可偏废。当前,在对大学生进行思想道德教育的过程中,往往过多地强调社会教化对个体道德形成的影响,而忽视个体自我内化在道德品质形成中的重要作用。这样的德育就容易导致理论与具体行为脱节,也就不能更好地达到德育的目的。

(二) 重视道德说教,忽视个体的内心需要

一提起德育,给人的感觉好像就是枯燥乏味的。传统的德育也比较重视道德说教,而忽视个体的内心需要,尤其忽视对个体情感的激发。不可否认,传统的道德说教具有一定的约束和导向作用,它告诉学生在一定的社会环境中应该做什么,不应该做什么。因此,道德说教应该成为德育的一个重要内容。但另一方面,个体的内心需要是多种多样的,个体情感也是人的行为的动力因素之一。忽视个体的内心需要,忽视个体情感,就不能有效地提高道德认知的效率,也不能有效地促使人的认识转化为行为,甚至会产生一定的逆反心理,从而使德育工作流于形式。

(三) 重视道德知识的灌输,忽视道德行为的培养和锻炼

关于大学生的德育工作,一直都存在一个不容忽视的问题,即大学生掌握的理论知识与实际行为脱节的现象比较严重。这种现象的存在与传统的德育方法关系密切。长期以来,德育就是以课堂教学为主要形式,重视道德知识的灌输。这种教育方法也许在过去还能得到学生的理解,也能取得一定的效果。但在当前的教育环境中,单纯理论的灌输就表现出更多的不足。主要表现为学生普遍对这种教育方式表示不满,而且也难以把理论知识转化为实践。如果道德品质不能转化为一种实践,那么道德知识传授的意义和价值也就不复存在。因此,在德育工作中,我们应该更多地关注实践精神,更多地关注其实际功效,而不是单凭掌握了多少理论知识来评价其道德品质的高低。

(四) 重视遵从意识的培养,忽视健全人格的塑造

如前所述,德育工作的最终目标是要培养具有健全人格的人。而传统的德育教育中,过多强调个体的服从,强调对人的意志与行为的限制与防范,忽视个体的自主性发展,忽视健全人格的塑造。学生的个性差异得不到应有的体现,学生的独立人格也得不到应有的尊重。这样的教育模式下培养出来的学生往往缺少独立性,缺乏进取精神,容易盲目从众和循规蹈矩,当然更谈不上会有怎样的创造性。一旦置身于复杂多变的社会环境中,往往会

因为其不健全的人格而显得无所适从。

三、心理健康教育在大学生德育实现途径中的作用现状

与过去相比，新时期的教育理念也在不断发生着变化。其中最值得关注的一点就是把心理健康教育融入高校德育教育领域，二者相互融合所达到的最为显著的效果就是丰富高校德育的方法，拉近了教育者与被教育者之间的心理距离，解决了许多传统的德育方法难以解决的问题，同时也丰富了高校德育工作者的形象和知识。可以说，心理健康教育对加强和改进学校德育发挥了巨大的作用。当然，目前心理健康教育与高校德育之间的融合还远未达到完善的境地，还有许多方面需要加强和改善。

(一) 心理健康教育对高校德育的促进作用

心理健康教育与高校德育的相互融合，使高校德育的作用得到了充分的发挥。一是观念补偿作用。心理健康教育与高校德育的融合，进一步丰富了德育观的内涵。广大的德育工作者充分认识到其工作的性质和应有的地位。在德育过程中，德育工作者不仅是主导者，而且是协助者；不但传授理论知识，而且关注大学生的心理状况；德育的最终目标不仅是提高学生的思想道德水准，而且注重提高学生的心理素质。二是指导作用。在高校德育教育过程中，心理健康教育能够提供更为多样的教育方法。比如通过心理咨询、测试等方法，使高校德育更具科学性，也更有针对性。传统的德育只注重教育对象的共性，而心理健康教育则把大学生当作一个个具体的人来要求，强调尊重学生的人格。这样的教育方式显然更容易得到学生的理解和支持，也就更容易达到预定的目标。三是调节作用。传统的德育以说教为主，而传统的理论说教又往往容易流于千篇一律，这样很容易使学生产生逆反心理。心理健康教育则注重沟通的效果。心理健康教育工作者往往更注重深入学生的内心世界，深入了解学生内心真实的想法，对学生在实际生活中所产生的心理方面的问题，注意采取疏泄、暗示等方法，注重对学生的心理进行适当调节，这样往往会取得比较好的效果。

(二) 心理健康教育对高校德育作用的不足

如前所述，心理健康教育在高校德育教育的过程中，起到一定的积极作用。但这种促进作用还远未达到理想状态。心理健康教育注重个人的发展，

在教育过程中容易取得成效，但也容易出现目标偏低、境界不高等问题，严重时甚至会出现庸俗化的倾向。所以心理健康教育必须以高校德育目标为导向，坚持正确的政治方向，坚持把心理健康教育与学生树立正确的世界观、人生观以及价值观教育结合起来，给学生指出更高层次上努力的方向。

心理健康教育的内涵很丰富，心理健康教育绝不单单是对学生出现的心理问题进行简单的疏通引导。大学生个体的自然属性当然是心理健康教育工作者所应该关注的问题，但是如果过分强调大学生内在的需要，而较少考虑社会的要求，这样的心理健康教育工作只能治标而不能治本。只有把心理健康教育与德育更好地融合在一起，才能从根本上解决学生出现的各种心理问题，才能使学生既明白个人本身的价值取向，又清楚社会需求；既注重个人利益，也不忽视社会利益，否则就会出现心理健康教育在育人方向上与德育相背离的现象。

第三节　心理健康教育对提高高校德育实效性具体途径分析

实践表明，从学生的心理特点和实际需要出发，在高校德育中融入心理健康教育，往往会收到意想不到的效果，对于加强和改进高校德育是很有益处的。但是由于我们过去对心理学不够重视，起步较晚，将心理健康教育运用于高校德育的时间也较短，目前对于心理健康教育如何更好地为高校德育服务，仍处于初步研究阶段，存在的问题也是不少的。因此对于大学生德育实现途径的心理健康教育过程探讨，不论对高校德育还是心理健康教育本身的发展，都有十分重要的意义。

一、改进心理健康教育方法，增强德育的实效性

心理健康教育取得成效的多少，直接影响高校德育工作的进展及其成效。要想提高心理健康教育的有效性，就必须大力改进心理健康教育的方法，多角度、多层次地在高校中开展心理健康教育活动，切实增强高校德育的实效性。

（一）积极开展心理咨询和开设心理指导课

大学生在日常学习生活过程中，产生这样或那样的心理困惑以及心理问题都是非常正常的。有了心理问题积极主动地寻求心理咨询，对当前的大学生来说也不是一件新鲜事。因此，在高校教育中，积极开展心理咨询和开设心理指导课就成为大学生思想教育的重要内容之一。心理咨询和心理指导课要以高校德育目标为指导，有的放矢地帮助大学生解决各种心理问题。积极开展心理咨询和开设心理指导课，有利于形成科学的心理健康教育格局，有利于更为切实有效地解决学生的心理问题。

1. 积极开展心理咨询，提高大学生的思想道德品质

在高校德育教育过程中，心理咨询是一项能够极大促进高校德育目标顺利实现的因素。心理咨询出现的时间并不算长，在高校德育中可以说还是一个新生事物。但这新生事物的发展势头却非常迅猛，目前各大高校中已经普遍设立有心理咨询机构。高校的心理咨询机构可以更有效地帮助大学生处理好在学习生活中遇到的诸多心理困惑和心理问题，对大学生的顺利成长已经起到良好的指导作用。虽然如此，心理咨询在高校德育中还远未发挥出应有的作用。主要表现为心理咨询在大学生中还并不普及，据抽样调查显示，只有不到20%的大学生在遇到心理困惑或是心理问题时首先能想到进行心理咨询，并且能在心理咨询中心接受专职人员的指导。有相当一部分学生理所当然地认为凡是前去进行心理咨询的都是心理有问题的，或者干脆就认为只有出现心理疾病的人才会去进行心理咨询。这样的思想意识直接导致心理咨询工作不能顺利开展，导致心理咨询的成效始终不太理想。因此在高校德育教育过程中，除了要设立专门的心理咨询中心外，还要大力进行宣传，让学生对心理咨询有一个正确的理解。当学生需要心理咨询服务时，应该有针对性地向大学生提供及时、有效的指导与服务，这样才能有效地提高心理咨询的功效。

2. 开设心理指导课，进一步拓宽高校德育教学领域

在高校德育教育中融入心理健康教育，不单单是指运用一些心理健康教育的方法提高德育的成效，也不单单是在高校校园里设立面向学生的心理咨询机构，还要系统地开设一些心理指导课，这样才能更加充分地发挥心理健康教育的功能。所谓心理指导课，它不同于普通的心理学课程，而是针对

大学生出现的心理问题进行理论分析和指导，从而达到解决心理问题、塑造健全人格的目标。

心理指导课的开设，有利于大学生个体心理健康的培养，有利于大学生健全的人格的塑造。与普通的心理学课程相比，心理指导课以解决大学生具体的心理问题为目标，既有理论性，又有针对性。这对大学生心理健康的培养十分重要。心理指导课主要是针对学生出现的心理问题进行疏导，从而促成大学生健全人格的实现。这对于进一步拓宽高校德育教学领域，深化高校德育的内涵，都是很有益处的。

(二) 广泛开展心理普查，增强思想教育的针对性

心理普查在心理健康教育体系内占有极其重要的地位。不论何种形式的心理普查，都具有一定的科学性，这使得心理普查成为一项科学的辅助手段促进心理健康教育的顺利开展。心理普查不但能帮助大学生更好地认识自己，而且也能帮助教师更好地了解学生，从而增强了德育工作的针对性。

1. 广泛开展心理普查，帮助大学生认识自己

心理普查是一种国内通用的评估方法。这种方法主要是通过问卷调查的形式，对有关心理健康方面的状况做出评估。在心理普查中，大学生要对问卷中的问题逐一回答，因此具有较广泛的普遍性和较高的可信度。而大学生逐一回答问题的过程，也是大学生对自身思想和自我行为进行审视的过程。因此心理普查能够更好地帮助大学生认识自己，从而有效促进心理的健康发展。

2. 广泛开展心理普查，帮助教师了解大学生

心理普查可以使普查对象更好地了解自我，而且也使教师对大学生有更全面、科学的了解。通过广泛的心理普查，对有心理问题或是心理障碍的大学生进行必要的疏导、矫正，对患有心理疾病的部分学生提供及时有效的心理援助，这样就使德育工作更加具有针对性。

对心理普查的结果还可以进行深入研究，以探讨某种规律性的形成过程。一般情形下，各高校都应该对新生进行心理普查，必要时可以建立大学生心理档案之类的文字资料，以便更有针对性地展开工作。需要特别注意的是，心理普查是一项专业性很强的活动，参与心理普查的人员应该掌握一定的心理知识，对普查结果不能掉以轻心，而应以非常谨慎的态度给予科学的解释。

(三) 关注情感心理在大学生德育中的应用

注重情感心理在大学生德育中的应用，对于提升大学生的心理素质、提高思想道德水平都有很重要的作用。

1. 情感在大学生德育中的作用

情感，或者说是道德情感，是人们在处理相互关系、评价自己和他人行为时所产生的一种态度和情绪体验。在对大学生进行德育教育过程中，教育效果的好坏与大学生的态度和情绪体验密切相关。因为道德认知只有与道德情感相结合，才会产生道德动机，进而推动道德行为。可以说，道德情感是道德认知和道德行为的一个中介变量。传统的德育重视道德认知接受，而忽视情感接受，忽视情感接受对认知接受的调节作用。其结果往往是知行脱节、言行不一，德育效果也就大打折扣。究其原因，缺乏道德情感是最主要的一个因素。具体而言，情感在大学生德育中的作用包括以下几个方面：

(1) 德育中的情感认同

一般情形下，人们与某种事物发生联系并且"认同"这种联系的价值时，就愿意保持乃至巩固这种联系。当对该事物发生更大的认知兴趣，并且乐于接受该事物对自己的认知和情感的影响时，这种情形就是心理学上的"情感认同"。在高校德育过程中，大学生首先是依靠理性认识达到对教育内容的领会和掌握。但这种理性认识能不能转化为具体行为，或者在多大程度上能转化为具体行为则取决于大学生对这种理性认识有无情感认同，或者在多大程度上取得了情感认同。因为任何一个人在关注和认识对象时都存在着理性和情感的双重心理表现。理性认识是前提，而情感认同则是理性认识转化为内在意识及外在行动的"中介"。只有服人以真，动之以情，才能达到导之以行的效果。

(2) 情感环境对德育的影响

大学生的情感是敏锐而又丰富多变的，并且具有一定情景性。一般情形下，一定情景都能激发起人们的某种情感。而当遇到某种激动人心的场面时，人们就会产生一定激情。但这种激情一般并不持久，随着时间的流逝，随着激动人心的场景消失，激情也就逐渐淡化，最终只能留下某种记忆。这种激情只是一种浅层次的情感表现，只是一般状态的过程式的情绪体验的反映，并没有真正确立情感。而德育过程中所需要的情感是一种深层次的道德感。只有这种深层次的道德感才能更好地保持长效性,才能把对德育的理性认识切实转化为外在行为。要培养和保持这种深层次的道德感,重视优化情景是一种较为有效的方法。这就要在高校中营造良好的情感环境,充分利用情感环境发挥对德育的影响作用。让大学生在持久的、健康的情感体验中积累精神财富,由情到理,由懂到信,再到根本觉悟。这样才能很好地保证行动的长效性。比较理想的方式是通过各种形式的文艺活动,在高校校园中营造一种艺术氛围,从而营造良好的校园情感环境。

(3)德育中的情感物化作用

所谓情感的物化,简单地说,就是以情动人。当然,这"情"应该是在切身感受情境下的动情。德育教育不只是空谈理论,也不能是空洞地说教,而要尽可能把教育内容和所倡导的思想客观物化为某种情境,并凝聚到客观对象身上,这样才能取得好的效果。因此,德育教育工作者要自觉从学生的情感基础出发,努力做到与学生的感情合拍,从而使学生产生一种切身的情感体验,这样就能够自觉引导学生的道德行为。比如在高校新生报到的过程中,可以采用类似"绿色通道""特困生超市"等服务措施,不但能给贫困学生以切实的资助,而且能让贫困学生切实感受到来自学校和同学的关爱,能够让贫困学生感受到学校和学长对于他们成才的殷切希望。在这种情感物化作用下,贫困学生很容易将这种感激之情化为奋进的动力,在以后的学习和生活中取得更高成绩。重视对学生的人文关怀,以打造"温馨班级""温馨宿舍"为载体,营造良好的师生关系、同学关系。此外,还可以通过某种情感交流,让学生尝试到关心他人的快乐情绪体验。在"以学生为本"理念观念的指导下,这种情感的物化作用可以渗透到各种教学及服务过程中。

2.培养大学生的道德情感,促进德育工作的有效开展

大学生道德情感的培养有助于德育工作的有效开展。但如何更加有效地培养大学生的道德情感是一项值得深入研究的课题。笔者试从以下几个方面加以探讨:

(1)知情结合能够促进道德情感发展

如前所述,在高校德育教育过程中,注重情感的作用是很重要的。但任何人的道德情感都是在一定的道德认知基础上产生,并随道德认知的发展而发展的。因此,促进道德情感发展的一条重要途径就是提高其道德认知

水平。要切实提高高校德育教育的效果，一个行之有效的方法是注重情感教育。比如在高校的毕业典礼中，采用由学校领导为毕业生逐一颁发学位证书的仪式会起到很好的效果。大学毕业是一个人生的重要转折时期，学生基本处在激动与兴奋的情绪状态。当每一名毕业生从校领导手中接过肯定自己学业的证书时，当学生再一次感受到母校领导及教师的殷切关爱之情时，心中自然会想起辛勤培育他们的教师，内心会涌起对教师的敬重之情，进而会转化为对母校的感激和眷恋之情。

(2) 积极开展丰富的感恩活动

感恩教育能够有效激发人的情感，使教育理论从抽象化为具体、从单纯的说教化为行动，对提高学生的思想道德品质、提升学生的综合心理素质都有极大的促进作用。感恩活动的形式是多种多样的，比如写一封感恩信、参加社区服务或者是献爱心的义务劳动，或者是进行慰问活动，包括扶贫、救灾、捐款等活动，都会取得意想不到的效果。以这样的活动为载体，让学生从活动中体验感恩、实践感恩，最终实现情感的升华，使学生在具体的实践活动中把所学到的教育理论融化为自己的内在意识，从而有效地提升德育教育的效果。

3. 以关爱之情贴近大学生的内心世界

在高校德育工作中，情感教育是做好德育工作的一项基本要素。俗话说，"人非草木，孰能无情"。在德育工作中只有注重情感，才能取得德育的良好效果。比如在对学生进行爱国主义教育时，教师首先应该具有满腔的爱国热情，这样才能将自己主观体验的情感传达给学生，借助情感的感染性，从而唤起学生相同的情感体验。德育工作不能只是板着面孔教育人，而是应该富于人情味，而且也必须富于人情味。要做到以情感人，对教育对象怀有深厚的感情和浓厚的爱心，这样才能使教育对象产生亲近感，进而使教育者与被教育者产生情感上的共鸣。反之，那种枯燥的理论和板着面孔的做法是难以让大学生接受的。

总之，在高校德育教育过程中，要以科学的方法为指导、以平等的态度待人，使受教育者有一种亲切的感觉，这样才会比较容易接受教育者的观点，并在潜移默化中内化为自己的行动意识。

4. 克服学生对德育工作者的情感抗拒

教育不是单方面的行为，而是一个双向交流过程，需要教育者与被教育者共同参与才能实现。教育工作的这种特性使得情感教育在德育中占据着相当重要的地位。或者说，教师与学生之间的情感交流在教育过程中是很重要的一种因素。在具体的教学过程中，教师对学生表现出的每一份真诚的关爱，学生都能强烈地感受到，并且会以同样的真诚作为回报。作为教师，不但要在学生眼里有威严感，更要使学生有亲切感。古语曰："一日为师，终身为父。"作为父亲，没有不爱自己的孩子的，但是父亲常常又是以一副威严的面目出现在孩子面前的。当学生从内心深处对教师产生出一种亲切感时，在这种情感的支配下，学生就会乐于接受教师的教育，也能更有效地提升他们的心理健康水平。

但是在德育过程中，也不能过分凸显情感的作用，也要注意师生情感交融原则的把握。一方面教师通过师生之间的情感交融，可以提高学生对教育内容的接受性。所谓"亲其师，信其道"，说的就是这个道理。但另一方面，学生"亲其师"是手段，"信其道"才是最终目的和结果。如果教师一味强调情感的感染作用，忽视了其他教育方法的应用，甚至忽视了对自身素质的提高，最终也会影响教学效果的提升，从而丧失情感教育应起的作用。

二、提高教师知识素养，在学校教学中多渠道渗透心理健康教育

增强心理健康教育在大学生德育实现途径中的作用，提高心理健康教育与高校德育相结合的重要性的认识是首要条件，营造一个有利于心理健康教育在高校德育中运用的环境，并且适当改进心理健康教育方法是必要条件，而提高教师知识素养，在学校教学中多渠道渗透心理健康教育则是改进德育成效的充分条件。

（一）造就一支既懂德育，又懂心理健康教育的教师队伍

高校心理健康教育的诞生是德育工作者积极探索德育发展的结果。目前我国高校心理健康教育的地位越来越重要，所起的作用也越来越大，这些都与高校的德育工作者辛勤耕耘、无私奉献分不开。在高校德育工作者的努力下，目前高校的心理健康教育取得了较大成就，这是应该肯定的地方。但在取得成绩的同时，还要看到高校心理健康教育存在着诸多不尽如人意的地

方，高校德育工作者面临的任务还很艰巨。德育工作者不但要熟悉和掌握有关思想政治方面的专业知识，还要学习和掌握有关高校心理健康教育方面的知识，二者的地位几乎同样重要。

1.高校德育工作者要学习、掌握有关心理健康教育的知识

德育教育成效的高低与德育教育工作者本身的理论水平以及实践经验有十分密切的关系。从事德育教育的人员首先应该具备一定的理论知识，包括政治理论知识和心理学知识。其次还应当具有一定的学历及职称，这样才能更好地胜任德育教育工作。一般来说，德育工作者都具备一定的政治理论知识，但或多或少对于心理学方面的知识有所欠缺，从而影响了对学生的全面认识。而心理健康教育注重研究和了解人的内心世界，注重心理疏导，可以有效提高思想教育的有效性。因此加强高校德育工作者的心理健康教育培训、提高德育工作者心理健康教育的意识和水平，对于提高德育工作者的理论知识水平、提高德育工作者自身的素质、提高德育的有效性都具有十分重要的现实意义。

高校德育工作者学习的途径和方法是多种多样的，其中最有效的办法是采取集中培训的方式。比如可以举办培训班、可以定期开办一些专题讲座等。诸多的方式中，举办培训班是比较易见成效的一种方式，这是提高高校德育工作者心理健康教育水平的重要举措之一。此外，还可以采取自学的方式。自学方式比较简单易行，而且在自学过程中，德育工作者可以边学习边运用、边实践边摸索，也容易取得成效。一个合格的思想政治教育工作者，在某种程度上也将是一位合格的心理健康教育工作者，至少他应该接受过这方面的教育。

2.从事心理健康教育的人员要学习、掌握高校德育的有关知识、方法

心理健康教育虽然地位重要、功能多样，在发挥高校德育的整体育人功能方面起着不可替代的作用，但是作为高校德育的一个有机组成部分，从事心理健康教育的工作人员也要学习、掌握高校德育的有关知识和方法。从我国高校心理健康教育的现状来看，目前在高校中从事心理健康教育工作的人员除德育工作者外，还包括一些医务工作人员、心理专业教师，甚至还有一部分其他专业教师。那么，这部分非德育专业的工作人员就有必要学习和掌握一些有关德育的知识和方法，不然势必会影响心理健康教育在高校德育

中作用的发挥。

高校心理健康教育在为大学生提供有关心理学知识信息的同时，也不能无视思想道德方面的内容。相反，心理健康教育始终要与高校德育相结合，在育人方向上与高校德育保持一致，要把提升学生的思想道德水平作为自己的工作目标之一。因此，从事心理健康教育工作的其他人员也要学习和掌握高校德育的有关知识、方法，这样才能有效防止专业知识的偏失，也才能有效预防在心理健康教育过程中出现目标偏低的倾向。可以说，学习和掌握高校德育的有关知识、方法既是从事心理健康教育工作的其他人员完善知识结构的需要，也是他们提高自身的思想修养的需要。

(二) 在学校教学中多渠道渗透心理健康教育

在学校的各项教育活动中，不但德育工作者要注重对学生进行心理健康教育，其他部门与人员包括班主任以及后勤服务部门也要注重对学生进行心理健康教育。做到全面渗透、全员参与、全程落实，使心理健康教育渗透到整个学校教育的全过程。

1. 在各学科教学中渗透心理健康教育

寓心理健康教育于各科教学中，这是对学生加强心理关怀的重要举措。学校心理健康教育仅靠几个德育教师开展多少显得有些势单力薄，不可能收到良好效果，也不容易实现心理健康教育的最终目标。在学科教学中渗透心理健康教育，动员学校全体教师共同参与，使每个教师都成为心理健康教育者，每个教师都承担起心理健康教育的一份责任。为此，在教学中，每个教师都要具备一定的心理健康教育理论知识，都要有一定的心理健康教育意识，都要善于根据学生的心理规律来安排组织教学。此外，每个教师都要善于挖掘教材中所蕴含着的有关心理健康教育的内容素材，并能充分加以利用，使各科教学都能起到培养学生良好心理素质的作用。比如语文教学在提升学生的读写能力、全面发展学生思维品质的同时，还能有效提升学生的审美能力，促进学生非认知心理品质的发展；数学教学注重发展学生的逻辑思维品质；自然科学则把关注的重点放在培养学生的创造性思维品质上，同时还注重培养学生的科学精神和科学态度；社会科学对于提升学生的道德心理素质有很大帮助；艺术教学则更注重形象思维品质，同时注重学生美感与道德感的发展；体育教学的主要目的是增进学生的身体健康，同时也为培养学生良好的心理品质奠定生理素质基础,并在一定程度上能够培养学生良好的意志品质。

当然,以上所述并没有涵盖各科教学在心理健康教育中所起的全部作用,但至少体现了各科教学在心理健康教育过程中所占据的重要地位和所起的作用。如果各科教学都能对心理健康教育起到一定促进作用的话,心理健康教育就会起到应有的成效,这对于促进学生心理素质的提升无疑是大有益处的。

2. 在德育系列教育活动中渗透心理健康教育

如前所述,心理健康教育是高校德育的一个有机组成部分。心理健康教育是德育工作的基础,德育工作、德育活动是心理健康教育的一个重要载体,二者密切结合、不可分割。但如何在德育系列教育活动中更好地渗透心理健康教育并不是一件简单的事情。笔者认为,可以从以下四个方面来进行:

一是通过扩充和完善德育目标,比如把关注学生的心理健康纳入德育的目标,就需要在德育教育中渗透心理健康教育;二是通过丰富德育内容,比如把培养学生良好的心理品质纳入德育的内容,就需要在德育教育中渗透心理健康教育;三是通过拓宽德育方法,比如开展心理咨询、运用测量技术等,需要在德育工作中渗透心理健康教育;四是通过提高德育队伍素质,比如德育工作者学习和掌握心理学的有关专业知识可以有效提升德育工作者的素质,这也需要在德育中渗透心理健康教育。总之,德育工作者常常扮演着双重角色,既是德育工作者,也是心理健康教育工作者。缺乏心理健康教育的有关知识,德育工作就是不完善的。因此,德育工作者要努力学习和掌握心理学的有关理论和方法,并将心理学的有关知识和方法自觉运用到实践工作中去,以增强德育的效果。当然,在德育工作中强调心理健康教育也要看到二者的区别,既不能用心理健康教育取代德育,也不能用德育去代替心理健康教育。

3. 在课外活动中渗透心理健康教育

学校课外活动大致包括道德教育活动、知识趣味活动、文体娱乐活动以及社会实践活动等内容。一般来说,课外活动内容丰富、种类繁多,其中无疑可以蕴藏形式多样的心理健康教育。在丰富多样的课外活动中,学生可以开阔自己的视野，锻炼自己的意志，丰富自己的情感体验，可以提高自我的调节能力、研究和创新能力，以及独立思考问题和解决问题的能力。既然课外活动对学生的各种实际能力都有不同程度的提升作用，如果适当加以引导，势必会朝着更加规范的方向迈进，对学生心理素质的提升也会起到更有效的促进作用。

(三) 加强高校心理健康教育与德育融合的课题研究

加强高校心理健康教育与德育融合的一种重要方式是开展相关的课题研究，这是提升德育工作者专业水平的有效途径和手段。

德育工作者业务水平的高低直接影响德育成效的大小。提升德育工作者专业水平的方法很多，比如进行必要的理论学习、总结实践经验、同事之间经常进行经验交流等。除了以上方法之外，最重要的一条有效途径是进行相关的课题研究。长期以来，从事心理健康教育和德育实践的人都容易忽视理论研究，甚至轻视理论研究；而从事理论研究的人又很少接触实践。这就造成理论与实践相脱节的现象，从而形成"两张皮"的局面。特别是在高校心理健康教育与德育工作的队伍中，重视理论研究的少，而埋头实际工作的多。这种局面显然不利于心理健康教育与高校德育的进一步发展，不利于教育理论的进一步提升，也不利于教育水平的进一步提高。因此，加强高校心理健康教育与德育融合的课题研究，具有很重要的理论意义和现实意义。这可以通过以下方式来推进相关研究工作。

一是学校要鼓励科研活动。要鼓励学校的心理健康教育工作者及德育工作者积极申报各级各类研究课题，包括校级、省级乃至国家级的相关研究课题。为了便于申报，学校还应该组织有关专家为他们提供相关帮助，比如充当学科带头人进行课题申报，在课题研究、论文写作、课题结题等方面提供必要的指导和帮助。

二是加强科研协作交流。科研协作交流包括学校内部各部门之间的交流，也包括各兄弟院校之间的交流，还应该包括院校与社会有关部门之间的交流，以及大陆与港台、中国与外国之间的交流与协作。

科研协作交流的过程同时也是提高研究人员科研意识以及科研能力的过程。交流的形式是多种多样的，比如可以举办各种规模的科研成果交流、研讨活动，或是召开关于心理健康教育的专题研讨会，或者请一些资深专家学者前来讲学，这些都可以起到很好的效果。

三、提高心理健康教育在大学生德育功效中的对策

（一）提高对大学生德育实现途径中心理健康教育重要性的认识

在大学生德育实现途径中关注心理健康教育与之融合的程度，提高对心理健康教育以及心理健康教育与高校德育相互融合重要性的认识是正确认识二者的相互关系以及探讨二者相结合的首要条件。

1. 正确认识心理健康教育与高校德育的相互关系

心理健康教育与德育之间既存在一定区别，又存在较为密切的联系。心理健康教育效果的好坏直接影响到高校德育的效果。一般来说，学生的心理问题往往是与思想问题或是道德问题联系在一起的。许多学生正是因为缺乏正确的人生观、价值观，才出现这样或那样的心理问题。而对于心理不健康或是有心理障碍的学生来说，不但不能很好地接受高校德育教育，对于文化课的教育也未必能很好地接受。心理健康教育必须与德育相结合，才能取得更好的成效。可以说，心理健康教育对高校德育工作的有效开展起到很重要的作用。同时，德育能够为心理健康教育提供更高层次的目标和努力方向，使心理健康教育的效果更加突出。二者相辅相成，相得益彰。二者的相互融合，不论对于高校德育任务的有效完成，还是对于心理健康教育自身的发展，都是十分有益的。

2. 高校德育需要心理健康教育的辅助

随着社会的发展，大学生所面临的各种问题越来越多，尤其是各种心理问题越加突出。大学生是一个高智商群体，但又是一个高压力群体，他们的需求往往比一般的群体高，受到的压力也比一般群体大。他们对自身寄予的希望较大，同时社会、学校和家庭对他们寄予的希望往往更大。在这种情势下，他们所遇到的心理问题与以前相比，要高出几倍甚至十几倍。面对层出不穷的心理问题，传统的高校德育就显得力不从心。把心理健康教育与德育结合起来可以更深入地认识和了解学生的特点，从而有助于增强思想教育的针对性和有效性。

3. 心理健康教育有利于培养大学生健康的心理素质

心理素质的培养是一项长期工作，同时又是非常重要的一项工作。高

校德育教育的目标之一就是要培养学生具有良好的心理素质，而学生心理素质的培养单凭传统的高校德育教育很难收到好的成效。将心理健康教育运用于高校德育中，对于培养学生良好的心理素质将会起到很重要的作用。作为新时期的德育工作，不仅仅要注重提高大学生的思想道德水平，而且注重提高大学生的心理素质水平。要达到这一目标，离开心理健康教育几乎是不可能实现的。

(二) 心理健康教育与高校德育相结合，提高德育水平

高校在开展心理健康教育时必须将其融入德育教育中，必须以德育目标为导向，才能有效避免心理健康教育容易出现的目标偏低、境界不高等问题，保证心理健康教育的正确发展方向。面对新时代出现的新课题，高校德育需要进一步结合心理健康教育，以解决大学生心理问题为重点，最终达到培养健全人格的目的。

(三) 正确激发心理健康教育功能，提高德育教育的影响

心理健康教育的主要功能包括导向性和凝聚性。心理健康教育对大学生心理的导向功能主要是通过心理健康教育所建立起来的自身系统的价值和规范标准影响和引导大学生的行为心理，制止不良行为的发生，通过各种文化活动，逐步把学生引导到正确的价值目标上来。而心理健康教育最深层的影响决定的是校园人共同认同的价值观，它对大学生的精神状态、行为方式等起着决定性作用。凝聚性体现为能够在学生中形成一种向心力、一种团结一致的合力作用。而这两种作用一旦形成，就会在学生当中根深蒂固，它的影响是全面性的、潜藏性的、持久性的。在这其中，如果我们加强心理健康教育中德育教育的投入力度，自然就会收到意想不到的成效。而德育教育对大学生的作用影响不仅表现在高校实现对人才的培养，而且还表现在它在一定程度上影响甚至规定了培养出来的人才在走向社会后的发展方向。可以说，优秀的校园心理健康教育和德育环境会在大学生观念中打上烙印，并因其历史的继承而形成自身稳固的逻辑结构，成为制约大学生人格形成的因素，对学生的影响会经久不衰，以至终身受用不尽。

四、营造心理健康教育对提高德育实效性的有利运用环境

在高校德育教育过程中营造一个良好的心理健康教育的运用环境，对

于高校德育工作的开展无疑有着良好的促进作用。马克思曾说:"有一种唯物主义学说,认为人是环境和教育的产物,因而认为改变了的人是另一种和改变了的教育的产物。这种学说忘记了:环境正是由人来改变的,而教育者本人一定是受教育的。"环境影响人,人也影响环境。因此,人去优化环境,反过来,环境对于人的优化也起到很重要的作用。具体而言,营造一个有利于心理健康教育在高校德育中运用的环境包括以下几点:

(一)营造健康的社会心理环境

高校思想政治教育成效的好坏,在很大程度上受到社会心理环境的影响和制约,而社会心理环境的好坏又受到社会舆论导向作用的影响。因此,坚持正确的社会舆论导向,对于高校德育工作的开展有很大影响。

社会舆论对于高校德育的影响在很大程度上取决于传播的渠道和速度。过去通信不发达,社会舆论的传播渠道还比较单一。但随着社会的发展,传播渠道越来越广,传播速度也越来越快。各种社会舆论对于大学生来说无疑是一种极大的诱惑。大学生的接受能力较强,但是辨别是非的能力较弱,这时一些虚假的信息就容易乘虚而入,其影响往往较为恶劣。对于这种情况的存在,高校德育教育工作者就要正确引导学生辨别是非,拒绝各种错误思想,从而为学生营造一个健康的社会心理环境。

(二)营造健康的校园心理环境

所谓校园心理环境,是指校园内部能够影响师生员工心理的环境因素,包括高校的道德风气、学术气氛、校园文化、管理方式乃至高校本身的历史传统,等等。校园心理环境是大学生个性形成与发展的土壤,也是大学生学习和工作的动力来源之一。营造健康的校园心理环境对于大学生道德品质的形成乃至德育教育实效性的提高都是非常必要的。

1. 建设积极向上的高校校园精神

校园精神可以说是校园心理环境的最高层次,它是学校本质和学校办学精神的集中体现,具体反映在校风、教风和学风等几个方面。

高校校风是全体教职员工的工作态度与学生学风的集中反映,包括师生员工的道德品质、理想信念等方面。良好的校风对于培养学生健全的人格、提高学生的综合素质都有很好的促进作用。

高校教风是指教师的教学风格,是包括教师的知识水平、教学技能乃至道德风尚在内的综合表现。要形成良好的教风,当然首先就要提高教师的专业素质水平。教师的专业素质水平不高,就难以赢得学生的认同,其结果势必影响到教学效果的提高。在提升专业素质水平的同时,教师还要有良好的道德风尚,这样才能起到表率作用,给学生以好的影响。

高校学风是指学生在较长期的学习过程中形成的一种较为稳定的学习行为和学习风气,是校园精神的主要体现。学风的形成是较长期的一种行为,学风的转变也有一定过程。因此维持良好的学风,对于调动学生的学习积极性、培养健全的人格都有极其重要的影响。

2. 创建人文关怀的校园文化氛围

高校教育的一项重要任务就是提升学生的文化素质。文化素质的提高并不单纯是在课堂中获得的,良好的校园文化氛围对于学生文化素质的提高有很大的影响和促进作用,在某些时候甚至能起到意想不到的效果。

校园文化作为高校教育的一个有机组成部分,一直都为高校的领导者所重视,甚至可以毫不夸张地说,从幼儿园的活动室到高校的校园里,对于校园文化都比较重视。校园文化一般包括文化观展和文化活动两部分,二者相得益彰,缺少哪一方面都会给校园文化建设带来不利影响。校园中的文化观展形式多样,不论是何种样式的文化观展,都会对学生起到一种熏陶感染的作用,使学生在潜移默化中形成良好的道德情操和品质。至于高校中的文化活动,包括学校组织的各类文体活动,比如各种演讲比赛、辩论赛等。这些活动对于开发学生的智力、提升学生的道德品质都有良好的促进作用。

(三) 营造良好的课堂心理环境

在高校德育教育过程中营造良好的课堂心理环境也是相当重要的一个方面。具体包括以下几个方面的内容:

1. 提高教师的心理健康素质

教师是教学过程的组织者,课堂心理环境主要是由教师创设的。教师心理健康,精神饱满,准备充分,在课堂教学中不但能有效组织自己的教学语言,做到既轻松幽默,又逻辑严密,而且还能在课堂上营造一个轻松愉快的课堂氛围。学生在这样的课堂氛围中不仅不会感觉到学习的苦恼,在很多时候会有一种如沐春风的感觉,学生学习的效果也就可想而知。然而令人遗憾的是,近年来,随着教学任务和科研任务的加重,教师感受到的压力也越来越大。许多教师经常处于极度忙碌的状态，没有时间娱乐，没有时间锻炼，致使相当一部分教师长期处于一种亚健康状态，表现为情绪低落、上课缺少激情甚至厌倦上课。这种负面情绪带到课堂上，很容易传染学生，使得学生也表现为情绪低落，学习没有兴致。可见，良好的课堂心理环境的创设首先决定于教师的心理健康素质。也就是说，只有具备健康心理素质的教师，才能营造良好的课堂心理环境。这就要求教师不仅加强自己的理论修养，提高自身的知识水平，还要提高自我调节情绪的能力，培养健康的心理素质。

2. 创设和谐的课堂气氛

如何创设和谐的课堂气氛也是一个比较复杂的问题。要创设和谐的课堂氛围，如上文所讲，提高教师的心理健康素质是很重要的一个因素。此外，师生之间的和谐关系也是创设和谐课堂氛围的一个很关键的因素。要提高学生的学习效率，教师首先要加强与学生的沟通。要了解学生的思想，了解学生的生活，进而了解学生的心理发展规律，建立融洽的师生关系。在这样的氛围中，便于教师与学生进行交流，也便于激发起学生的学习热情，对学生健全人格的培养也是大有帮助的。

3. 运用心理学知识，积极改善教学方法

目前，高校教学包括德育课的教学主要还是采取传统的讲授法。这种教学模式固然有不少优点，但是缺点与不足也是显而易见的。最明显的不足之处就在于这种讲授方法重灌输，而轻引导，学生只是被动地接受，而不是主动地吸收，因此教学效果往往不太理想。要想提高教学效果，就要想办法改善教学方法。将心理学知识运用于平时的授课中往往会取得意想不到的效果。

将心理学知识运用到教学中，首先要着眼于诱导。对于绝大多数学生来说，学习并不是一件"乐事"，甚至在多数情形下是件"苦事"。如何使学生以苦为乐，变苦为乐，让学生变"苦学"为"乐学"是一个很值得探讨的问题。心理学研究表明，进行一项研究工作，倘若能持续不断地从中获得成功的体验，那么从事研究的动力就越大。学生的学习也是这样。我们在教学中经常看到的一种情形是，好学生经常是越学越好，而差学生的表现则是越来越差。我们对这种情况可能已经司空见惯了，但是从心理学角度分析，则大有研究价值。具体到学生的学习中，学生获得的成功体验越多，则其持续学习的动机就会越强。如果教师能从学生的实际出发，在讲课过程中善于诱导，让学生在学习过程中不断获得成功的体验，学生就会体会到学习的乐趣，也就会产生持续学习的动机。其次，教师在授课过程中要注重指导。有人曾讲过这样的话，教师在讲台上应该是一个导演的身份，要善于指导学生如何去做，而不是扮演一个演员，只让学生在台下看。从某种程度上讲，教师的课堂讲授不是为了让学生获得多少具体的知识，而是要教会学生如何"学"。学生的四年大学生活，其实在教室里度过的时间并不多，有相当一部分时间应该是在学校的图书馆度过的。大学教师讲课的目的其实是指导学生如何自我学习，更多的是培养学生自己学习的能力，而不是学会了几个词语、背会了几篇文章。一个合格的大学生应该是在自我学习的过程中善于发现问题，同时也善于解决问题。这样的教学才是一种理想的教学方式。再次，在教学过程中要多鼓励，少指责。其实我们每一个人都是喜欢听鼓励之词的，没有哪一个人天生就喜欢被别人批评。教师的每一次鼓励都能更多地获得学生的认同，而每一次的惩罚都会无一例外地引起学生的负面情绪。在这种情绪支配下，学生也就不会有多少改正错误的动力，甚至产生厌学情绪，于是很难达到理想的教学效果。

(四) 营造和睦的宿舍心理环境及健康的家庭心理环境

1. 营造和睦的宿舍心理环境

宿舍是大学生生活和学习的主要场所，也是学生心理问题容易暴露的地方。高校德育教育不仅要注重在课堂上进行，而且要注重在课堂外一切可能的场所进行。学生宿舍是学校加强舆论宣传的一个极其重要的场所。在学生寝室附近通过各种方式进行舆论宣传，对学生进行正面引导，从而形成良好的宿舍心理环境。

2. 健康的家庭心理环境

现在我们一般都有这样的认识，学生的教育并不单纯是学校的任务，而且也不是单靠学校就能胜任的一项任务。除了学校之外，家庭在学生的成长过程中也发挥着极为重要的作用。父母的所作所为一般来说对子女的影响比较大，甚至父母的言谈举止都会引起子女的模仿，这对学生道德品质的形成可以说有着不容忽视的影响。所谓言谈身教，身教往往比言谈更易见到成效。具有良好心理环境的家庭，对于增进学生的心理健康、提升学生的心理素质、提高学生的道德品质都是极有益处的。据有关研究表明，绝大多数青少年犯罪都与紧张的家庭心理环境有关。因此，营造健康的家庭心理环境是高校德育教育的一个重要环节，也是培养学生健全人格的一个重要条件。营造健康的家庭心理环境可以从以下几个方面入手：

一是提高家长的思想道德修养。古人云：其身正，则令行；其身不正，虽令不行。家长对子女的影响作用是巨大的。因此，家长要格外注意自身的行为规范，自觉给子女做出一个好的榜样，这样才能使子女在潜移默化中提高思想道德修养，从而形成健康的心理素质。

二是更新家长的观念，树立平等意识。心理学研究表明，人的独立个体意识的形成在孩提时就已经开始了。因此，树立民主、平等意识，尊重子女的独立人格，注重培养和发展子女的兴趣、爱好，对于孩子的成长是大有裨益的。目前我国大多数家庭都是独生子女，在家长保护过度的"溺爱"思想指导下，比较容易使子女形成依赖思想，缺乏独立自主的能力，甚至产生严重的心理障碍。因此，家长要及时更新观念，改变传统的"家长制"观念，以平等的意识去对待子女，以父母和朋友的双重身份去关心、理解子女，这样才有利于培养健康的心理素质。

3. 要遵循教育规律，科学育人

遵循教育规律、运用科学的方法育人不仅仅是学校的职责，同时也是家长的责任。促进学生的心理健康发展，学校固然要承担一定职责，要讲究一定策略，但家长也要配合学校的教育，也需要采用一些正确的教育策略。这就要求家长也要与时俱进，掌握一些适合新时期学生心理发展规律的教育方法，注重将成人与成才密切结合起来，不能只重智育，而轻视德育。我国自古以来就比较重视德育，讲求德为先的教育原则。现在我们需要更好地继承这一优良传统，而不是忽视甚至是摒弃。此外，还要注意经常与子女沟通和交流，这也是培养健康人格的一个重要因素。

以上我们分别从四个方面探讨了大学生德育实现途径的心理健康教育过程，提出了一些心理健康教育与德育进一步融合的方法。总之，心理健康教育对于德育非常重要，健康的心理是培养良好品德的前提和基础。我们在关注高校德育的时候，要充分认识到心理健康教育的重要性，这样才能培养出心理健康、人格健全、思想品德高尚的合格人才。

第四章

心理健康教育在高校德育体系中的引入及定位

第四章 心理健康教育在高校德育体系中的引入及定位

第一节 心理健康教育进入高校德育体系的历史

一、心理健康教育进入高校教育体系

（一）学校心理健康教育的由来和发展

无论是古希腊时期，还是古代中国时期，人们就已经开始注意到了心理健康教育的问题。只是那个时期的心理健康教育思想比较原始，都是比较零碎的、不系统的。真正意义上的心理健康教育最早开始于19世纪末20世纪初。美国是公认的现代学校心理健康教育的发源地。1896年，美国心理学家维特默创立了一所名字叫俄勒冈的学校，专门诊治智力落后、心理困难的儿童，开创了美国心理学为教育提供服务的先河。1907年，作为密西根中学校长的戴维斯首创了系统化的辅导计划。他要求教师每周给学生上一次心理辅导课，以帮助塑造学生的个性和防止问题的发生。尽管他所做的工作离现代意义上的心理辅导还相去甚远，尽管他对心理辅导的作用存在不切实际的幻想，但毕竟开创了现代学校心理辅导之先河，对于把心理健康工作纳入学校正式教育体系产生了深远影响。1908年，心理学家帕森斯创办了波士顿职业指导局，专门辅导青年去认识自己的能力和志趣以便寻求适合自己的工作，这是使职业辅导活动组织系统化的一个主要步骤。除此之外，心理卫生运动的发展对心理健康教育的发展也起着极其重要的作用。当辅导运动在美国各地兴起的同时，作为学校教育，为了适应社会发展的要求而设立了心理辅导这一科目，辅导员由一般教师兼任，辅导内容主要有心理健康辅导与职业辅导，辅导方法主要是利用一对一的面谈提供经验性的帮助。

第二次世界大战以后，心理辅导逐渐成为一门学术性学科，心理测验和辅导技巧也日益受到重视，这一时期，学校的心理辅导内容不仅仅局限于职业或适应问题，且是对个人的全面发展问题给予了更多关注。1942年，心理学家罗杰斯的名著《辅导与心理治疗》的发表标志着心理健康教育史上的一个新的开始。在这本书中，他提出受教育者在辅导过程中应该改变以往的被动地位，自由决定辅导的方向和进展。进入21世纪60年代以后，学校

心理咨询和辅导逐步进入了成熟发展的时期。在方式上，学校心理咨询的重点已慢慢从一对一的遭遇式转移到以小组为单位的相互作用式。因为后者更容易消除学生的畏惧心理，通过同龄同伴之间的类似经历、类似问题的相互交流和启发，从而达到自我发现、自我发展的目的。从目标上看，学校心理咨询活动已从注重解决学生的现存问题转移到注重促进学生的成长和发展，进一步拓宽了学校心理健康教育的领域。

现在，心理咨询在美国大学教育中发展迅猛，美国几乎所有大学都设有心理医生、心理咨询等方面需求的机构。从总体上看，美国高校的咨询指导工作是富有成效的，它对提高大学生的自我意识水平和自助能力、解决大学生在学习和生活中遇到的各种心理问题、促进学生在思想和心理上的成熟、健全人格的形成等方面起着非常重要的作用。学校心理健康教育已成为美国教育系统一个重要的组成部分。

(二) 心理健康教育在我国高校中的发展

心理健康教育在我国高校中的兴起主要始于20世纪80年代中期。1985年6月，北京师范大学成立了第一个心理测量与咨询服务中心，之后，清华大学、浙江大学、同济大学等高校也先后成立了心理咨询中心。到1986年底，全国有30多所高校建立了心理咨询中心。

20世纪80年代以后，一些高校开始开展大学生心理健康教育，1987年2月，浙江大学第一个在国内开设了大学生心理卫生课。目前，国内大部分高校都先后开设了大学生心理卫生课或心理健康课程。

20世纪90年代后，心理健康教育逐步受到政府的重视，这在颁布的一系列文件中得到体现。如在《中国教育改革和发展纲要》中提出，"面向全体学生，全面提高学生的思想道德、文化科学、劳动技能和身体心理素质，促进学生生动活泼地发展"[①]。在1999年6月召开的全国第三次教育工作会议中，中共中央国务院在《关于深化教育改革、全面推进素质教育的决议》中指出，以培养学生创新精神和实践能力为重点，造就"四有"新人的素质教育中，要针对新形势下，青少年成长的特点，加强学生的心理教育，培养学

---

① 国务院. 中国教育改革和发展纲要 [N]. 人民日报，1993(02).

生坚忍不拔的意志、艰苦奋斗的精神，增强其适应社会的能力。[①]2005年9月28日，教育部成立了对高校学生心理健康教育工作进行研究、咨询、评价和指导的专家组织——全国普通高等学校学生心理健康教育专家指导委员会(简称心理健康教育专家指委会)。

政府的重视对高校心理健康教育工作起到了巨大的推动作用。各省市陆续成立了省级大学生心理咨询、心理健康教育专业委员会，大学生心理健康教育研究工作在全国进一步展开。到1998年，全国1080所普通高校有60%~70%的学校开展了此项工作，进入21世纪以后，更多高校开展了此项工作。目前，我国高校普遍认识到心理健康教育的重要性，并做出了一些有益的探索，甚至不少高校还出现了"心理健康教育热"的现象。全国很多高校都成立了大学生心理咨询机构，有的还组织了专兼职的心理健康教育队伍，少数学校还利用校园网络构建了网上心理辅导。现阶段，我国高校心理健康教育主要呈现以下几个特点：

1. 以高校为单位进行大学生心理健康教育实践

在学校领导的重视下，高校和科研部门合作或单独进行大学生心理健康教育实践并取得不少成绩。

2. 心理健康教育的内容不断丰富，方法和途径不断获得改进

许多高校进行的心理健康教育内容丰富、多样，包括大学生学习方法辅导、职业辅导、生活辅导、情绪辅导、人际关系辅导多个方面。心理健康教育的形式是多种多样的，如开设心理健康教育课程；建立大学生心理健康档案；开设心理健康专题讲座；开展心理咨询活动；利用宣传工具对心理健康知识进行广泛宣传，等等。

3. 大学生心理健康教育的研究领域广泛

大学生心理健康教育的研究领域涉及大学生心理健康教育的内容研究；大学生心理健康状况测评；大学生心理健康、个性心理与学业成绩之间的关系研究；大学生心理健康干预研究；不同民族、区域的大学生心理健康的跨文化研究；心理咨询方法、内容以及队伍建设，等等。

虽然我国高校的心理健康教育已经取得了一定成绩和效果，但从总体

---

① 国务院.关于深化教育改革、全面推进素质教育的决议[N].人民日报，1999(06).

来看，全国高校心理健康教育现状还不太理想，仍然存在着一些不容忽视的问题。

1. 认识偏差

当前，部分高校在心理健康教育上存在着一些不正确的认识，主要表现在：一是没有正确认识到心理健康教育与德育的关系，把心理问题等同思想问题、道德问题，对学生实行传统的德育；二是忽视心理健康教育在其他学科中的渗透作用，使心理健康教育与其他社科类、自然科学类课程一样，毫无区别地单独授课，没有认识到心理健康教育应该是孕育在学生一切活动中的教育；三是重视学生心理问题的矫正，而轻视了对学生心理健康基础知识的普及，致使预防工作不足，本末倒置现象突出。

2. 师资力量与专业技能的欠缺

当前高校大多数心理健康教育工作者是由辅导员、班主任和思想政治课程教师等兼任。由于缺乏心理学专业知识，导致不少心理健康教育工作者在教学和辅导方法上不得要领，甚至出现与心理学原则背道而驰的现象。

3. 心理咨询室工作被动

目前，多数高校都建立了心理咨询室，但作为疏导和解决大学生心理问题的专职机构，心理咨询室在工作中缺乏主动性，未走进大学生心里，没能贴近大学生生活。同时，对于前来寻求咨询的大学生，缺乏专业技术与实际举措的支撑，导致其门前冷落，可有可无，最终流于形式。

4. 教学内容不够系统、教学形式比较单一

在心理健康教育教学中存在着诸多问题，主要表现在：一是教学内容缺乏系统性与针对性，教材质量参差不齐。一些高校将心理健康教育视为心理卫生课，侧重传授有关学生心理障碍矫治方面的知识，而忽视了对大学生心理潜能的开发及心理品质的优化的教学目标。二是教学方式过于单一。多数高校心理健康教学仍采用传统的"填鸭式"课堂教学模式，缺乏多样化、互动的教学方式甚至设置考试，导致学生学习积极性不高，同时更加重了学生的学习压力，影响其心理健康。

二、心理健康教育与德育的关系引起普遍关注

(一) 心理健康教育定位的紧迫性

随着心理健康教育在高校的发展，心理健康教育在整个教育活动中的地位也越来越高。究竟心理健康教育在现行教育体系中的具体位置何在是值得我们关注和深思的问题。20世纪80年代中期，当心理咨询这一新生事物步入高校校园之初，"门庭若市"的情景仍然让很多人记忆犹新，但反观今日，一方面是广大学生对心理健康教育与服务的需求日益强烈；另一方面却是部分学校心理咨询机构"门可罗雀"。对于这一现象，北京师范大学博士生导师郑日昌教授较早提出了其根本原因在于"心理健康教育定位不准"的观点。只有给心理健康教育以准确定位，才能促进高校心理健康教育的健康和持续稳步发展。

大学生心理健康教育的定位牵涉与德育的关系问题，从学科的发展来看，它既是一个引起国内外学者广泛关注的问题，更是一个具有中国特色的问题。

(二) 理论界对心理健康教育与德育关系的认识

国内学者关于心理健康教育与德育的关系的研究说法不一，还未达成统一意见，主要有"等同论""附属论""互补论"三种观点。

"等同论"的主要代表观点是德育途径论和德育延伸论。德育途径论把心理健康教育视为德育的一种途径，表述为"心理健康教育是思想政治工作的新形式"，或者"心理健康教育是德育科学化的新途径"。德育延伸论认为心理健康教育是德育领域的延伸和拓展，是传统德育内容结构的进一步完善。若站在德育的角度，这样的表述不存在任何问题，学校德育的某些原有内容、目标、方法等显得陈旧、过时，而心理健康教育的兴起正是改革学校德育现状的重要举措。但事实上，这些表述隐含了下面的观点，即心理健康教育与德育有着相同的或共同的功能。

"附属论"认为两者是包容的关系。一种主张把心理健康教育纳入学校德育领域，成为德育的一个组成部分，使德育的内容得以丰富、领域得以拓宽。另外一种则完全相反，认为德育是心理健康教育的一部分。该观点认为，从教育与人的发展关系来看，所有的教育都是为了促进人的发展，人的

发展除了身心发展外，别无他物。在身心发展中除了身体（生理）发展之外，就是心理发展。所谓心理发展包括思想、品德、智力、人格的全面发展，心理健康教育也就包括了思想教育、品德教育、智力教育、审美教育、人格教育等各个组成部分。

"互补论"认为心理健康教育与德育既有联系，又有区别，具有互为补充、互相结合的内在必然性。我们也可以注意到倾向在"互补"关系下研究心理健康教育与德育的文章比较多，似乎这种"互补论"是比较全面的、完整的一种理解，因为它既看到了两者的一致性，同时也看到了两者的差异。但是，问题是"互补论"也并没有明确两者之间究竟是什么条件下的互补，是附属关系下的互补，还是独立下的互补。

（三）心理健康教育进入高校德育体系

传统的高校德育主要包括思想教育、政治教育和道德教育，在改革开放与市场经济蓬勃发展的今天，这仍然是高校德育最重要的内容。但是新的形势对当代大学生提出了更高要求，不仅要求大学生具有坚定的政治方向与较高的道德水平，而且还要求大学生应该具有与时代发展相一致的良好的心理素质，如开拓进取的精神、勇于承担责任、敢于冒风险、顽强的毅力、自信乐观、能够承担挫折与失败等。高校德育不仅要关注大学生思想意识层面上的问题，而且也要关注大学生身心的健康发展，重视情感、意志、兴趣、需要、动机、信念等心理素质的培养和提高。

1995年11月，《中国普通高等学校德育大纲（试行）》明确提出，要把心理教育作为高等学校德育的重要组成部分，大学生应具备良好的个性心理品质和自尊、自爱、自律、自强的优良品格，具有较强的心理调适能力。2001年3月和2002年4月，教育部颁发了两个专门性文件：《关于加强普通高等学校大学生心理健康教育工作的意见》《普通高等学校大学生心理健康教育工作实施纲要（试行）》，再次提出"心理健康教育是高校德育的重要组成部分"。这样，从体制上说，高校德育体系就完善成为一个包括思想教育、政治教育、道德教育和心理健康教育等内容的真正"大德育"。2011年2月23日，教育部印发了《普通高等学校学生心理健康教育工作基本建设标准》，此标准再次明确了大学生心理健康教育的重要地位，健全了高校心理健康教育的体制机制，指明了高校心理健康教育的发展方向。

近些年来，高校在对大学生德育工作进行改革与创新的探索中，已将德育工作的内涵与领域大大拓宽。思想教育承担的任务是培养学生确立科学的世界观、人生观和价值观；政治教育承担的任务是培养学生坚定正确的政治方向；道德教育承担的任务是培养学生良好的道德品质和敬业精神、遵纪守法。这三种教育相辅相成，缺一不可。心理健康教育承担的任务是塑造学生健全的人格和良好的个性品质，既有相对独立性，又渗透在思想教育、政治教育和道德教育的各个层次教育中。

第二节 心理健康教育进入高校德育体系的依据

虽然有教育部的明文规定，从体制上说，心理健康教育已经被纳入高校德育体系，但是，在我国，教育理论界对心理健康教育是否可以纳入"大德育"体系是有争议的，在理论界并没有达成共识，所以有必要进一步探讨心理健康教育进入高校德育体系的基本依据。

一、从学理角度分析

(一) 共同的理论渊源

马克思主义完整的科学体系是思想教育、政治教育和道德教育的理论基础，我国高校的思想教育、政治教育和道德教育主要是以马克思列宁主义、毛泽东思想、邓小平理论、"三个代表"重要思想、科学发展观为指导，具有鲜明的阶级性。而心理健康教育主要是以心理学理论体系如普通心理学、人格心理学、社会心理学、发展心理学为理论基础。虽然心理健康教育与思想教育、政治教育、道德教育有各自的学科背景和理论基础，但是它们却有着共同的理论渊源，那就是马克思主义关于人的全面发展理论。

马克思主义关于"人的全面发展理论"在马克思主义理论体系中占有重要地位，它是随着马克思主义的产生、形成、发展而逐步产生的。马克思在《德意志意识形态》一书中正式提出了"个人的全面发展"这一科学概念。马克思关于人的全面发展理论有多种阐述，包含了德、智、体、美诸方面全面而协调的发展。所谓人的全面发展，是"人以一种全面的方式，也就是说，作为一个完整的人，占有自己的全面的本质"[①]，包括人的需要的满足、能力的提高、社会关系的丰富、自由个性的发挥、主体性的充分发展等丰富的内容，即人全面、自由、和谐的发展是马克思主义关于人的全面发展理论的基本含义。

思想教育、政治教育、道德教育和心理健康教育都是做人的工作的，都离不开马克思主义的指导，尤其是马克思主义关于人的全面发展理论的指导。实现人的全面发展不仅是思想教育、政治教育、道德教育，也是心理健康教育的出发点和归属。人的全面发展理论是马克思主义哲学关于人的学说的重要组成部分，是我们制定思想教育、政治教育、道德教育和心理健康教育的目标、方针和任务的重要理论依据。

马克思一再强调"人始终是主体"，人的主体性全面发展不但指其特殊属性的充分发挥，而且指人成为自然界的主体、社会的主体和自我发展的主体。要实现人的主体性，就要在所有教育活动中包括思想教育、政治教育、道德教育和心理健康教育中始终贯彻"以人为本"的思想。"以人为本"的思想实际上是对马克思主义关于人的全面发展思想的丰富和发展。在现代思想教育、政治教育、道德教育和心理健康教育中都充分体现了"以人为本"的理念，它们都以大学生的主体需要为视角来增强教育的实效性。在开展相应教育的过程中都始终坚持以大学生为本的思想，注意从大学生的角度来考虑问题，并且紧紧围绕其实际需要组织教育内容，选择教育方式，充分发挥大学生的主体性，而不是以主观的推测与想象代替客观情况。准确把握马克思主义关于人的全面发展理论，对搞好思想教育、政治教育、道德教育和心理健康教育，培养社会主义现代化建设的人才有着重要的理论意义和现实意义。

(二) 共同遵循教育的心理学机制

心理健康教育是一种直接以心理学为理论基础的教育。心理健康教育的开展离不开对人的心理规律和特点的研究，心理学的原理对心理健康教育有着重要的指导作用。各种形式的心理健康教育、心理品质的培养以及心理问题咨询等均离不开心理学的理论和知识。同时，要培养和提高大学生的整体

[①] 马克思恩格斯全集（第四十二卷）[M]. 北京：人民出版社，1979：123.

心理素质,也必须依据心理学知识,了解大学生的心理,对大学生进行科学的描述,及对其行为进行分析。心理学的研究方法有助于教育者对大学生心理和行为进行定量描述。可见,高校心理健康教育离不开心理学原理和知识,而高校开展的各种心理健康教育活动也正是心理学理论在教育中的具体运用。

"心理学作为一门独立的学科,它的基本任务就是为了揭示心理的事实,探索心理活动的规律、机制和本性。"[①] 它研究人的各种心理活动以及个性心理是如何形成和发展的,研究心理现象对人的生活实践条件的依存性,研究心理活动与主体状态的关系,还要研究客观事物如何引起人脑的活动而产生心理现象,并应用这些规律为人类的实践活动服务,即兼具理论和实际应用方面的任务。心理学研究对邻近的学科,尤其是与人关系密切的学科有着重要的理论意义。

思想教育、政治教育、道德教育和心理学一样,都要研究人,只是研究的侧重点有所不同,而心理学的知识及其研究成果必然有助于它们的发展。如心理学所提供的关于知、情、意活动的规律,个性形成的规律,关于青少年心理特点等方面的研究成为德育教学原理和教育措施的重要理论依据,也是各种教学法的知识基础。只有掌握大学生心理活动的规律,了解大学生的心理,才有可能富有成效地对学生进行教育,才有可能创造性地完成高校的德育目标。

二、从实际工作角度分析

(一)总体教育目标的一致性

我国大学教育的根本目标是培养德、智、体、美全面发展的社会主义建设事业的合格人才。思想教育、政治教育、道德教育与心理健康教育都服从培养适应社会主义建设的人才的总体目标。只是思想教育、政治教育和道德教育侧重大学生思想层面,主要解决世界观、人生观、价值观和法治观等问题,以提高大学生的思想政治觉悟和道德品质,使每个大学生都按照一定的社会要求发展;而心理健康教育则侧重大学生的心理层面,即主要是帮助大学生解决心理问题,调节情绪,平衡心态,强调个性和谐,使受教育者摆

---

① 卢委安,曹梅静. 现代心理教育 [M]. 广州:广东高等教育出版社,2003:7.

脱消极情绪，确认内在价值，了解自身需要，洞悉自身心理特点，提高大学生的心理健康水平和社会适应能力，完成大学生心理品质的塑造，健全人格的培养。虽然两者的目标侧重点不同，但是两者统一于"培养合格人才"这样一个目标下。尤其值得一提的是，今天我们对于合格人才的定义不仅要求他们要德才兼备，同时还要求他们应是身心健康、有着良好适应能力、全面发展并具有健全人格的社会主义新人。

（二）具有共同的主体

虽然思想教育、政治教育、道德教育与心理健康教育在具体工作中有不同的分工和职责，但在本质上具有相同性，都是解决人们的心理问题和行为问题，都立足教育模式和发展模式，从教育培养目标、功能和作用等方面，二者是很难割离的。从工作关系来看，心理健康教育和思想教育、政治教育、道德教育工作具有一样的职能机构，都由党委统一领导，也是每一位学校领导和教师，特别是每一位政工干部的职责。就我国高等教育现状来看，从事心理健康教育的工作人员除少量专职教师外，更多的是学校政工干部队伍、辅导员、"两课"教师、班主任，而这些人又是思想教育、政治教育和道德教育的主体，两支队伍在人员结构上有很大比例的重合与交叉。他们长期从事学生的教育和管理工作，对大学生的生理、心理、理想、学习生活等情况都非常熟悉，并积累了丰富的工作经验，这对于开展学生的思想、政治、道德教育工作与心理健康教育工作具有深远的现实意义。从教育对象来看，二者共同的教育对象都是大学生，二者都是借助语言的力量进行精神性、主观性活动，为提高大学生的整体素质服务，最终都是为了达到一个共同目标，即把学生培养成为社会主义现代化建设的合格人才，而合格人才不仅德才兼备，而且还要身心健康。

（三）工作上相互渗透

心理问题与思想问题是你中有我、我中有你的统一体。思想的发展变化要受心理的影响和制约，而心理活动的方向又受思想的支配。人的思想问题的产生除了认识问题、道德问题和实际问题等原因外，还可能是由心理问题所引起的。所以，人的某些思想问题可以通过心理健康教育来解决，从而间接地达到思想、政治和道德教育所要达到的效果。而心理健康教育工作者从心理上进行疏导和帮助大学生的时候，也不可能只停留在解决他们的心理问题上,而是要通过坚持正确的政治方向,把心理上的疏导、帮助和使大学生树立正确的世界观、人生观、价值观的教育有机地结合起来,在更高层次上给学生指出努力方向。大学生心理问题的产生除了心理障碍外,还有可能是由观念问题所引起的,所以有些心理问题也可以通过世界观、人生观和价值观的教育得以化解。这就要求德育工作者通过动之以情、晓之以理、导之以行、率之以实、持之以恒的工作态度来帮助大学生解除心理上的困惑、忧郁和消沉。健康的心理使大学生更容易接受思想、政治和道德教育并内化为自己的信念、外化为自己的行为。心理健康教育可以为有效实施高校德育提供心理条件,而且也是高校德育目标和内容的合理扩展与延伸,还为思想教育、政治教育和道德教育提供方法。要培养良好的思想品质、政治品质和道德品质,必须先有良好的社会适应能力,能正确认识自己,有良好的情绪控制能力。在实际工作中,虽然心理健康教育与传统德育在理论基础、具体任务、教育内容、关注重点、运行机制、工作方法等方面存在差异,但是两者在教育目标、指导思想和教育规律等方面有着一致性,某些教育内容也有重叠和交叉。在整个教育过程中,思想教育、政治教育、道德教育和心理健康教育总是互相交叉、相互渗透、相辅相成、相互促进,在育人过程中共同发挥作用的。

另外,无论是思想教育、政治教育、道德教育工作中渗透心理健康教育的改革实践,还是思想教育、政治教育、道德教育与心理健康教育相结合的课程实践,都表明了一个不争的事实:把心理健康教育纳入高校德育是可行的,也是富有成效的。

三、从系统论角度分析

(一) 系统论的基本思想

贝塔朗菲在《一般系统论》中对系统的描述是:"系统是处于一定相互关系中的与环境发生关系的各组成成分的总体。"[1] 一般来说,系统是指相互间既相互区别,又相互联系的部分结合起来能够达到目的的相互制约的子系统构成的整体,每个子系统又都由各要素构成,每个要素不单独具有性质和功

---

[1] 贝塔朗菲,欧文·拉兹洛. 系统哲学引论:一种当代思想的新范式[M]. 北京:商务印书馆,1998:序言.

能，系统中的诸多要素必须相互影响、相互作用，有机结合、和谐有序，才能使整个系统保持正常运转。

系统论的核心思想是系统的整体观念。贝塔朗菲强调，任何系统都是一个有机的整体，它不是各个部分的机械组合或简单相加，系统的整体功能是各个部分在孤立状态下所没有的新质。他用亚里士多德的"整体大于部分之和"的名言来说明系统的整体性，反对那种认为部分性能好，整体性能一定好，以局部说明整体机械的观点。同时认为，系统中各个部分不是孤立地存在的，每个部分在系统中都处于一定的位置上，起着特定的作用。各个组成部分之间相互联系，构成了一个不可分割的整体。用系统论的方法进行思维，使人们思维的角度产生很大变化，如把事物当作发展着的系统来加以研究和分析，从系统整体出发去认识其他部分，给人们认识世界的方法增添了新的内容。

(二) 德育系统的内容优化

任何事物都是不断发展变化的，没有既定永恒不变的模式，高校德育系统同样如此。要保持高校德育系统的动态性、先进性，达到与时俱进，必须解放思想，转化观念，树立高校德育系统的全局观念、开放观念、创新观念，努力实现机制、内容、方法等创新，体现高校德育的时代性、规律性、科学性，提高德育的实效。

在我国现阶段的高校教育实践中，德育逐渐融入了现代的教育理念，形成了一个丰富的"大德育"体系，心理健康教育之所以可以纳入高校德育体系，也是基于其具备与传统德育中的思想教育、政治教育和道德教育一起构成德育系统的基本条件。

1. 相互区别

思想教育即培养思想素质的教育。"思想教育是依据一定的哲学思想及其方法对受教育者施加影响，以帮助受教育者树立一定的世界观、价值观、人生观及其思维方式的教育。因此，思想教育的主要内容是世界观、认识论、方法论教育和历史观、价值观、人生观教育。"[①]

政治教育即培养政治素质的教育。"政治教育是以国家观为核心的政治

---

① 王玄武，骆郁延. 思想教育、政治教育、道德教育比较研究 [M]. 武汉：武汉大学出版社，2002：108.

知识、政治观点教育和政治价值观念教育，它包括国家观、政党观、阶级观、民族观、人权观、民主观、法制观、权力观等内容。"①

道德教育即培养道德素质的教育。"道德教育是依据一定的伦理思想和道德规范对受教育者施加影响，以帮助受教育者培养良好的道德品质、道德人格、培养道德行为能力的教育。"②

心理健康教育即培养心理素质的教育。它是教育者为了有效保障、促进和发展学生心理健康和健全人格，运用以心理学和教育学为主的多学科的教育理论和技术，有目的、有意识、积极自觉地按照个体不同年龄阶段身心发展的规律和特点，遵循相应原则，有针对性地采用各种有效方法和途径对大学生进行一系列心理健康方面的基本知识的传授，咨询性教育和良好行为训练的一种教育。

心理健康教育与思想教育、政治教育、道德教育是相互独立的不同教育，具有各自特殊的教育领域和属性。相应的教育培养相应的素质，思想教育培养思想素质，它解决思想观念和思想方法问题；政治教育培养政治素质，它解决政治立场和政治信念问题；道德教育培养道德素质，它解决道德理想和道德信念问题；心理健康教育培养心理素质，它解决个体心理的适应与发展问题。四种教育不能互相混淆，更不能相互代替。

2. 相互联系

大学生的心理健康教育和思想教育、政治教育、道德教育存在着本质的、必然的内在联系。因为心理现象和思想现象本来就是一体的。心理健康教育主要关注心理现象，即人的认知、情感、意志过程和兴趣、能力、气质、性格等个性心理特征，帮助大学生提高心理素质；思想教育、政治教育和道德教育则主要关注人们的思想现象，即人们的世界观、价值观、政治观和道德意识等思想层面上的现象，帮助大学生提高思想素质、政治素质和道德素质。心理现象和思想现象具有相互作用的辩证关系：一方面，一定思想决定着心理活动的方向和内容；另一方面，一定的心理也反过来影响和制约

---

① 王玄武，骆郁延.思想教育、政治教育、道德教育比较研究[M].武汉：武汉大学出版社，2002：111.
② 王玄武，骆郁延.思想教育、政治教育、道德教育比较研究[M].武汉：武汉大学出版社，2002：113.

着一定思想的发生和发展。无论是正确的思想观念和思想方法，还是坚定的政治立场和政治信念以及崇高的道德理想和道德信念，都必须以健康的心理素质为基础；反过来，良好的思想、政治素质和道德素质在一定程度上避免了个体内在的价值冲突，有利于营造良好的人际环境，从而促进心理素质的发展。

在教育实践中，心理健康教育与思想教育、政治教育、道德教育也是密不可分的。在学校中不存在绝对的心理健康教育，心理健康教育必然与思想教育、政治教育、道德教育发生这样或那样的联系，不可能存在纯粹的心理健康教育。大学生是社会上的人，生活在社会上的人都不可避免具有各自的价值取向和政治倾向。有些人片面强调心理健康教育的科学性，而否认其思想性，认为价值干预会带来更多心理冲突，不利于心理健康教育基本功能的实现。但事实上，心理领域从来就不是一个纯粹的自然领域，在学校心理健康实践中保持所谓的"政治中立""价值中立"，不但显得虚伪，而且根本就不可能。教育部关于《普通高等学校大学生心理健康教育工作实施纲要（试行）》也强调，"推进高等学校大学生心理健康教育工作，要坚持以辩证唯物主义和历史唯物主义为指导，防止唯心主义、封建迷信和伪科学的干扰，确保大学生心理健康工作的正确方向"。①

3. 相互制约

心理健康教育与思想教育、政治教育、道德教育既相互区别相互联系，又相互制约。很难想象一个心理不健康、人格不健全的大学生，他的思想觉悟、政治素养和道德品质会有多么高尚。高校心理健康教育的开展情况直接影响到思想教育、政治教育和道德教育的成效，有效的高校心理健康教育能够促进高校思想政治教育深入有序地发展。反过来，如果一个大学生没有正确的世界观、价值观、人生观、政治观和道德观做引导，便很难形成稳定健康的心理品质，高校思想政治教育的开展则保证了心理健康教育的正确方向，使其能够健康发展。心理健康教育和思想教育、政治教育、道德教育这四种相对独立的教育之间相互制约、共同发展。

4. 共同达到一定目的

---

① 编辑部. 普通高等学校大学生心理健康教育工作实施纲要（试行）[J]. 学校党建与思想教育，2002(11): 4.

心理健康教育和思想教育、政治教育、道德教育有着共同的教育目的，都是为了培养全面发展、适应社会主义现代化建设的合格人才。无论是心理健康教育培养大学生的良好心理素质和健全人格，还是思想、政治和道德教育帮助大学生解决其立场、观点、思想、方法等问题，都是围绕这个目的来进行的。

按照系统论的观点，把心理健康教育定位为高校德育系统中的一个子系统，使它成为高校德育的重要组成部分，既符合人的思想、政治和道德素质形成和发展规律的要求，也符合教育科学的要求；既强调了心理健康教育与德育其他组成部分的区别，突出了心理健康教育的特殊性，又强调了心理健康教育与其他组成部分的有机联系，表明了心理健康教育作用的有限性和条件性。把心理健康德育纳入高校德育这个系统体系中去，使思想教育、政治教育、道德教育和心理健康教育为德育系统的整体效应发挥各自的独特作用。

按照系统论的观点，整体功能的发挥有赖部分功能的完整以及部分之间联系的完整性。没有思想教育、政治教育、道德教育的德育是不完整的，没有心理健康教育的德育同样也是不完整的德育。相应的教育培养相应的素质，但同时心理素质和思想素质、政治素质、道德素质也是相互联系、不可分割的。因此，为了提高这四种素质，也就要求德育的四个重要组成部分之间相互联系、相互结合，共同发挥德育的整体效应。

第三节 心理健康教育在高校德育体系中的定位

一、心理健康教育的性质定位

我们把心理健康教育定位于高校德育体系之中，在认识到心理健康教育是高校德育体系的重要组成部分的同时，也应该看到它是高校德育体系中一个相对独立和特殊的组成部分。在"大德育"的总体教育目标下，它也有自己具体的教育目标、教育内容、教育原则和教育方法等。

（一）相对独立性

心理健康教育是一种有目的、有计划地对受教育者心理施加影响，使其提高心理健康水平，全面发展个性的教育活动。大力加强心理健康教育，就是要引导大学生树立心理健康意识，优化心理品质，增强心理调节适应能力，积极预防和缓解心理问题，促进大学生全面发展。与思想教育、政治教育和道德教育一样，大学生心理健康教育也有自己相对独立的教育内容：

1. 帮助大学生树立心理健康意识，掌握心理健康方面的常识

帮助大学生树立科学的心理健康意识是大学生心理健康教育的重要内容，也是大学生心理健康教育效果优劣的重要评价指标和大学生心理健康教育的主要目的。大学生心理健康意识是建立在"心理"和"健康"知识基础之上的关于大学生心理健康的认知、态度和观念倾向，它既体现着大学生对心理健康知识的了解和重视程度，又影响着大学生的思想和行为倾向。心理健康意识具有层次性，首先它的基础层面是知识层面，比如对于"心理是什么""心理与生理的关系""心理与外界环境的关系"以及"什么是心理健康""怎么样实现心理健康"等知识的掌握。其次是态度层面，主要表现为对"心理健康"知识获取的积极程度和对心理健康状况关注的程度。最后是行为层面，主要表现为对心理健康的关注、思考、行动方面的主动性与坚持性。由于心理健康意识中存在认识的对与错、知识的多与少、情感的好与恶、行为的积极与消极等两面性，因而，心理健康意识也存在"科学的心理健康意识"和"非科学的心理健康意识"。大学生科学心理健康意识的树立依赖对相关心理学知识和心理健康知识的学习与掌握，并在主观上予以重视，在日常学习、生活、工作中加以运用，通过实践为自身或他人的成长服务，从而树立和优化心理健康意识。

大学生心理健康方面的常识主要包括大学生心理健康的标准、大学生心理健康的表现、大学生心理健康的程度以及实现大学生心理健康的方法与途径等。

2. 帮助大学生培养优良的心理素质

（1）认知发展教育

使大学生了解认知发展规律、特点及自身认知发展水平。通过常规或特殊训练，如认知训练、情感训练、奉献精神的培养等，帮助大学生挖掘和认识自身的不良认知，并学会对认知进行调控。在人的社会化过程中，培养大学生作为社会人所应该具有的品质，培养家庭责任感、集体责任感和社会

责任感，养成良好的行为习惯，培养宽容、自制、诚实守信等品质，培养科学精神，培养正义感。

(2) 自我调控教育

使大学生了解自身情绪变化的特点，通过有效的调控手段，使自己经常保持良好的心境和乐观的情绪，形成适度的情绪反应能力和较强的抗干扰能力，避免情绪的大起大落和两极化波动，学会科学地调控自己的情绪，避免心理失衡，培养积极的情绪状态。学会调节激情、应对挫折刺激，增强心理承受力，从而避免心理偏差，具备自觉、果断、坚持与自制的意志品质。

(3) 创造性思维教育

使大学生了解一些创造中经常出现的心理现象，培养创作思维品质，塑造创造人格，训练创造技法，提高创造力。克服思维定式、走出思维误区，培养思维的流畅性、灵活性等思维品质，发展想象力，提高发现问题和解决问题的能力，训练认知的计划性、监控性和调节性等品质。

(4) 发展个性教育

大学生个性发展辅导的主要内容有：自我认识、自我体验、自我评价、自我调节控制、自我表述、自我实现，塑造理想自我，完善自我概念，培养自尊感等。使大学生学会修身养性，增强自我教育能力，从而矫正不良个性品质，促进个性的完善。了解健康个性的标准及自身的个性特点，并通过有意识的训练形成开朗、活泼、具有同情心和正义感的良好性格。

(5) 人际交往教育

帮助大学生树立正确的交往观念，掌握与人交往的原则与技巧、特点和规律，通过训练掌握一定的交往艺术，克服交往障碍。扮演人际角色，在群体中与人和睦相处，善于在群体中发挥自己的才干，培养合作与竞争精神，提高交往能力，达到高水平的自我实现。

(6) 提高适应性教育

使大学生积极适应自身、环境及社会的各种变化，学会调控学习、生活中的各种烦恼，通过有意识的训练，掌握排解心理困扰、减轻心理压力的方法，保持心理健康。同时学会认识自己，认识自身生理、心理变化的特点，顺利地度过青春期。能够适应新生活环境，实现生活的自我管理，树立正确的恋爱和性观念。适应学习情境，学会学习，掌握学习的方法与策略，激发学习动力，克服厌学问题，能够优化和调节自己的学习过程，能够调控自己的学习心理状态，开发潜能，达到良好的学习适应。

3. 帮助大学生预防心理疾病

如果大学生对学习生活非常不适应，出现的心理问题无法调节，就有可能导致较严重的心理疾病。因此，作为大学生，应该对这些常见心理障碍或病症的起因、表现及治疗等基本知识有所了解，以便于配合专业人员及早发现，及早治疗，以免延误病情。同时，也可以在平时注意防止和消除这些病症的诱发因素，以达到预防的目的。预防心理疾病的教育主要包括心理卫生教育、承受挫折教育和心理疾病诊断教育。

(1) 心理卫生教育

对于大学生，通过心理卫生知识的传授，使他们了解心理卫生与日常学习、生活、交友、恋爱的关系，使他们了解保持人的心理健康的途径，掌握心理冲突化解、心理矛盾调节、心理平衡达成的方法，提高大学生的心理健康水平，改善其生活质量。

(2) 承受挫折教育

挫折是导致心理疾病的原因之一。承受挫折教育，就是要使学生了解挫折对人的影响、挫折产生的原因、受挫折后可能出现的各种反应，从而理智选择合理的行为反应，增强承受挫折的心理承受能力。

(3) 心理疾病诊治教育

心理疾病的类型有多种，心理疾病诊治的重点在于使学生了解心理正常与异常的区别，以及心理异常产生的原因。了解大学生中常见的心理疾病的类型与表现，懂得心理咨询的必要性以及心理治疗的一般理论与方法，学会初步鉴别自身的心理健康状况以及周围其他同学的心理健康状况，当出现心理异常时能及时、主动地求助专业机构和心理咨询人员，从而缓解症状，防止恶性循环，学会以科学的态度对待各种心理疾病。

(二) 独特性

大学生心理健康教育是根据大学生生理、心理发展特点，运用有关心理教育的方法和手段，培养学生良好的心理素质，促进学生身心全面和谐发展和素质全面提高的教育活动。随着改革开放和社会的发展变化，在当代大学生中表现出来的心理问题已经引起了整个社会的关注。国内外学校工作实践证明，心理健康教育不仅仅是一种方法和技术，更重要的是其体现了一种先进的和科学的教育理念，心理健康教育的普及有助于高校德育观念的更新和方法的改善。所以，大力加强学校心理健康教育已经成为世界性的教育共识，世界各国纷纷把心理健康教育作为现代学校教育的一个重要标志。

作为德育的一个组成部分，需要特别强调一下心理健康教育的独特性。心理健康教育的独特性是相对于高校德育中其他组成部分，即思想教育、政治教育、道德教育而言的。总体来说，思想教育、政治教育和道德教育是规范教育，而心理健康教育是基础教育。具体来说，心理健康教育的独特性体现在以下几个方面：

1. 教育目标的层次性

传统的高校德育目标存在"高、空、同"现象。"高"就是指德育目标过于理想化；"同"指德育目标过于单一，缺乏个性；"空"指德育目标一般化，缺乏明确要求和具体指标。传统德育目标的"高、空、同"必然带来德育过程的缺乏指向性，从而导致德育实效性偏低。心理健康教育是有目的、有计划、有组织地对学生的心理素质施加影响的过程。为了保证该过程的顺利进行，心理健康教育构建了一个切实可行的高校心理素质教育目标。这一目标以马克思主义关于人的全面发展理论为基础，既考虑到了大学生自我发展身体和心理的特点，又考虑到了当前社会发展对人才的需求。高校大学生心理健康教育的总体目标是提高大学生的心理素质，充分开发他们的潜能，培养大学生乐观、向上的心理品质，促进大学生人格的健全发展。在总体目标下，根据大学生的不同状况和不同年级，又分为三个不同层次的具体目标：

（1）矫正性目标

从一部分大学生已出现的问题入手，对一些已经存有心理困扰或心理障碍的大学生，针对产生不良心理和行为的主要因素，给予科学有效的心理咨询和辅导，使他们能够摆脱心理障碍的困扰，调节自我，提高心理健康水平，增强自我教育能力。虽然它的对象只是少数大学生，但这是心理健康教育的重要目标。

（2）适应性目标

从大部分大学生的现实情况出发，注重培养包括社会适应能力在内的各种能力。例如大学生在家庭和学校等各种环境中的适应能力，培养大学生的学习适应能力，增强自我控制、面对挫折的能力，建立大学生正确的自我认识观和适当的生活方式。此目标是目前心理健康教育的主要任务。

(3) 发展性目标

从全体学生的发展层面出发，促进学生在适应的基础上获得最优化、最有效的发展，培养创新意识，提高创新能力；开发潜能，发挥优势能力；增强大学生自我心理教育能力；解决大学生在发展中所面临的各种发展性问题；预防和减少心理疾病，使大学生的潜能和人格得到最充分的发挥和完善。这一目标代表着心理健康教育的较高境界，也代表着将来心理健康教育的主要方向。

2. 理论基础的多学科性

在我国高校中，心理健康教育与思想教育、政治教育和道德教育有着共同的理论渊源，即都必须以马克思主义关于人的全面发展理论为指导。但在具体工作中，它们又要依据各自不同的理论基础而开展各自的教育。思想教育、政治教育和道德教育主要是以马克思主义理论为理论基础和指导；而心理健康教育主要是以心理学、发展心理学、咨询心理学、教育学、社会学和行为科学等为理论基础，涉及多种不同的学科范畴。大学生心理健康教育既有自然学科性质，也有社会科学性质。它是多种学科相结合的一门学科，是一门交叉学科。

3. 工作方法的独特性

一般而言，思想教育、政治教育、道德教育的方法多为经验的总结，强调教育与灌输，一般采取座谈、讨论、报告等公开形式，在实际工作中，有时也采取个别谈话的方式；而心理健康教育在工作方法上却有着十分明显的不同，心理健康教育的方法多建立在心理学理论和实验的基础上，较为严谨、系统，科学性和操作性比较强。主要方法有：

(1) 信息获取法

心理健康教育是一个系统的教育过程。在这一过程中，我们首先需要了解受教育者心理健康的一些基本情况。信息获取是心理健康教育的前提和基础，是心理健康教育具有针对性和获得实效性的有力保证。具体有调查获取法、观察获取法、测验获取法和档案获取法。

(2) 理论灌输法

在心理健康教育过程中,要想使教育能够达到预期的效果和目标,就需要对受教育者进行最基本的理论灌输教育。通过心理健康相关理论的灌输,使学生真正了解、掌握一定的心理健康常识,树立较为科学的心理健康意识。要通过理论灌输使大学生充分认识到心理健康与各种素质能力培养的关系,深刻认识到心理健康教育的重要性,更要掌握实现和保持自己心理健康状况的方法与技巧。理论灌输的原则是将心理健康教育理论和心理健康实际问题相联系,避免一味刻板的理论讲授和灌输,以免影响学生接受的积极性。

(3) 心理咨询法

心理咨询法是大学生心理健康教育的重要方法。它不是一种普遍性的教育方法,而是主要对心理健康教育中的个体性对象所实施的针对性较强的教育方法。心理咨询法是指受教育者就自身存在的心理不适或心理障碍,通过语言文字等交流媒介,向有专业素养的咨询人员进行诉说、询问与商讨,在咨询人员的支持和帮助下,通过共同讨论找出引起心理问题的原因,分析问题的症结所在,进而寻求摆脱心理困境与解决心理问题的条件和对策,以恢复心理平衡、提高对环境的适应能力、增进身心健康的方法。具体有支持疗法、心理分析法、行为疗法、人本主义疗法和认知疗法。心理咨询法有一系列方法,在心理健康教育过程中恰当灵活地运用咨询方法,才能取得良好的效果。而且还要遵循一些基本原则,如理解支持原则、保密原则、耐心细致原则、疏导抚慰和启发教育的原则等。

二、心理健康教育的价值定位

关于价值的定义,从不同领域、不同学科、不同角度有不同的解释。在本文中主要从"意义"角度解读心理健康教育在高校德育体系中的价值定位。"价值是指外界客体对主体存在和发展所具有的一种积极的作用和意义。"[①] 一般来说,心理健康教育的主体包括人和社会,其价值主要体现在个体价值和社会价值。特别的是,心理健康教育是高校德育体系的一个组成部

---

① 王永昌. 价值哲学论纲 [J]. 人文杂志, 1986(5).

分,对德育工作的发展必定起到一定作用,故笔者将从个体、社会和德育发展三个方面来界定心理健康教育的价值。

(一)心理健康教育的个体价值

心理健康教育的个体价值是指心理健康活动能满足受教育者需要,对个体存在和发展所具有的作用。

1. 心理健康教育有助于大学生健全人格的塑造

"健全人格是个体人格结构中的各种成分和特质都得到健康、全面、和谐、均衡的发展,即个体的身体、心理、文化等各方面素质都得到协调发展,人格内部各方面不发生对抗、冲突和分裂。"[1]具备健全人格的大学生应该具备正确的自我意识、和谐的人际关系、良好的社会适应能力、乐观向上的生活态度、良好的情绪调控能力、能有效运用智慧与能力、个体心理的和谐发展。

健全的人格是大学生学习、生活、工作和发展的必要条件,它的形成不是与生俱来的,而是在环境和教育的影响下逐步形成的。良好的心理素质是健全人格形成的基础,通过心理健康教育不仅能使大学生认识并改造自身人格发展中存在的不足与缺陷,更重要的是能帮助大学生塑造、发展适应社会主义现代化建设所需要的新的健全人格模式,促进大学生早日成才,最大限度地发挥自身才能,为社会贡献出更多物质和精神成果。

2. 心理健康教育有助于缓解大学生心理问题,预防心理疾病

近年来,大学生因心理疾病、精神障碍等原因而不惜伤害自己和他人的案例时有发生,且有上升的趋势。大学生自杀或致伤、致死他人的事件、在高校和社会上都产生了很大的负面影响,已引起社会的广泛关注和反思。

随着社会的不断进步、改革的不断深入,特别是社会主义市场经济体制的建立、高校改革的深化、社会竞争的程度日益加剧,使大学生的心理问题也不断增加。当前大学生在环境适应、自我管理、人际交往、交友恋爱、求职择业、人格发展和情绪调节等方面反映出来的心理问题日益突出,出现心理失衡,如恐慌、烦恼、敏感、忧郁等。通过有效的自我调节方法,这些暂时的心理失衡是可以消减的,但是,如果这些不良的心理反应得不到及时

---

[1] 张玉芬. 大学生人格教育[M]. 北京:经济管理出版社,2006:36.

调整和舒缓，长期堆积，就可能引发心理问题，甚至发展成为心理疾病。为了提高大学生的心理素质，增强大学生的社会适应能力和心理保健能力，帮助大学生成功走向社会，高校通过心理健康教育，让大学生了解心理学知识以及自身心理发展的阶段、特点和规律，学会心理调节方法，自觉地、主动地保持心理平衡。当遇到自己不能缓解的心理问题时，如果能主动向班级辅导员或学校专门的心理咨询机构寻求帮助，是可以防止心理疾病产生的。

（二）心理健康教育的社会价值

心理健康教育的社会价值是指心理健康活动能满足处于一定社会历史阶段中的占统治地位的社会集团的需要，能够维护社会稳定，促进社会进步，在社会经济、政治、文化和生态建设中具有积极意义。通过心理健康教育，可以提高劳动者的创造力和开发潜能，使劳动者在社会生产实践中更好地发挥自己的聪明才智，不断推动科学技术的进步，从而促进社会生产力的提高。同时，心理健康教育的经济价值还表现在能够通过减少直至避免某些心理疾病的发生，以帮助减轻由此产生的一定社会经济负担。

心理健康教育的社会价值还集中体现在它能够提供维护社会得以稳定、安宁、有序的个人心理条件。为了维护社会的基本生活秩序，需要建立良好的人际关系，通过对大学生开展心理健康教育，可以帮助其形成合理的认知体系和积极的应对方式，学会有效调节自己的情绪和处理各种人际关系的技巧与能力，增强社会适应性，从而尽可能减少直至避免因人际关系紧张而在社会成员间产生的各种矛盾冲突。心理健康教育可以在一定程度上减少各种恶性的暴力犯罪。在现实生活中出现在家庭、学校、社会等的许多恶性暴力犯罪有相当一部分都与肇事者的不良心理素质有关，他们中有的有人格障碍，有的有病理性情绪，有的存在严重的认知缺陷。对于具有这样心理问题的人，我们事先通过心理咨询和心理治疗这些特殊的心理健康教育形式予以必要的心理干预，是可以在一定程度上减少或直至避免这样的暴力事件发生的。心理健康教育还可以在一定程度上遏制某些人的经济犯罪。各种经济犯罪分子除了具有贪婪自私和利欲熏心的性格特点，还缺乏应有的控制力，尤其是缺乏应有的抗拒各种诱惑的能力，心理极易失去平衡。在大学生中进行心理健康教育，使他们形成一定的、合理的社会认知和心理自控能力，可以在一定程度上防范和遏制其在正式步入社会后因心理失衡和心理自控能力缺乏等心理素质问题造成的经济犯罪行为的发生。心理健康教育具有多方面的社会价值，只有通过对大学生开展广泛而深入的心理健康教育，从根本上培养与形成每一个大学生的良好心理素质，才能使大学生为社会主义现代化建设更好地服务。

(三) 心理健康教育的德育价值

21世纪的教育更加注重人的可持续发展，21世纪的高校更加关注大学生人格的健全发展。面对新形势下的新问题，传统德育已不能满足当代大学生身心发展的要求，这就要求高校的德育工作必须适应客观形势的变化，不断探索开展德育的新思路新方向、补充新内容、采用新方法。将心理健康教育纳入高校德育体系，把心理健康教育与传统德育结合起来就是一条使大学生思想、政治、道德水平和心理健康水平共同提高和发展的新路子。把心理健康教育引入高校德育体系弥补了忽视人的心理认识活动而单纯通过灌输说教解决大学生思想问题的传统德育观念，有助于从大学生的认知、情感、意志的全过程施加作用，引导他们保持健康的心理状态，为接受系统的思想教育、政治教育和道德教育创造良好的心理条件，帮助大学生得到更全面的发展，从而使大学生以一种更积极的态度面对社会生活。高校德育只有从观念、内容、方法手段、管理体制、组织机构、队伍建设等诸方面不断创新，才能跟上新时代的步伐，适应新时代的新要求。心理健康教育成为高校德育的一部分，不仅是解决大学生心理问题的现实需要，也是高校德育发展的现实需要。

三、心理健康教育的结构定位

我们把心理健康教育纳入德育体系中，使德育体系发展成为更为科学与完善的体系。这样一来，高校德育就发展成为一个包含思想教育、政治教育、道德教育和心理健康教育四个部分的完整系统。对于心理健康教育在这个体系中的定位，我们可以在德育这个完整体系内通过心理健康教育与其他教育的联系来把握。

(一) 高校德育的内容体系结构

在社会主义的中国，高校德育体系主要包括思想教育、政治教育、道德教育和心理健康教育四大基本教育，这四大教育有各自的内容、地位和作用。

1. 思想教育是先导

社会主义中国的当代高校德育体系中，思想教育在根本思想观念上特指科学世界观、人生观、价值观教育，在现实内容上主要是结合实际进行马克思主义基本立场、观点与方法教育，核心是共产主义理想教育，重点是社会主义信念教育。

在德育实践中，我们发现，大学生出现的问题往往跟他的世界观、人生观和价值观有关，世界观、人生观、价值观教育应该是高校德育的先导。如果这个根本性问题得不到解决，那么大学生在生活中碰到困难和挫折的时候，就很难做出正确判断，由此也会造成巨大的心理压力，而在沉重心理压力的情况下，不懂得缓减压力，不懂得如何去优化自己的心态，任其发展下去，就会出现压抑、自卑、忧郁、焦虑等心理问题。马克思主义是科学的世界观和方法论，它给人们指明了正确认识客观世界的立场、观点和方法，无数的历史事实和社会实践都充分证明，只要能够科学运用辩证唯物主义和历史唯物主义的观点去分析问题和解决问题，就能够正确认识和处理生活中遇到的一切不良现象，甚至包括困难和挫折。当代大学生都有强烈的成才愿望，他们渴望成才，报效社会。高校德育力求在社会主义现代化建设的需要与广大大学生成才愿望之间寻求结合点，教育、引导大学生形成科学的世界观、人生观、价值观，培养大学生运用马克思主义的立场、观点、方法去分析问题和解决问题的能力。

2. 政治教育是核心

在高校德育体系中，政治教育是核心，在德育体系诸内容中居于主导地位，决定着思想教育、道德教育、心理健康教育的性质、内容、方向和效果。人是社会的人，生活在现实社会中的人都不可能避免具有各自的价值取向和政治倾向，不存在没有政治观点的中性思想。在人的头脑中，这种思想不去占领，别的思想必然乘虚而入，思想的交锋是不可避免的。取消政治教育就是把思想阵地拱手让人。特别是作为统治阶级，要维护其统治地位，必然要让主流意识形态渗透到生活的每一个角落，必然要大张旗鼓地进行宣传和教育。

在人类历史发展中，不同的意识形态、思想观念会导致政治活动过程及其结果的差异性。因此，每个社会的统治阶级都会精心设计自己的一套政治思想体系，并且将这一套政治思想意识对民众进行灌输和教化，从而形成、调整、改变或强化民众的态度、行为、信仰，塑造民众的政治人格，培养所推行制度体系的合法性土壤，达成更为广泛的社会认同和民众拥护。这样的教育就是政治教育。

我们走的是中国特色的社会主义道路，搞的是社会主义市场经济。我们强调政治教育，就是要保证社会主义大学培养目标的实现，就是要保证培养出来的大学生既有丰富的科学文化知识，同时，也是更重要的，有坚定正确的政治信念，有社会主义的人生观和价值观取向，这是建设中国特色社会主义的需要，是中国国情的需要，也是保证坚持党的基本路线一百年不动摇的需要。因此，高校德育必须紧紧围绕政治教育这一核心，努力造就德才兼备的社会主义事业的建设者和接班人。

3. 道德教育是重点

道德规范具有普遍的、经常的调节作用，日常思想行为大量地表现为道德现象。在社会主义市场经济条件下，道德问题日渐突出，道德教育日益重要，道德教育已经成为高校德育的重点内容，必须大力加强。

当代大学生在社会变革面前普遍存在着道德困惑，受拜金主义、享乐主义和极端个人主义的影响，部分大学生道德观念模糊，法纪观念淡薄，价值取向偏颇。因此，高校应当坚持把加强道德教育作为德育的重点教育抓紧抓好。"道德的职能是多方面的，其中调节职能、教育职能和认识职能占着主要地位。"[①] 高校应当充分发挥道德教育职能，在道德教育中，要特别重视正确认识个体与群体、自我与他人的关系，引导大学生树立一种谋求自身利益、群体利益与他人利益相协调的道德意识。同时，要注重身教重于言教，加强道德示范。

4. 心理健康教育是基础

心理健康教育是培养大学生心理素质的教育。心理健康教育是基础，是说心理健康教育是最初级的、最起点的教育内容，它构成了思想教育、政治教育、道德教育的基石。

---

① 唐凯麟. 简明马克思主义伦理学 [M]. 武汉. 湖北人民出版社, 1983: 50.

心理素质是思想素质的基础。思想教育解决的是人的世界观、人生观、价值观问题，我们要以马克思主义、毛泽东思想、邓小平理论为指导，帮助大学生树立科学的世界观、人生观和价值观。但在市场经济条件下，面对滚滚而来的拜金主义、享乐主义、极端个人主义等袭击，能做到不为利诱、不侈不奢，需要有良好的心理素质、坚毅的性格。思想素质的培养需要晓之以理，使大学生知道该做什么、不该做什么，努力培养大学生健康的心理品质。所以在教育管理中要使大学生做到自律、自控，训练学生的意志。

心理素质是政治素质的基础。政治教育的关键在于培养大学生坚定正确的政治方向，树立为共产主义事业奋斗终生的理想，这种政治素质的培养必须建立在良好的心理素质上，没有坚定乐观的性格，没有克服困难的勇气和决心，没有健全的人格，就不可能建立起牢固的政治信仰。

心理素质是道德素质的基础。尽管人形成的道德素质对人的个性等心理素质具有一定的调节作用，但我们必须承认，人的心理素质应该是形成人的道德素质的基础。如果一个人缺乏最基本的心理素质，他是难以形成良好的道德素质的。一个在道德方面自律的人，他一定是具有积极生活态度和形成良好心理自控能力的人。因为道德素质实际上是处理各种关系的能力，包括个人与他人、个人与社会、个人与工作学习等关系，一个人道德素质的高低表现在处理这些关系的态度和行为上。不良个性、不良情绪或不合理的认知等心理因素往往会造成个体在处理这些关系上的冲突和对立。要培养大学生良好的道德素质，必须先培养其良好的社会适应能力，能够正确认识自己、接纳自己，成功地与他人交往，有良好的情绪控制能力。心理健康教育正是为形成良好的道德素质创造必要的心理条件，培养形成一定道德自律所必备的心理素质的教育，所以它处于基础地位。

心理健康教育是思想教育、政治教育和道德教育的基础，对于心理健康教育在高校德育体系结构中基础地位的确立，我们可以从素质的层次性、心理接受过程、心理接受机制和认识的阶段性四个角度来进行具体分析。

(二) 从素质的层次性角度分析

德育体系中相应的教育培养相应的素质，心理素质是德育其他素质的基础。所谓素质，是由三个不同层次的内容所组成的整体。第一个层次是生理素质，它主要是就人与生俱来的感知器官、运动器官、神经系统和大脑在结构上和机能上的一系列特点而言,这个层次的素质是先天的。第二个层次即为心理素质,它主要由心理过程(知、情、意)、个性心理倾向和个性心理特征三个系列的心理因素构成,是一个综合评价体系。它涉及人的心理的各个方面,包括认知品质、意志品质、情感和个性等。第三个层次为社会素质,它包括人们从社会中获得的特质,如政治的、思想的、道德的、知识技能的、行为习惯的等各个方面,这个层次的素质是后天的。就个体德育素质的结构而言,思想素质、政治素质、道德素质和心理素质并不处在统一的层面上,这四种素质中,"就个体德育素质的形成过程而言,健康的心理构成受教的前提,在个体完整的社会性发展中发挥着承上启下的作用;个体有了生理的成熟和心理的发展,才可能去接受德育,去认同社会的秩序、规范和价值"。[1]也就是说,个体总是通过已存在的心理素质去同化德育内容,完成个体的思想、政治和道德的社会化的。因而,心理健康教育在高校德育中具有基础地位。

(三) 从心理接受过程角度分析

德育是一种源于精神内部的活动,任何外部的引导、塑造唯有通过受教育者内部精神活动才能起作用。要使德育卓有成效,必须研究德育接受过程中的心理因素。德育接受的过程是一个心理活动的过程。受教育者在德育接受的过程中,心理总是在发生变化,以至于影响德育的接受效果。受教育者是否接受德育取决于受教育者的接受心理水平。如果德育超越受教育者的接受水平,那么德育就不一定会取得良好的效果。因此,作为德育工作者,要熟悉受教育者对德育接受的心理过程及其心理现象,善于在复杂的现象中及时抓住受教育者的心理变化,促进受教育者的接受。

仔细分析大学生对德育的接受心理有以下三个层次:

1. 顺从

有些受教育者表面上接受德育,对德育的要求表现出一致的倾向,尽量使自己的行为与他人保持一致。但是,这种行为往往是受外在压力的结果,而不是出于受教育者的内在自觉和追求,表面上看似接受了,但从内心深处没有真正接受,因而在认知与情感上并不一致。比如说,有的受教育者

---

[1] 邓纯考.浅谈心理教育的德育功能[J].教学与管理,2002(9):34.

的态度尽量与德育工作者的要求保持一致,是为了避免在同学面前被孤立,防止被别人讥笑、批评,或是为了从众而获得别人的好感等。这种接受的持续时间比较短,一旦外力失去约束,受教育者的接受心理就会发生改变。当趋利避害的动机不再发生时,这种顺从就有可能消失,受教育者就有可能会违反德育和社会的要求。

2. 认同

大部分受教育者认为高校德育是有作用的,都积极主动地在思想、情感、态度上接受德育,不再是迫于外在压力。受教育者与德育的要求保持一致并非只是表现在行为上,而是在心理上与高校德育内容产生了一种不可分的整体感觉。认同的构成有认识成分,也有情感成分。前者是在对德育的认识上,经过分析、比较而产生认同;后者则是情感上受到感染和触动,从而对德育产生同感。认同和顺从相比,认同属于较高的心理层次。认同主要不是受趋利避害动机的驱使,而是受德育的吸引,被德育所感动,因此愿意与德育的要求保持一致。

3. 内化

大部分受教育者在其思想认识、政治观点、道德品质的形成、发展、变化过程中,将自己认同的观点同自己原有的观点、信念融为一体,构成一个完整的价值体系。这是指受教育者把德育的要求纳入自己的价值体系中,把德育的观点和情感作为自己观点和情感的一部分。受教育者不再视德育为压力,而变成精神上的自觉需要,成为一种发自内心的追求。内化与认同不完全相同。认同更多的是出于情感上的原因,而内化多出于理智上的考虑。内化的东西已经成为自己思想观念中的一部分,因此内化与认同相比,更深深地扎根于心理结构中,是连接心理的最高层次。

我们从德育的心理接受过程中可以看出,德育与心理是息息相关、水乳交融的,思想教育、政治教育、道德教育的内容只有经过内在的心理内化、感化,才能变成个人的自觉行为。因而,德育工作者必须重视心理接受过程,加强大学生的心理健康教育,使大学生形成有效接受德育的心理基础,并始终将心理健康教育视为高校德育体系的基础内涵。

(四) 从心理接受机制角度分析

德育的实践已经充分证明,德育的实效取决于德育内化的程度,而德育内容的内化是德育信息通过个体心理素质，进行多方面的选择、分化、融合、顺应的过程。也就是说，在思想素质、政治素质、道德素质形成的过程中，主体的自我意识、情感及性格等心理素质是内化的决策性机关和重要的调控器。辩证唯物论的教育观认为，素质的形成是个体在一定外因作用于内因矛盾运动的结果，在这一过程中要承认人的主观能动性，承认个体的主观愿望和努力程度是个体成长的主要条件。从这一角度来分析，在个体素质结构诸要素中，心理素质具有明显的能动作用，这种能动作用主要表现在两个方面：一方面它可以在主客体相互作用中对外部影响进行能动选择；另一方面，它还可以对内部环境起到重要的调节作用。因而，在大学生各种素质的形成过程中，心理素质可以起到决定个体整体素质水平的基础作用。具体来说，大学生在接受具体高校德育之前，会对所处社会关系进行判断，进而确定该教育对自己的价值，每个人又因为对该教育价值高低的不同标准而形成各异的过滤网。个体往往会根据自身需要和利益所需来评价一项德育要求对自己的价值，各项德育知识经过不同的过滤网，或被拒绝，或被接受，这种选择性又主要表现在以下几个方面：

首先，社会心理学家认为，人是有乐群性的，有一种合群倾向、拒绝孤独、不受排斥、受人欢迎，有接受社会思想、道德的心理认识倾向和心理上的需要，个体迫切需要将自己纳入一定群体，在群体中找到自己适宜的位置，有着强烈的归属意识。

其次，个体有并入社会、体验社会的心理要求，由于观察或经验的获得，使个体认识到，必须按照所属群体的共同约定做出相应行为，即个体行为必须符合群体规范，必须掌握社会生存所需要的知识、技能和规范，大学生对进入社会的强烈向往，以及大学生的模仿性和可塑性，为思想教育、政治教育与道德教育提供了心理基础。

最后，个体要求社会化的内部动机是个体思想、道德行为发展的动力，大学生要求社会化是个人积极参与活动的内因，要求发展的内因与其自身已有的思想、道德水准，以及社会的思想、道德要求几方面因素的矛盾运动促进大学生思想、道德水平的发展。

符合大学生思想、道德建构要求的德育，才能具有实效性。然而，将新的思想、道德要求变成主体的思想、品德和行为，还得靠心理素质的调节才能完成。这种德育内化所需要的心理素质或心理结构要素的培育不是靠传统德育自身，而是由心理健康教育承担的。可见，心理健康教育为有效实施思想教育、政治教育与道德教育奠定了基础。

(五) 从认识的阶段性角度分析

心理健康教育与思想、政治、道德教育都属于意识形态范畴。心理健康属于认识的感性阶段；思想、政治和道德教育则属于认识的理性阶段。感性认识属于认识的低级阶段，是人们在实践的基础上，由感觉器官接受客体和各种刺激信息加工而成的，感性认识以直接性为特点，它依靠生动、具体、直观的形象来反映客体。感性认识包括感觉、知觉和表象三种基本的反映形式。感性认识具有基础性，它是认识的起点，是理性认识的来源和必经阶段。没有感性认识，就不可能有理性认识。而要反映事物的本质、事物的全貌和事物间的内部联系，就必须从感性认识上升到理性认识。

学生高度的思想政治觉悟和高尚的道德品质都是建立在一定感性认识的基础上的。没有一定的感性认识并内化为自身的心理素质，就不能形成正确的人生观、世界观。良好的心理素质是高校德育顺利进行的前提和保证。我们在这里所说的良好的心理素质主要是指健康的心理，也就是大学生具有正常的智力水平、稳定的情绪、坚定的意志、和谐的人际关系、适度的心理反应以及自知之明等。从根本上说，心理健康教育的基础地位是由心理素质的特殊性决定的。只有一个具备良好心理素质的大学生，才能正确认识和处理周围环境和现实中的各种问题、困难和矛盾，积极有效地接受学校的思想、政治和道德教育，并把学校的教育转化为自己的经验、品质、规范和习惯，使其成为符合学校培养目标和规格的人才。心理健康教育就是培养学生良好心理素质的教育，所以它在德育体系中具有基础地位。

长期以来，由于缺乏心理健康教育的基础，学校德育目标显得离现实的生活目标越来越远，导致学生对德育产生逆反心理，使德育远达不到其应有的效果。所以，我们不仅要把心理健康教育纳入高校德育体系中去，更应该清楚地认识到心理健康教育是思想教育、政治教育和道德教育的基础，并且在德育实践中始终要把培养学生良好的心理素质放在基础地位。

四、心理健康教育的功能定位

按照系统论的观点，整体功能的发挥有赖部分功能的完整以及部分之间联系的完整性。在高校德育的四大部分中，各部分是相互联系、相互制约的。心理健康教育作为基础，其功能是在与其他各个部分的联系中实现的。为了进一步明确心理健康教育的科学定位，需要分析和概括出心理健康教育在高校德育体系中具体发挥的功能。

(一) 个性化功能

传统高校德育目标、内容和具体要求大多是面对全体受教育者提出的，针对的是大部分学生，在教育过程中一般只注意到了共性，但是受教育者是千变万化、彼此各不相同的活生生的个体，他们存在着心理发展的年龄差异和个体差异。目前普通高校在校大学生的年龄在18~23岁之间，传统德育工作者往往忽视了这个年龄段的受教育者心理发展规律和个体心理特点，导致高校德育工作的盲目性、简单化、公式化，影响德育工作的实际效果。而心理健康教育一贯强调，必须按照大学生不同的心理特点进行有针对性的教育，心理健康教育在高校德育实践中具有教育的个性化功能。就具体实施而言，可以先对大学生进行详细的心理调查，找出群体或个体的实际问题，在做出科学的分析和评判的基础上，再对其开展相应的思想教育、政治教育、道德教育和心理健康教育，这样才能更有效提高大学生的思想、政治认识，优化其道德品质，增进其心理健康水平。

此外，大学生正处于身心发展由不成熟到成熟发展的时期，他们的人生观、世界观及道德品质正处于不断发展完善中，教育者不应该把成人定型的思想观念、道德情感及品德要求强硬灌输给正在成长中的大学生。心理健康教育正是从大学生心理发展规律出发，从不同角度观察和分析其深层次的思想和心理活动，掌握学生的个性心理特点，从而在德育体系中发挥个性化教育的功能的。

(二) 促进功能

除了心理健康教育的基本功能以外，心理健康教育对大学生的身体素质、思想认识、政治观念、道德品质、审美能力乃至智力等各方面都有促进作用，这也是属于心理健康教育的另一个促进功能。通过对大学生进行心理健康教育来改变大学生的心理环境，培养良好的心态，从而促使大学生树立正确的生活理念和正确的观念，从而达到自觉遵守社会规范和要求的目的，符合社会主义现代化建设对大学生思想、政治、道德和心理的要求。

人的性格特征和人的思想品德是紧密联系在一起的，没有健全的人格，就谈不上优良思想品德的形成。也就是说，培养健全的人格和优良的思想品德是同一教育过程中的两个不同方面。良好的心理状态是接受思想、政治和道德教育的前提，思想道德的产生、发展、变化都要受到个体心理发展的影响和制约。可见，心理健康教育对大学生个性的形成、思想和品德的培养均起到积极的促进作用，是其必要的手段。

另外，在高校德育实践中，德育的效果不仅取决于德育工作者实施了什么样的教育内容，还取决于大学生是否接受这些教育内容。也就是说，在于大学生是否能够把学校的德育要求内化为自己的需求、动机、信念，并通过自己的行为促进周围乃至整个社会的精神文明建设。人的各种心理品质是相互影响、相互联系的。正确的价值观念、政治思想、道德信念等品质的形成有赖个体认知、情感、意志、气质、性格等多种基础心理成分的培养与发展。心理健康教育正是从这些基础心理成分入手，培养大学生健康的心理素质，起到促进德育效果的作用。

(三) 驱动功能

大学生对思想教育、政治教育、道德教育信息的接受并不是简单的机械过程，而是在一定需要的驱使下带着某种情感进行的，需要和情感构成了大学生思想品质、政治品质、道德品质形成过程中的驱动系统。

需要分为多个方面、多个层次，且处于不断变化之中。大学生的内在需要也是多种多样的，心理健康教育的一个重要职能就是指导大学生认清和校正自己的需要，帮助大学生进行需要的划分和界定，使他们认识到任何需要的满足都是相对的、适度的，而不是绝对的、无限的，进而使大学生逐渐提高自觉控制个人需要的能力，处理好需要的满足与克制的关系，并且在此基础上引导他们不断发展更高层次的需要。由于种种因素的影响，大学生利益兼顾的天平经常会发生倾斜。本来，随着现代化的不断发展，个人意识充分张扬，个人利益备受重视无可厚非，然而不少大学生对个人、自我过分强调，把为国家做贡献、满足社会需要放在个人需要之后，缺少责任感，不懂得尊重他人和与人合作，急功近利，唯利是图。心理健康教育能够从人的需要的规律出发，引导大学生全面、正确看待需要的客观性、多样性、多层次性、制约性，帮助大学生处理好自我需要与社会需要、物质需要与精神需要、主导需要与其他需要、满足需要与行为方式的关系，保持心理平衡，促进大学生的需要层次不断提高。

驱动系统的另一个因素——情感，更是心理健康教育所关注的内容。情感作为心理过程中的一个重要方面，在人的感情生活历程中具有强大的动力作用。列宁曾经说过，没有人的情感，就从来没有，也不可能有人对真理的追求。这正说明了情感在人的思想成长和成熟方面的重要地位。积极的情感能够增强人的活力，驱动人的积极性。教育者通过有效的心理健康教育，能使大学生以明确的目的、饱满的热情投入到德育活动之中去，进而为德育工作取得实效性提供心理条件。可以说，高尚的情感所体现出来的政治热情是高尚思想境界得以升华的重要因素。另外，心理健康教育作为一种心灵感化教育，主要依据心理学原理、科学方法和技术，充分调动情感的力量，尊重、信任和理解大学生，进而调动大学生主体的主动性与积极性，与学生架起心灵的桥梁，通过情感交流，以灼热的情感去打动学生。对大学生因心理问题而导致的行为过失不责备、不张扬，而是在尊重、信任、接纳大学生的前提下对其循循善诱，使大学生能够敞开心扉，对教育者产生一种充分的信任感，缩短心理上的距离，与教育者建立起一种心心相印的良好情感关系，自觉接受教育者的引导和帮助。

（四）补充功能

1. 内容补充

传统德育的内容以世界观、人生观、价值观，社会主义、爱国主义、集体主义教育和道德品质教育为主，侧重思想层面，以思想意识的发展为教育主线。但由于其内容理论性较强，大学生在接受教育过程中总感觉这些内容离自己十分遥远。而心理健康教育则以大学生日常生活、学习、工作中遇到的或即将遇到的问题为主要内容，把思想教育、政治教育、道德教育具体化，与现实紧密结合，内容针对性强，学生感兴趣，学习就更具主动性。心理健康教育在内容设置上侧重心理层面，通过对众多心理案例和大学生易出现的心理问题的分析，引导大学生树立正确的认知，提高心理健康水平和行为选择的能力。心理健康教育的内容弥补了传统德育的不足，使德育内容更细致、更科学。

2. 方法补充

传统德育主要运用说服、榜样、评价、锻炼等方法来提高学生的思想认识、政治水平和道德信念，这些不失为重要的方法，但在具体运用过程中往往过分强调外在，强调社会要求等外在影响容易造成受教育者口服心不服，在态度和行为改变上消极应对。而在心理健康教育中，教育者往往通过心理健康教育课、会谈、心理测量、技巧训练、角色扮演、沟通分析、心理咨询、行为矫正等方法，它所强调的是通过多种多样的活动，在情境中让大学生去体验，从而使大学生主动求发展，注重调动并依靠大学生自身的力量解决自己面临的问题，提高其应对能力，而不是像传统德育那样强调理论的灌输和外在强化、外在的社会要求。

第五章

大学生心理健康教育的功能及其实现

第一节 大学生心理健康教育的功能

功能是指要素满足系统一定需要的效能,可理解为职责和职能,作用则是功能在实践中的体现。心理健康教育的功能是指它能够承担的职责和应当具有的职能。大学生心理健康教育作为一种以心理问题干预、人格和个性培养为主要目标的教育实践活动,既具有自身的本质功能,也具有因其活动而发挥的派生功能。

一、对以往心理健康教育功能定位的反思

近年来,大学生强烈的求助愿望与实际的求助行为之间、心理健康教育工作者的无私奉献与实际的教育效果之间出现了巨大反差。这种与教育初衷背离的现象促使我们反思以往对心理健康教育功能的定位。

(一)德育途径论和德育延伸论

德育途径论把心理健康教育视为德育的一种途径,流行的表述为"心理健康教育是思想政治工作的新形式",或者"德育科学化的新途径";德育延伸论认为心理健康教育是德育领域的延伸和拓展,是传统德育内容结构的进一步完善。若站在德育的角度来看,如此表述不存在任何问题,而且在心理健康教育的起步阶段还能够引起人们对心理健康教育的重视。但是,这些表述隐含着如下观点:心理健康教育与德育有着相同的(或共同的)功能。正是这一观点助长了心理健康教育的德育化倾向。我们不反对传统德育借鉴心理健康教育的理论和方法,但如果以为它们功能相同(或共同),而秉承传统德育模式开展心理健康教育工作,或者在心理健康教育的名义下进行事实上的传统德育教育,显然是与心理健康教育的初衷背道而驰的。

(二)心理障碍矫正论和人格补救论

心理障碍矫正论认为,学校心理健康教育是要缓解和消除学生的心理障碍、心理冲突等心理问题;人格补救论认为,学校心理健康教育是对人格有缺陷学生的一种心理补救,使这类学生形成完善的人格。这两种提法正确

地指出了心理健康教育的专业性和工作领域的特殊性，但在这里我们看不出学校心理健康教育与专业精神卫生机构功能上的差异，这种不恰当的功能定位容易导致心理健康教育的个别化和医学化倾向，出现一系列消极的后果。一方面，求助学生被当作"有问题者"，大多数学生的心理健康得不到事实上的维护；另一方面，教师被视为"心理医生"，承担了许多不应该或无能力承担的工作（例如专业精神卫生机构的工作）。

此外，"万能论"和"无用论"也在部分人的头脑中不同程度地存在，虽然不是十分普遍，但影响不可低估。在一些学校，学生学业以外的问题通通被视为心理问题，心理健康教育被认为是"万能的"，以致放松了应有的思想政治教育和道德教育，而一旦这些问题得不到妥善解决，"万能论"者就会走向另一个极端，陷入"无用论"，于是心理健康教育被形式化了。

二、育心：心理健康教育的基本功能

心理健康教育作为一种制度化的育人活动，其特定的工作范围在心理领域。育心，即培养大学生的心理素质、提高他们的心理健康水平，是心理健康教育的基本功能。在此基础上分化出两个功能：一个是补救功能，一个是发展功能。补救功能指大学生心理健康教育通过心理咨询和心理辅导，修复少数大学生所出现的偏差甚至障碍的人格，矫正其错误的行为模式，帮助这个异常群体重新回到心理正常或心理健康的状态，缺损或退行的社会功能得以恢复，提高生活质量和效率，成为正常、健康个体的功能；发展功能指通过教育使受教育者获得科学的心理知识，掌握科学的心理调节和自我发展的方法，从而获得发展的良好心理品质，同时发掘受教育者心理潜能，助人自助，提升其心理素质的功能，促进人的发展是大学生心理健康教育的基本功能和价值所在。

人的心理健康状态从有严重的心理疾病和心理障碍到心理的亚健康、健康直至马斯洛所说的"自我实现"，呈现出一种连续的状态，可分为多个层次，高校心理健康教育就是要把大学生的心理健康水平不断地由较低层次推向较高层次。由此，我们可以把心理健康教育的基本功能划分为三个不同层次。

(一)初级功能:预防心理疾病,缓解心理障碍

高校心理健康教育受到重视与大学生心理疾病和心理问题的被发现直接相关。有关研究和统计表明,大学生心理的确存在着一系列不良反应和适应障碍,有的甚至到了非常严重的程度,近几年,因心理障碍而休学、退学的比例呈上升趋势。大学生常见的心理障碍有以下几类:神经症(主要是焦虑症、忧郁症、强迫症和神经衰弱);人格障碍(较为常见的有:偏执型人格障碍、情感型人格障碍、分裂型人格障碍);适应障碍(主要表现为失落感、冷漠感和自杀)。

毫无疑问,心理健康教育要关注上述在大学生群体中客观存在的心理问题。首先,通过心理健康知识的传授,使大学生树立心理健康意识,尽早发现自己和身边同学可能出现的心理问题,便于专业人员提前干预;其次,有些心理问题本来就是缺乏科学的心理卫生知识以及应有的社会支持系统所致,随着学校心理健康教育机构的健全和心理卫生知识的普及,这些问题会相应得到缓解乃至消除;再次,学校心理咨询人员可以在一定程度上直接介入某些心理疾病和心理障碍的治疗,如考试焦虑症。需要说明的是,对心理障碍,尤其是神经症和人格障碍的诊断和治疗是一项专业性极强的工作,没有接受系统的心理病理学训练的人很难胜任,在心理辅导或咨询中发现有此类问题的学生,应将他们及时转介到专业精神卫生机构治疗。

(二)中级功能:优化心理品质,提高调节能力

心理健康教育工作开展的一个重要前提就是大多数学生的心理是健康的或基本健康的,但与时代要求相比,与大学学业对心理素质的要求相比,其健康水平又是相对低下的。优化大学生的心理品质、提高心理健康水平成为高校心理健康教育的重要职责。由于心理品质具有内在性,心理健康教育对心理品质的优化功能主要体现在提高心理调节能力上。心理调节能力是由多种能力组成的,其中最主要的是挫折承受能力和社会交往能力。

"挫折承受力"是由美国心理测验专家罗森茨威格提出的,他认为挫折承受力就是"抵抗挫折而没有不良反应的能力",即个体适应挫折、抗御和应对挫折的能力。当代大学生多为独生子女,生活条件相对优越,进入大学前生活大都一帆风顺,进入大学以后,学习、生活和人际关系中难免会遇到这样或那样的困难,其低下的挫折承受力就成为影响其心理健康水平的重要因素。"大学校园发生的种种极端事件都与挫折承受力息息相关。"[①] 培养大学生的挫折承受力是心理健康教育义不容辞的责任。

人际交往的困惑与不适应是大学生普遍存在的问题。人际关系问题位居大学生最常见的五大问题之首（其他问题依次是：恋爱问题、神经症、情绪问题和学习问题）。相当数量的大学生在人际交往中经常出现恐惧、害羞、自卑、冷漠、孤僻、封闭、猜疑、嫉妒、敌对等负性情绪。大学生人际交往能力的欠缺是其心理素质不高的重要表现。心理健康教育把发展人际交往能力作为重要内容，且深受大学生的欢迎。

（三）高级功能：充分开发潜能，促进人格完善

没有心理疾病只是心理健康的最基本要求，具备一定的调节能力也是心理健康的一般要求，毕竟离心理学家所界定的健全人格的"理想模型"还有一段不小的距离。对于健全人格的"理想模型"，不同的学者有着不同的表述，马斯洛称为"自我实现的人"，奥尔波特称为"成熟的人"，罗杰斯称为"充分发挥机能的人"，杰拉德直接用"具有健全人格的人"来指称。尽管这些表述各有千秋，但细究其具体内容，不难发现它们的共同点：潜能的充分发挥和人格的健全发展，这正是大学生心理健康教育的根本任务，也是高校心理健康教育的高级功能。

潜能开发是心理健康教育关注的重点，潜能开发的两个关键性因素是学习能力和创新意识。就学习能力而言，其核心含义是会学习。心理健康教育要帮助学生学会学习，树立终生学习的观念，掌握科学的学习方法和策略，使学生能进行有效的自我监控，并形成良好的学习习惯。潜能开发的另一个关键性因素是创新。现代心理学研究表明，创新是创新意识与创造力综合作用的结果。创造力是一种高级心理活动能力，人人都有创造力，都有创造的可能性，只是在程度上有所不同。而创新意识与创造力不同，它并不是自然产生的，也不是人人都有的，却是人人都可以培养的。科学的心理健康教育要关注大学生创造力的开发，更要关注创新意识的培养。

人格包括个性倾向性和心理活动特征两方面。前者是推动人从事各种活动的动力系统，如人的需要、动机、兴趣、信念、价值观等；后者指的是

[①] 郑日昌. 大学生心理卫生 [M]. 济南：山东教育出版社，1996：96.

个体在进行各种心理活动时表现出来的个人特点，如智力品质、性格、气质特点，等等。一个人的人格怎样，其心理生活也就怎样。心理健康教育要把学生培养成为自我满意的人，就不能不把关注的焦点始终放在健全人格的培养上。心理健康教育既要针对大学生的个体差异，优化智力品质，完善性格特质，又要在引导需要、校正动机、培养兴趣、发展正确的价值观等方面发挥应有的作用，进而综合地促进其健全人格的形成和发展。

上述对心理健康教育基本功能三个层次的划分是就基本功能的内容特征而言的。若从心理健康教育的对象特征来看，有心理疾病和心理障碍的学生毕竟是少数，而中级功能和高级功能却使尽可能多的大学生从心理健康教育中受惠。因而，中级功能和高级功能又是基本功能的主体。

三、育德：心理健康教育的派生功能

心理学界公认心理健康教育除了具有"育心"的基本功能外，对学生的道德品质、审美能力等综合素质的提高亦具有促进作用，是高校德育的有效补充。许多研究者均着重强调了心理健康教育的"育德"功能，也有学者将之称为"派生功能"，认为它为学校对学生实施德育提供了一个"接受基"，并通过提升学生的自我教育能力、完善学生的认知结构、强化德育动力系统体现出来。

（一）在德育过程中可提升大学生自我教育能力，促进大学生完善其人格行为

良好道德品质的形成依赖大学生在德育过程中的自我投入、积极参与和自我消化。当今社会复杂多变，影响学生道德品质发展的因素也是复杂多样，德育效果更加依赖大学生对德育内容的自我内化。心理健康教育正是着眼于提高学生自我认知能力和自我教育能力，从而为良好道德品质的形成提供心理基础。90后大学生普遍具有较强的自尊心和独立意识，但因多种原因未能进行良好的生活技能训练和挫折训练，他们对家庭、对父母有依赖情结。这种人格上的矛盾性可以通过心理健康教育加以一定程度整合，及时进行导向和控制。通过心理健康教育，有目的、有组织、有计划地对大学生的人格发展施加积极影响，提高他们完善道德人格的积极性、主动性、创造性，这样可促进其人格意识、人格行为、需要层次的优化。

(二) 帮助学生进行德育内容的取舍及内化，完善大学生认知结构

大学生与中小学生的不同之处就在于，他们对信息摄取的自主性更大、选择性更明显。皮亚杰在《发生认识论原理》中指出：认识的获得必须用一个结构主义和建构主义紧密地连接起来的理论来说明，也就是说，每一个结构都是心理发生的结果，而心理发生就是从一个较初级的结构过渡到一个比较复杂的结构。从理论上说，思想品德的形成是在学生已有认知图式的基础上不断优化认知结构的过程。所谓认知图式，"就是认知主体在长期的实践活动中，逐渐构建而成的、具有相对稳定性的意识因素的总和"。[①] 在德育活动中，学生正是以自己内在的认知图式为依据进行德育内容的取舍及内化。心理健康教育能帮助学生完善其认知图式，优化"初级结构"，为大学生思想品德的进一步发展打好心理基础。

(三) 引导学生正确认识情感，发展更高层次的需要，强化德育动力系统

有研究认为，大学生对德育内容及相关信息的接受是在一定情感需要驱动下进行的。因此，需要和情感就构成了大学生思想品德形成、发展过程中的动力系统。根据马斯洛需要层次论可知，大学生的需要是多方面、多层次的，且处于不断的变化中。而心理健康教育的一个重要职能就是指导学生认清和校正自己的需要，并引导他们发展更高层次的需要。而教会学生正确认识自己的情感和情绪、学会调整情绪、保持积极的情绪更是心理健康教育的日常性工作。因此，行之有效的心理健康教育可促使大学生以明确的目的、饱满的热情投入到高校德育活动中，从而为德育工作取得实效提供心理条件。

四、立足心理，面向德育：心理健康教育的功能整合

高校心理健康教育并不是孤立的教育，客观认识心理健康教育的功能，既要研究心理健康教育自身的功能，更要研究心理健康教育与学校教育整体，特别是德育的功能整合，保证心理健康教育和学校教育整体功能的效益。

---

① 沈壮海. 思想政治教育有效性研究 [M]. 武汉大学出版社，2002：145.

(一) 心理健康教育要立足心理

教育部在《关于加强普通高等学校大学生心理健康教育工作的意见》中明确强调，高校大学生心理健康教育工作的主要任务是根据大学生的心理特点，有针对性地教授心理健康知识，开展辅导或咨询活动，帮助大学生树立心理健康意识，优化心理品质，增强心理调适能力和社会生活的适应能力，预防和缓解心理疾病。帮助他们处理好环境适应、自我管理、学习成才、人际交往、交友恋爱、求职择业、人格发展和情绪调节等方面的困惑，提高健康水平，促进德智体美等全面发展。"育心"作为心理健康教育的基本功能，体现出心理健康教育首先要立足心理，只有这样，才能保证其任务得以高效益地完成。

(二) 心理健康教育要面向德育

高校教育的目的是要为我国社会主义建设事业培养合格人才，而心理健康教育的育心功能并不能直接导致学校教育的整体"育人"功效，把心理健康教育的"育心"与"育德"功能相结合，方能达到"育人"的目的。因此，高校心理健康教育必须面向德育，即以德育目标为导向，通过"育心"为"育德"夯实基础。具体而言，就是要以马克思主义科学世界观为指导，在教育实践中坚持正面引导，用正确的人生观、价值观来引导学生，以科学发展观为指导，培养大学生积极进取、乐观向上的精神，为他们接受思想道德教育创造健康的心理条件。

有中国特色的高校心理健康教育只有立足心理，面向德育，才能实现科学性与思想性的真正统一，以保证其基本功能的充分实现，提高学校教育整体功能的效益。

第二节　在高校德育中实现心理健康教育功能的路径选择

一、坚持正确的方向

(一) 坚持马克思主义的指导

马克思主义作为科学的世界观和方法论，无论是对我国高校心理健康教育理论的发展，还是心理健康教育的实践，都具有指导作用。

心理健康教育的理论发展离不开科学世界观和方法论的指导。马克思主义指导我们科学地认识心理健康教育的学科特点，系统地研究大学生心理健康教育的目的、对象和方法，批判地继承和发展东西方大学生心理健康教育方面的理论成果。辩证唯物主义与历史唯物主义指导我们，一切要从实际出发，具体问题具体分析，理论联系实际，要在实践中检验和发展大学生心理健康教育的理论和方法。

大学生心理健康教育的研究只有以马克思主义作为指导，才能坚持正确的方向，成为真正的科学研究。因为只有依据这个原理，才能把握正确的方向，把客观条件和主观条件加以综合考察，既看到社会存在和社会意识中各种因素对大学生心理形成和发展所起的作用，同时又对不同大学生的生活经历、知识素质和世界观等因素加以具体分析，在心理健康教育中针对不同的情况做具体问题具体分析。只有经过这样的全面考察，才能说明为什么在客观条件大体相同的情况下，大学生的心理情绪却不完全一样，才能针对不同的对象采取不同的教育方法。

(二) 开展有中国特色的心理健康教育

心理健康教育是"大德育"视野中的心理健康教育，是从"大德育"观念层面对育人工作提出的新要求。心理健康教育作为在"大德育"体系下的一种教育活动，其目标和内容虽有其独特之功能，但都是为了落实和服务"大德育"，因此在价值定位和价值取向上不能背离德育的方向。总体来说，德育是为一定阶级的政治、经济、文化的发展服务的，具有鲜明的阶级性和价值导向性。这种阶级性和方向性不但表现在个人的需要、动机、兴趣、情感和认知等心理活动中，而且更集中地通过个人的世界观、人生观、理想和信念等心理倾向表现出来。而世界观、人生观、理想和信念不仅是教育对象的思想、政治和道德的主要表现形式，同时也是其个性心理的核心成分，对其心理活动的方向和内容起着最高的引导、调节作用，影响着个人的整体心理素质。

心理健康教育应采用德育的"视野"和"思想方法"，主动在心理健康教育实践中（如心理健康课、心理咨询与辅导等）渗透正确的世界观、人生观和价值观，从而使学生的心理健康发展具有更坚实的后盾。在心理健康教育实践中，始终要以马克思主义的科学世界观和方法论统领其教育的全过程；要把心理健康教育与思想教育、政治教育、道德教育结合起来，使心理素质与思想觉悟、政治素养、道德品质的培养和提高相互促进；培养大学生积极进取、乐观向上的精神，帮助大学生树立正确的人生观、世界观和远大理想，充分体现大学生心理健康教育的中国特色。

二、改进德育方法

心理健康教育与传统德育工作在方法上各有所长，但传统德育工作往往由于政治性比较强，工作方法比较简单，有时会使大学生产生逆反心理。而心理健康教育中的很多方法往往很容易被受教育者接受，所以，应该把一些心理健康教育的方法和手段运用到日常的德育工作中去。德育工作在加强必需的正面教育和必要的知识灌输的同时，如果能从心理健康教育的角度去认识教育对象，对受教育者多一些理解、多一些了解沟通、多一些启发引导的话，必然会收到事半功倍的效果。

(一) 注重倾听

谈话法是高校德育工作者运用最广泛、最经常的一种基本方法。教育者在谈话中往往把时间花在讲话中，以"说"为主，通过摆事实、讲道理、循循善诱的教诲，使大学生提高思想认识。但有时给大学生的感受是教育者仅仅是根据自己的思维在讲话，并不了解大学生、理解大学生，自然会使大学生听不进去教育者的讲话。然而，其实谈话中有一个非常重要的部分，那就是倾听。教育者在说服教育时，应该运用倾听技术，认真听取大学生的陈述，不断启发大学生陈述，让大学生在诉说中表明自己的观点或者宣泄自己的情绪，这样才能真正客观地了解到大学生内心想说的是什么，进而通过教育者所了解到的东西与大学生进行分享，以此来促使大学生更完整地了解自己，认识问题。

(二) 情感干预

情感作为人类对事物是否能够满足自己的需要而产生的一种态度体验，通过人主动创设一些场景，在这些动态场景中帮助大学生学会管理情绪，学会正确面对问题的态度和解决问题的方法。第一，针对大学生目前在生活中常见的各种心理和思想问题，引导大学生依据经验去评估自己的行为可能产生的后果，形成对自己本身具有一定的控制力。第二，创造情境，以大学生的角度去考虑问题，了解其思想和心理问题产生的原因，让学生感受到教育者是和他们站在一起的，是在平等的地位上了解和帮助他们的，这样可以提高教育者和大学生之间的信任感，消除彼此的隔阂。教育者要做到感同身受，要学会倾听，学会在倾听中了解大学生的想法、信念和感受，并及时将了解到的信息反馈给大学生，这样有助于增加教育者与大学生之间的相互理解，从而让大学生感受到来自教育者的温暖和接纳。

（三）心理咨询

传统德育以灌输、说服为主的教育方法针对的是众多大学生，在教育过程中只能注意到共性，很难细致地照顾到每一个具体的大学生，不能有效解决个体面临的实际问题。而心理咨询多涉及个人的心理困惑甚至隐私问题，更多采取个别交谈的方式。在心理咨询中，来访者是中心人物，相对而言，咨询人员处于辅助地位。围绕来访者的心理问题，咨询人员可以根据精神分析、行为分析和认知分析等具体方法，如疏泄、自由联想、暗示、心理训练、个别辅导等来发掘大学生心理中的潜意识能力。咨询人员只提供建设性意见，或改变来访者的认知，或疏导来访者的情绪，或辅助来访者采取行动，促成来访者的成长。心理咨询突出的是服务性，通过与来访者面对面单独交流，尽可能给予来访者理解和支持，共同磋商解决问题的途径，以此提高来访者的自助能力，使其能够自主地决定自己的行为。在德育过程中借鉴心理咨询活动的方法，可以做到点面结合，既注意到一般大学生的普遍问题，又注意到个别大学生的特殊问题；既重视学校教育，又重视自我教育，增强了德育工作的科学性、预见性、针对性、有效性和自觉性。

三、转换教育模式

在日常德育工作中要注意了解大学生的心理特点，了解大学生的心理问题及矫正方法，避免把大学生的心理问题都归结为思想问题去看待。要把心理健康教育贯穿到日常的德育工作中去，建立多种渠道，普及心理健康知识和心理咨询知识。

（一）组织好心理健康教育课程

课堂教学是高校德育的主渠道，同样也是大学生心理健康教育的主渠道。学校心理健康教育是面向全体学生的发展性教育，必须有针对性地、多层次地开设系列课程，通过课堂教学系统地向广大大学生传授心理健康知识和心理调适方法，帮助大学生提高适应社会生活的能力和养成良好的个性品质。因此，根据大学生心理发展的特点，设计并开好一组相关的心理健康教育课程就至关重要。目前，各高校在具体实施方式上不尽相同。有的高校开设了一门必修课，如大学生心理健康教育与辅导；有的高校没有开设必修课，而是开设了一组选修课，如青年心理、社会心理、学生心理、人际心理、择业心理等。据调查，心理健康教育课的学时数一般在12~34学时之间，从教学内容上看，既有着重普及心理健康知识方面的课程，又有着重帮助大学生培养优良心理品质和提高心理调适能力方面的团体心理咨询或心理训练课程。开好一组课程，除了要有高水平的师资队伍外，教材建设也非常重要。大学生心理健康教育课程的教材不能与文科学生的心理学教科书一样，而应紧密结合大学生成长与发展的实际，在传授知识的基础上，着重回答学生面临的心理发展问题和提高其心理调适能力。

(二) 思想道德修养课教学中渗透心理健康教育的内容

思想道德修养课是为大学生开设的一门公共必修课，在这门课的教学中可以借鉴心理健康教育的方法和方式。把大学生健康心理的培养贯穿到思想道德修养课的相关章节中，使德育课更贴近大学生的实际，满足大学生的需要，帮助大学生解决思想问题与心理问题。

大学生思想道德修养课的内容能否被大学生所接受，在很大程度上依赖受教育者的主观体验，也就是大学生通过自身生活经验与课程内容之间的联系来认同和接受它，因而其内容应该是对有关受教育者自身生活或成长中种种现象进行的探索，以及对他们形成健康的各种需要的满足。思想道德修养课的教学内容要贴近社会，贴近生活，贴近大学生的思想实际，既要联系当今大学生普遍存在的思想问题，又要结合自己身边大学生的思想偏差，设计出与之相应的、具体生动的、富有趣味性的教学方法。

(三) 多渠道宣传和普及大学生心理健康知识

在日常的德育工作中，一方面要从大学生的思想实际出发，宣传一些大学生在生活中容易遇到的困难和难题的解决方法，使大学生能够正确认识挫折，并通过自身努力解决问题，提高大学生的自信心，增强大学生的心理承受能力；另一方面则是要从大学生的心理需要出发，针对大学生容易出现的心理障碍有计划地举办讲座,根据大学生的需要开展有利于大学生身心健康发展的各种文化活动,使大学生在活动中得到锻炼。要将对大学生的关心落到实处,真正从思想上和心理上关心大学生,提高高校德育的实效。如新生入学教育、军训阶段,可以向大学生发送一些有关心理健康的宣传材料,请心理专家做报告,解决新生入学适应问题、人际交往问题、消极情绪调节控制问题,等等;可以不定期利用主体班会等形式举行大学生热点问题讨论,如大学生恋爱问题、就业问题、人际关系问题、性心理问题等,帮助大学生树立心理健康意识;可以通过学校广播、电视、学校报刊、橱窗、板报等多种形式宣传和普及心理健康知识;还可以根据大学生心理特点设计各种心理健康教育活动,如意志训练、适应训练、角色互换等,在活动中强化大学生的参与意识。

在日常的德育工作中始终贯穿心理健康教育,既有利于提高大学生的心理素质,也有利于提高德育工作的成效,使德育工作更贴近大学生。

(四)加强队伍知识结构的建设

我国高校德育实践表明,许多大学生在思想认识和道德品质方面反映出来的问题往往与其心理特点交织在一起,并且相伴随着表现出来,分不清到底是思想问题,还是心理问题。实际上,在高校的日常管理和教育工作中,某些思想问题可以通过心理健康教育的手段来解决,而某些心理障碍也可以通过人生观、世界观、价值观的教育得以排除。这就要求高校的德育工作者必须是一支具备复合性知识结构的教师队伍,要同时具备思想教育、政治教育、道德教育和心理健康教育的知识,以保证高校德育目标的实现。

1. 在德育队伍中加强心理健康教育知识和方法的普及

高校思想、政治和道德教育工作者要学习、掌握大学生心理健康教育的基本知识;大学生心理发展和心理教育规律;高校心理咨询的知识、方法和技术。其中,心理咨询的科学、有效与咨询人员本身的理论水平、交际艺术以及实践经验有着十分密切的关系。我国心理学会对从事心理咨询与心理治疗工作的资格做了严格的要求。在其颁布的《心理咨询与心理治疗工作条例》中对从事心理咨询的人员的学历、职称和应当具备的理论知识做出了明确规定。并非所有的人都可以轻易担当心理咨询的职责,因此加强高校思想、政治和道德教育工作者的心理咨询培训,普及心理卫生知识,提高思想、政治和道德教育工作者的心理咨询意识和水平就具有了十分重要的现实意义。

高校思想、政治和道德教育工作者学习心理咨询知识的途径和方法应该是多种多样的。大致来说，可以在校内学，也可以在校外学，可以集中培训，也可以自学。也就是说，高校可以有计划地把思想、政治和道德教育工作者轮流派出去学习、深造，也可以利用高校内部已有的力量，利用骨干咨询人员对广大思想、政治和道德教育工作者在校内进行培训，或者举办培训班，或者开专题讲座；此外，思想、政治和道德教育工作者还可以自学，边实践边摸索，边运用边学习。

2.心理健康教育工作者也要掌握德育其他部分的基本知识

心理健康教育是我国高校德育的重要组成部分，为发挥高校德育的整体育人功能，从事教授心理健康教育课与心理咨询的人员也要学习、掌握高校思想、政治和道德教育的知识、方法和手段，以提高高校德育的整体效能。目前我国高校心理健康教育的教师队伍一般是由学生管理干部，思想、政治和道德教育教师，心理学人员，医务人员等方面的人员构成。为了使心理健康教育在高校德育体系中更好地发挥它的功能，专门从事心理健康教育的心理学和医务人员也要认真学习和掌握高校思想、政治和道德教育的基本知识，明确高校德育的总体目标，以确保心理健康教育的健康开展。

(五) 构建学校、家庭、社会全方位的德育环境

高校德育工作处在一个多层次、多要素、动态性的社会开放系统环境之中，必然受到学校、社会等环境的影响。如果把德育活动和环境因素割裂开来，无视它的存在与影响，德育工作就会事倍功半，甚至失去应有的作用。

1.营造健康的家庭环境

家庭在大学生成长过程中发挥着基础性作用。父母是孩子的启蒙教师，对大学生德育品质的形成发挥着不容忽视的作用。具有健康环境的家庭可以缓解大学生的心理压力，提高大学生的心理素质，增进心理健康，提高思想、政治和道德品质。健康的家庭环境是进行思想教育、政治教育、道德教育和心理健康教育的有效途径。而具有消极心理环境的家庭就会增加大学生的压力，降低大学生的心理素质和思想、政治、道德品质。据有关研究表

明，很多不良少年的发展历程都与消极、紧张、不健康的家庭环境有关。因此，营造健康的家庭环境是高校德育的重要环节。营造健康的家庭环境，第一，要求提高家长自身的心理健康水平和思想道德修养；第二，增强家长的民主、平等意识；第三，要求家长尊重子女的心理发展水平和教育规律。

2.净化社会环境对大学生的影响

社会环境对大学生的影响是显而易见的。大学生的身心发展阶段正处于生理上基本成熟，心理上开始走向成熟而又未真正成熟的过渡阶段，他们的人生观、世界观及道德品质还处在不断完善之中，正义感强，情绪控制能力较弱，这种心理特征就很容易受到社会环境的影响。所以全社会都要关心大学生的健康成长，各行各业都要为大学生的健康成长创造条件，而不是设置障碍，尤其是各种宣传教育媒体、文化艺术行业要给大学生以健康的精神食粮，发挥正面教育的作用，减少负面影响。净化社会环境必须坚持两手抓、两手都要硬、两个文明建设并举的方针。通过贯彻党的路线、方针、政策，加快我国社会生产力发展和物质文明建设；以科学的理论武装人，以正确的舆论引导人，以高尚的精神塑造人，以优秀的作品鼓舞人；铲除消极腐败因素，提高政府及各级领导部门的凝聚力和向心力；消除社会分配中存在的各种不平等现象，逐步形成一种公正、公平的社会良性运行机制；弘扬真、善、美，抑制假、恶、丑，从而为大学生的成长提供一个纯净的社会环境。

3.加强高校的校园文化建设，开展多种校园文化活动

加强校园文化建设、营造学校德育环境是最重要的环节。大学生的大部分时间是在学校，校园环境对其优良品质的形成起着潜移默化的作用。校园文化包括以校风、学风、班风为主的校园软件设施和以学生学习、生活、娱乐为主的校园硬件设施。它是以校园为主要空间，以学生为主体，以课外文化活动为主要内容的一种多元文化设施。校园文化是大学生学习和工作的动力来源之一，也是大学生个性形成与发展的土壤，积极向上的校园文化环境有利于大学生思想品质、政治品质、道德品质和心理品质的形成，消极颓废的校园文化环境则阻碍着大学生优良品质的形成。

优良的校风使大学生不断提升德育认同感；在优美的环境、丰富多彩的课余活动中，大学生心情舒畅，心理压力减轻；在各种校园文化组织的活

动中,大学生的集体感增强,信任度提高,加深了彼此的了解,人际交往比以往更加和谐。可以说,校园文化推动了大学生社会化的进程,为大学生健康成长提供了良好的外部环境。学校有关部门应当根据大学生的年龄和心理特点,尽全力改善他们的学习和生活环境,组织丰富多彩的校园文化活动,如,音乐欣赏、科技和摄影讲座、文艺联欢、外语讲座、体育和书法、棋类比赛等,通过开展多种有益的文化活动完善校园文化建设。学生在参加校园文化活动中,既能学到知识,开阔眼界,又能陶冶情操,调节情绪,提高社会交往能力,改善人际关系,使他们保持轻松、愉快、积极向上的心理状态,这对培养大学生良好的心理素质,进而帮助学生树立正确的人生观、世界观和远大理想都有积极意义。

总之,校园文化是学生成长和发展的直接环境,对学生心理素质、思想素质、政治素质和道德素质的形成起着潜移默化的作用。学校各部门、机构和团体应紧密配合,齐抓共管,积极支持与指导学生共同营造生动活泼、健康向上、丰富多彩、富有特色的校园文化氛围,推动高校德育工作在一个和谐健康的环境中不断深化。

第六章

大学生心理健康教育德育功能探究

第一节　大学生心理健康教育德育功能相关概念辨析

一、德育概念界定

对于德育的定义，自古以来就颇具争议。由张百熙多次修订的《钦定京师大学堂章程》中提出"外国学堂于知育体育之外，尤重德育"的观点，此时的德育是独立于知识教育和体育的。于1906年王国维发表的著作《论教育之宗旨》当中所述的德育特指的是"道德教育"。中华人民共和国成立后，著作《教育学》对德育的定义延续了王国维对"道德教育"的定义，之后又把德育定义为"思想政治教育"或者"政治思想教育"。[①]国家高度重视大学生的德育工作，并发布多个文件进行指导和规范。

如今，容易和德育混淆的几个概念如"德育与思想政治教育""德育与政治教育""德育与思想政治教育""德育与思想品德教育"，等等。就"大德育"与"小德育"以及德育与道德教育、德育与思想政治教育几个概念需要进行厘清与辨析。

（一）道德教育

把德育理解为"道德教育"，即认为德育是教育者要对受教育者的品德方面进行教育。当今学术界普遍认为，德育在广义上的定义主要包括"政治教育""思想教育""道德教育"三个主要方面，"政治教育"即对受教育者进行的政治认识与态度上的教育，这是由阶级社会的本质所决定的，也是统治阶级统治的必要手段；"思想教育"是对受教育者"三观"（世界观、人生观、价值观）与方法论的塑造与进行引导，这是人认识世界和改造世界的思想武器；"道德教育"即是教育受教育者遵从伦理规则与行为规范，这是对人的最低级，也是最普遍的约束。而由春秋战国儒家思想起，道德教育即是德育，是维护统治阶级统治需遵从的行为规范。狭义的德育就是"道德教育"。研究中的"德育"一般是指广义的德育，学术界中所说的德育也大多是指其广义

[①] 中共中央宣传部.教育部关于进一步加强和改进高等学校思想政治理论课的意见.教社政〔2005〕5号.

方面，道德教育是德育的重要组成。

(二) 思想政治教育

思想政治教育是在日常表达上易与德育混淆的概念之一，比较二者，不难发现，在学术表达上，前者略显隐蔽特征，后者更具有公开的特性。从教育的出发点上来比较，国家本位是高校思想政治的侧重点，而国家本位与个人本位相结合是高校德育的侧重点。在高校实际的教育活动中，思想政治教育通常也是指德育。但是，思想政治教育与德育是两个相互独立发展的学科，思想政治教育具有现代和传统两个方面。现代的思想政治教育内涵极其丰富，主要包括"政治教育""道德教育""思想教育""心理健康教育"等几个方面；而传统的思想政治教育仅包括"政治教育""思想教育""道德教育"三个方面，这也是广义德育的主要内容。本研究的德育指的是传统的思想政治教育。

(三) "大德育"与"小德育"

学术界在界定德育的范畴方面有两种不同的观点。第一种是"小德育"观，认为德育即是"道德教育"单方面；第二种是"大德育"观，认为德育包括"思想教育""道德教育""政治教育""法制教育""心理健康教育"五个方面。在学术界讨论德育的具体范畴主要有"大德育""小德育"两种观点，持"小德育"观点的学者认为高校德育即是"道德教育""思想教育""政治教育"；而持"大德育"观点的学者认为高校德育内容丰富，除"道德教育""政治教育""思想教育"内容外，还包括"心理健康教育""法制教育"，等等。"大德育"包含的这五个主要方向基本涵盖高校对大学生教育的基本内容，也是现代大学生这个特殊群体进行高等教育的主要目标，即培养自由、全面发展的大学生。本文从高校思想政治教育开展的现实情况和实际效果出发，结合大学生这个特殊教育对象的心理特点和发展时期的独特性，在深入研究高校心理健康教育与高校德育的各自特点及相互关系的基础之上，具体把德育的概念定义如下：对高校大学生进行主要内容为思想、政治、道德教育的高校教育实践活动。显而易见，研究中的高校德育是基于"大德育"框架之下的。

(四) 心理健康教育概念界定

目前学界对于心理健康教育的研究分为三个方向：狭义的心理健康教育、中义的心理健康教育、广义的心理健康教育。狭义的心理健康教育的主要教育群体是病态群体，主要手段是心理咨询和心理治疗两个方面对患者进行矫正、疏导和治疗。狭义的心理健康教育有一定局限性,治疗师被动消极地在心理咨询室接待患者,对其进行治疗和心理干预。中义的心理健康教育是在原先狭义的基础上更强调心理治疗师的主观能动性,可以通过设置心理健康教育课程来宣传和普及相关心理健康知识,扩大心理健康理念的传播范围,是高校人才培养除"五育"之外的又一主要教育方面。中义的心理健康教育不仅拓宽了教育的范围,同时也提高了心理健康教育在高校教育中的地位,增加了高等教育的价值,其大大拓宽了高校心理健康教育实践的空间范围。广义的心理健康教育是在狭义和中义的定义范围基础上的超越,是渗透于高等教育整个教育环节中,是帮助大学生的实践活动,主要内容为科学认识心理健康内涵、树立正确的道德观念和思想信念等相关整体层面的全面提升。也有学者把这种广义的心理健康育称为"大心理健康教育观",但这种观点并不是把心理健康教育脱离其他教育内容或置于其他教育内容之上,而是把心理健康教育渗透于高校其他教育之中,相互影响、相互协作,最终共同实现育人目标。

　　本章中的高校心理健康教育指的是广义上的心理健康教育,其目的在于全面实现心理健康教育在高等教育中的功能与价值,实现高校心理健康教育与德育的相互作用、相互影响,最终形成合力,共同促进高等教育发展。高校大学生多是24岁左右的青年人,他们正处于心理和生理发育成熟的重要阶段,具有特殊性。同时他们也即将步入社会,这一实情对其心理健康教育与德育提出更紧迫性的要求。高校心理健康教育大多是在相关心理健康课程、心理咨询室、心理健康讲座等多种形式的心理健康活动的基础上,利用学科间的相互渗透、校园文化的熏陶影响、教育主体的相互促进与学习、朋辈群体的相互影响等多种途径帮助大学生调节成长带来的问题与心理困扰,增强心理承受力和心理问题自我解决能力,促进大学生形成政治人格并且发展道德人格,促进大学生心理潜能的开发及释放,最终实现大学生成人成才。

二、大学生心理健康教育德育功能

(一) 心理健康教育与德育的关系

　　在学界的相关研究中,对于高校心理健康教育与德育的关系的归纳与总结，历来有以下三种：附属论、等同论和互补论。三种不同观点从高校德育与高校心理健康教育的教育内容和范围出发分析两者的具体关系。持附属论的学者认为心理健康教育可以作为德育的一个有益补充，是德育除政治教育、思想教育、道德教育等子系统之外的另外一个新的子系统，这即是"大德育"的内容。心理健康教育不仅能丰富德育的内容，还能辅助德育功能更有效地发挥作用。持等同论的学者则认为心理健康教育原本就是德育的内容之一，原因是，高校德育与心理健康教育是在教育目的、教育方法、教育过程以及教育规律的基础上，更加关注大学生的心理健康方面。持互补论的学者认为心理健康教育和德育是不区分主要次要的，彼此互补互存。

  高校心理健康教育和德育是密不可分的，二者相互作用、相互影响。这种关系最突出表现在两者的内容上，在"大德育"的思想下，心理健康教育包含于德育体系，当然具有相同的教育内容；同时，"小德育"思想虽然认为两者是双轨并行的不同体系，但是德育的基础是能够充分满足受教育者的各种心理需求，这是心理健康教育的内容，同时也是德育的切入点。这种关系还表现在两者的教育目标上，我国学校心理健康教育中包含更为明显的思想政治教育内容，心理健康的概念中本身也包含了道德健康的内容，因此心理健康教育成为一种具有很强价值导向性的概念。在教育对象方面也能体现两者的关系。作为高校心理健康教育起点的心理咨询，其最初的任务是对患有心理疾病的病人的精神问题和心理危机进行干预和治疗。但随着时间的推移，当代心理健康教育已从当初的病态模式转变为如今具有发展特点的模式。发展特点的心理健康教育模式即发展模式，主要内容是指在关心个体智力发展的基础上，同时积极关注个体非智力因素的影响，非智力因素主要是指人生观、价值观和理想信念等。最后，高校心理健康教育和德育的关系还表现在两者的学科上，高校德育是在处理思想矛盾时形成的艺术，教育活动的目的是促使人们逐渐形成符合时代要求的思想政治观念；在心理健康教育的不断发展中，目的始终是实现人们内心世界的形成和发展，包括人格发展、个性完善和树立正确的思想政治观念，等等。并在这一教育过程中，在遵从心理学的基本规律基础上，还需借助其他学科交叉形成的规律经验如教育学、哲学、社会学、伦理学，等等。在心理健康教育的发展历程中，有一个客观现实是有目共睹的，即所涉及的领域越来越和德育相靠拢。

(二) 大学生心理健康教育德育功能内涵

大学生心理健康教育的德育功能是指它内在的所承担的德育职责。功能与作用不同，功能更强调事物属性中特有的效用，更多从事物本身的特质中能够看到和总结出来的；而作用是指发生在两种事物之间，如事物 A 对事物 B 发生的影响和功效等，大学生心理健康教育德育功能是大学生心理健康教育的本质属性之一。一般认为，大学生心理健康教育独立于德育之外，有自己的运行规律和发生机制，有自己的实践方法。事实上，在大学生心理健康教育开展过程中，特别是实践过程中，其德育功能客观地隐性存在。其内涵主要有三个方面：

1. 满足和基础的功能

德育应该在人的需要中生成，满足"人"的生存所需是德育为教育对象的基本生存服务的工具性意义，人的需要组成中除了物质的，还有心理和精神的部分且是更为高级的部分。心理健康教育首先使大学生维护自身的心理需求得到充分满足，与思想政治教育表面化、简单化的方法手段相区别，心理健康教育以尊重、理解为原则，采取商讨式和启发式方法，积极营建教育所需要的安全、接纳的氛围，距离感被消除，抵触和逆反心理被化解，让受教育者的自尊得到维护，平等的需要也得以满足，教育效果必然有所保证。其次，心理健康教育也使大学生合理宣泄的心理需求得到充分满足。大学生处于心理成长和发展的关键时期，不稳定的情绪在心理健康教育的引导下进行合理宣泄，从而达到心理平衡，降低心理压力，最终为接受教育营造良好的心理软环境。心理健康教育还使个别大学生脆弱的心理需求得到充分满足，大学生中有些特殊群体由于学习能力低、家庭支持弱、情商不高、行为模式不正确等问题，外在表现为学习困难、经济困难、心理能力低或人格偏差等。无论是何种情况，这些学生仍然对环境和教育包括他人存在更多的心理需求，期待被关注、被重视、被理解和被接纳，其中蕴含着去点燃、去照亮、去扰动的巨大教育空间。心理健康教育有基础、有能力去体察这些学生的内在需要，抓住要害，对症下药，抽丝剥茧，疏解少数特殊群体的心理困扰，滋润他们的心田。同时对优秀学生的潜能开发和自我实现等提升性需要也能给予满足。

2. 优化和发展的功能

一方面从学科发展角度对德育学科起到发展和延伸的作用。心理健康教育的价值导向性可以满足思想政治教育的价值最大化实现，这是因为高校心理健康教育的概念中本身就包含着德育的内容和目标，比如个体的自我发展和实现、个体与社会双向互动、个体对环境的适应等。心理健康教育作为一种实践活动，其理念、理论与方法对于德育学科建设、实践活动和整体发展都具有十分重要的吸收和参考价值。另一方面，心理健康教育就其自身功能而言，将对大学生个体的人格完善、心理满足、社会适应性、个体享用能力等的培养作为职责，对个体的个性和心理发展的作用是显而易见的。通过心理健康教育，让个体都得以完善和提升，在此良好的心理基础上开展的德育，其效果必然得以优化和加强。

3. 补偿和提升的功能

一方面是指对思想政治教育理论体系的补偿功能，对德育而言，心理健康教育作为其新的子系统，无疑是为其注入了新鲜的理念、思路，充实了新的教育方法和手段，客观上对德育起到了补偿和提升的功能；另一方面是对大学生个体的补偿功能。心理健康教育产生的初始着重针对有心理问题和心理疾病的群体开展心理咨询和辅导工作，对个体人格和个性缺陷给予高度关注和重视且成效明显，对受教育对象的心理成长和人格形成发挥着补偿和修复的功能。

第二节　大学生心理健康教育德育功能的发生与体现

大学生心理健康教育从外部在学科上、方法上、理念上、根本目的上等方面对德育横向地产生作用和影响，从内部对其德育的基本内容即人格培养、政治心理、道德心理、理想信仰、法律心理等方面纵向地发生作用和影响。这也是大学生心理健康教育德育功能运行机制和规律的体现。

一、对大学生人格的完善和提升功能

"人格"一词从心理学科发展而来，从心理学本意指人的性格、气质、

能力等心理特征和面貌；《辞海》对人格解释是："人格指的是个人的尊严、价值和道德品质的总和，是人在一定社会中的地位和作用的统一。"[①] 显然人格的含义应该是丰富的。至少还具有三种含义：从伦理学角度上讲，指道德人格，即人道德品质优劣，道德境界高低；从政治上讲，是指人在政治活动中的持久性心理特征；从法律上讲，是指作为国家公民承担权利和义务的状况及程度。心理健康教育以个体心理学意义的人格（个性）完善和培养为主，同时对大学生政治人格、道德人格及法律人格产生培养和提升的作用，这是其德育功能最重要、最核心的体现。

（一）着力发展大学生良好个性

哲学认为个性是指个体的人相对于群体的人的共性的特殊性，而心理学认为个性是个体在需求、生活习惯、性格、能力、兴趣、价值观念等方面表现出的稳定的心理特征。我国将个人相对稳定的各种心理品质的总和称为个性，而西方多称其为人格。本文中的个性更具心理角度意义。

按照埃里克·h.埃里克森人格发展的八个阶段的观点，大学生正处于青春期和成年早期，这个阶段的个体将面临自我同一性和角色混乱的冲突，在个性的某些方面（如需求、能力等）的发展水平存在着差异，这种差异不仅表现为心理学意义上的丰富与多样，外显在政治人格、道德人格、思想境界、思维方式，也可表现为不同层次。比如，在道德角度，一些个体对利益有过多的需要，为获得更多利益不择手段，自私自利，很难想象具有这种个性的人怎么可能产生热爱集体、公正无私、正义感、同情心等的高尚品德；在政治角度，有些人在价值观方面倾向无政府主义、自由主义等取向，容易偏离主流社会而走向反面，很难认同没有正确政治认知的大学生何以能形成主流的政治人格；思维方式上，有人比较偏执或者强迫，无论是在个人发展还是人际关系中容易造成冲突和摩擦，不仅阻碍个人发展，甚至引发极端事件甚至终止个体生命的生存与发展；在思想境界上，有人崇尚个人主义或人类中心主义，损人利己、破坏环境、浪费资源、虐待动物，凡此种种，都有悖德育目标与方向。

帮助学生形成健全的人格和完善的个性是心理健康教育的基本目标和

---

① 辞海 [S]. 辞海编辑委员会 [M]. 上海：上海辞书出版社，1989：796.

任务。"人的本质概括为人的需要、生产劳动的自由自觉性、社会关系和独特个性的完整统一。"① 大学生心理健康教育基于心理学的研究成果，特别是健康心理学的理论和实践经验对大学生个性的形成、发展规律持有深度的关注和研究。在大学生个性发展和人格完善方面发挥着两个功能：一个是补偿功能，一个是发展功能。心理健康教育用专业工具评估和预测学生身心健康程度、活动效率以及社会适应状况，对有人格缺陷和心理健康状况不良、社会适应不理想的个体通过心理咨询和团队辅导等给予个别帮助，发挥人格补偿功能，将个体调整为健康状态，它的这个功能被普遍认可和肯定。心理健康教育的发展功能是指它不仅关注少数有心理问题或心理疾病的个体，更关注大多数"健康人"。对大多数健康群体积极潜能开发，鼓励其自我发现、自我更新、自我超越；通过职业规划等指导，帮助个体完成职业成长和价值实现；通过团队辅导等形式，引领个体懂得合作与竞争，建立团队概念，更好达成社会适应与和谐氛围的营建，帮助其完善人格结构，提高其心理健康水平。

心理健康教育通过补偿与发展两个功能的实现，帮助且加速大学生个性的发展和完善，促进其成熟和全面发展，心理健康教育在体现自身本质属性的同时，也分担和承载了德育的目的和任务。

(二) 同步发展心理和政治人格

政治人格是指政治主体在政治活动中产生和表现出来的持久性心理特征的综合，政治人格包括政治道德、政治品格、政治情感和政治技能。高尚健全的政治人格会产生一种人格魅力，衍生出巨大的凝聚力、感召力和说服力，进而形成领导力。因此说，政治人格直接影响人们的政治行为及其在政治生活中承担的角色。

心理健康教育通过心理人格的培养奠定政治人格的心理基础。理想的政治人格侧重智慧的培养和意志力品质的形成，以及情感的丰富与稳定，着重追求个性发展和自我价值的实现。理想的政治人格需要一定心理学意义的人格基础，比如激情、意志、灵活（中庸也是一种灵活）、博爱（分享）。心理健康教育为政治人格提供教育理念和心理资源，是传统政治教育和道德教育

---

① 韩庆祥，亢安毅. 马克思开辟的道路——人的全面发展研究 [M]. 北京：人民出版社，2005：106.

无法替代的。

心理健康教育通过对社会心理的预测与解释引领群体政治人格。杜亚泉认为"社会心理亦分为智情意三大端,即社会知识、社会感情、社会意志是也"[①]。人是社会中的人,是群体中的人,个体政治人格与群体政治人格密不可分。在群体中,有去个性化效应,即个性消失,个体自我意识被削弱,自我控制能力也会下降,表现为情绪色彩浓烈,理性下降,变革图新,追求自由正义的愿望动力上升,行为变得与日常表现反差明显。一些大学生群体性事件表明,传统的德育更关注学生的思想动态即诉求的发生与发展,以政治命令和道德要求来调控学生的行为,忽视学生心理动机和心理动力的规律和特点,因而常常适得其反。

(三) 同步发展心理和道德人格

道德人格是一个人道德品质、价值、尊严以及道德影响力等心理状态的综合体现。良好的道德品质可以获得社会和他人的尊重,进而获得庄严感和尊严感,因此人格尊严的内涵通常来自道德意义。心理人格的发展是心理健康教育和德育共同关注的育人目的,而道德人格的发展和培育是德育的重中之重、应有之义。心理健康教育在其发挥本质属性的过程中,透过对心理状态和现象同时了解和把握学生所持的"看法"和"做法",找出其中隐含的价值观、人生观、世界观,指导其反思和领悟"做什么""怎么做""何以这样做"的问题。且"对个性中消极方面的判断,仍以人类共有的基本价值准则如法律准则和道德准则等为依据"[②]。也即并不是单纯站在心理层面,更站在思想和道德层面去评判教育对象的个性。应当说,在这一点上,心理健康教育已经为德育做出铺垫和承担,已然体现出其德育功能。

(四) 同步发展心理和法律人格

法律人格是基于法律的认识和理念所形成的人格。人格与行为之间存在着相互作用相互制约的关系,健全的人格不仅能反应刺激而产生行为,还能生动地引导行为。在现代化进程中,社会环境的复杂性和多样性不仅对大学生形成健全法律人格构成考验,也是大学生形成健全法律人格的促进条件。

---

① 杜亚泉. 杜亚泉文存 [M]. 上海:上海教育出版社,2003:206.
② 彭虹斌. 道德人格形成的实践机制研究 [J]. 教育科学,2013(2):26.

1. 心理健康教育为法律人格养成构建提供科学认知方式

很难想象一个偏执的人能对法律知识给予正确理解、对法律要求给予服从。理想、信念和世界观不正确，就会缺乏必要的鉴别真伪的能力，容易形成反社会心理。以上种种认知和思维方式上的问题在诱因的作用下，极易导致犯罪的发生。心理健康教育对认知方式的调整和培养可以为法律提供良好的认知基础，其所开展的危机干预和应激管理可以预防和避免某些犯罪动机向行为的转化。

2. 心理健康教育为法律人格养成提供合理情感基础

大学生中比较常见的是应激性犯罪，这与大学生情绪情感特点有密切关系。一些大学生由于家庭环境、独生子、特殊经历、电子产品依赖、生理缺陷等原因，情感发展不够顺利，形成情感淡漠和情感障碍，在特定的诱因下，冲动而为、胆大妄为、无理而为，对行为后果没有顾忌，对人没有共情能力，容易做出危害个人和公共安全的事件。某大学生的硫酸泼熊事件、某大学室友投毒事件都表明当事人对动物和人的生命缺乏基本感情，存在情感发展障碍问题。现代心理健康教育过程越来越多地重视和强调情商的培养和教育，就是要关注每个个体情感、情绪的良性发展，帮助大学生学会爱、理解、尊重包括情绪管理，与自己、他人、社会和自然构建和谐关系，提高情商，进而获得自由发展。

3. 心理健康教育为法律人格养成提供意志引导

法律意志关乎法律理性与法律行为的调节与平衡。如果法律不能被当作信仰，那它存在的意义就消失了。如果法律作为一种信仰，显然是法律的个体内化过程，是一种心理现象。法律如何内化为信仰，并在此基础上升为法律意志呢？简单说教事倍功半，后现代主义下的心理健康教育可以提供"获益"理论，引申到德育的法律教育中可以应用为凡是遵守法律的，必然获益，比如不偷窃的坦然、不破坏公物的安心、不伤害他人的和谐等，引导大学生体会不违法的安全感和快感，让学生明白守法具有让心灵获益的功能。这种理念的教育能满足人的需要和符合人的愿望，使人产生愉快、喜爱等肯定性的情感体验，就能主动内化于心，稳定下来就成为信仰。当然还有敬畏教育，通过违法后的惩罚体验，让不良需要和动机在恐惧或痛苦的记忆下戛然而止。此外，还可以让学生去体会规则之美，守法是一件美好的事情，因为守法，空间更有秩序美、心灵具有坦然美、关系具有和谐美，人们在此基础上获得真正的身体自由、心灵自由、行为自由的美好。

二、对大学生理想信念的导向功能

(一) 自我实现催生理想信念

德育着重教育学生树立理想信念，但理想信念的种子一定要播撒在一个自我同一性完整、具有自我实现动力的心田里才能生根发芽。社会转型过程中，社会秩序所发生的各种变化必然在个体自我内心造成变化，特别是网络时代的时空分离、抽离化和反思性机制的动力作用带来全球性的自我认同危机。对于正处于自我意识并未完善的大学生来说更是容易带来自我认同混乱甚至危机。心理健康教育通过对自我同一性的教育和培养，帮助学生重塑价值观，进而获得价值感，激发其对生命和人生的热情，对未来充满期待和设想，为理想信念的萌发铺垫丰厚的土壤。

心理健康教育的目标是帮助个体达成自我实现。"自我实现"是人本主义之父亚伯拉罕·马斯洛所创建的人本主义心理学的核心命题。按照马斯洛的观点，自我实现源自个人自我实现的需要、个人自我发展的需要，是人充分发挥自身潜能，克服环境中的困难与考验，将自身的天分、本性等逐渐显露和外化，使自己成为原本的自己，竭尽所能使自己趋于完美的过程和结果，成为自我实现者是人最高级的需求，也是人生追求的最高目标。马斯洛主张人具有无限潜能，认为超越的自我实现者是人格成长的最高阶段。心理健康教育继承和吸收这种观点，认为自我实现是现代人应有的素质，在其具体实践中秉承人本主义的这种理念引导大学生在心性发展、德行发展、理性发展、个性发展和群性发展等方面不断探索和超越，成为自我实现的人。

心理健康教育通过接受研究指导学生实现马克思主义信仰与个人自我实现的结合。信仰是一种思想的结果，是在接受基础上对某种理论、主张、原则经过某种稳定的自主选择后产生的信服与崇拜，因而能够持久而恒定。若马克思主义理论要进入大学生的内心深处并成为其社会价值和人生价值的导向，不仅需要马克思主义理论能对个体在面对历史、社会现实和发展、个人生活实践中的一般规律释疑、解惑，还要在个体面临重大人生转折或困境时能以此找到寄托和超越的力量。心理健康依托心理学解释学的特点，从认知形成的辩证客观性上给予解释，让学生学会思维，学会用辩证客观的视角去认识世界、人生、社会和他人，形成正确的认知观念和思维方法，体会马克思主义辩证唯物主义和方法论对一般规律的解释力量，产生对马克思主义的好感和信任，这种好感和信任就是学生接受的开始。情感在某种意义上说，是催化剂、润滑剂和稳定剂，受教育者在对思想政治教育信息进行选择、整合、内化的过程中可以发挥出独特的作用。应当说，心理健康教育发挥心理学的解释作用在德育对马克思主义理论的知识传授与受教育者接受心理的基础中间搭建了一座促进思维形成、引导认知形式、提升认同接受的桥梁。

（二）韧性人格培养提高理性意志

"人不只是接受他人的教育，他还慢慢地学会教育自己。最重要的是学会用理性意志——一种由原则规定着的意志——来教育自己的倾向与艺术……"[①] 信念也是一种理性意志，其坚定程度取决于外源性因素和内源性因素，心理健康教育可以在内源性因素方面发挥重要作用，即坚韧性人格培养。心理健康教育借助坚韧性人格的研究成果，通过调动社会支持提供帮助和鼓励，通过对压力或挫折的情境分析与重构，通过对主体承诺的强调、控制力的唤起，激发其应对困难和迎接挑战的勇气与信心，以实现个体对理想信念的坚守不移。

1. 调动心理资源

心理资源是个体在成长和发展过程中表现出来的一种积极的心理状态，如果个体将心理资源用于正确的方向上，在个体不断使用正确的方法成功解决现实难题的过程中，心理资源会通过新陈代谢而得到能量的补充与更新。由于有能量的保障，会促使个体对目标锲而不舍、持之以恒。同时，因为不断有新能量的补充，个体能够在必要的时候调整实现目标的途径，当身处逆境和被问题困扰时，能否迅速复原而坚守原有的理想信念甚至超越自我。积极心理健康教育相信在每一个人的内心深处都存在着一股积极的力量，比如快乐、和平、爱、希望、责任、仁慈以及忠贞等，这些积极因素可以成为战胜困难和挫折的巨大力量。积极取向的心理教育将以此为动力，不断启发教

---

① [德]弗里德里希·包尔生. 伦理学体系[M]. 何怀宏，廖申白，译. 北京：中国社会科学出版社，1988：407.

育对象发觉和调动这些力量,成为正向心理资源,进而形成意志力量,为理想信念的达成提供心理能量。

2. 更新应对方式

"应对"是个体设法解决困难问题的过程,更是一个解决或控制心理紧张事件的过程,因此,应对方式被认为是个体对环境或内在需求及其冲击所做出的恒定的认知性和行为性努力。也可简单理解为"人们对内外环境要求以及由此产生的情绪困扰而采用的应付方法、手段或策略"。20世纪80年代,美国心理学家马丁·塞利格曼提出了"乐观型解释风格"的人格特质。该人格类型的人会认为困难是暂时的、是临时特定性的情境事件且只限于此时此地。积极心理健康教育以此为应对策略培养新的方向,改变传统心理学重视对消极因素的研究,以最流行的积极心理学为主要实践理念,重视和利用积极情绪的扩展建构作用,通过乐观型解释使人产生创造性和利他行为,使人加强联结,认知更加灵活,并勇于追求梦想,可以增强个体的心理韧性,进而产生积极的应对方式。

(三)认知领悟重塑核心价值观

社会成员保持共同的信念、态度和统一的价值观,社会才能和谐稳定,而统一的信念、价值观和态度主要依赖教育的整合功能。改革开放四十多年,德育以理想信念教育为核心,主要承担社会主义核心价值观教育。社会主义核心价值理论体系如何被大学生真正接受和认同?实践证明,心理健康教育的工作方法和途径都可以满足核心价值观培养的基本原则和实效的达成。

首先,心理健康教育的工作路径利于将德育引入"三贴近"。"三贴近"是德育的自我要求,贴近实际就是基于学生的多样性和现实性,尊重差异开展分层教育;贴近生活就是将德育放置于学生所处的校园生活和社会生活甚至私人生活空间中,在现实情境中去因地制宜、随机而动地引领学生对核心价值观的认同与接受。心理健康教育在开展过程中更强调情境性和体验性。情境性就是预设学生现实生活中可能出现问题的情境,如宿舍、学习场合等,将教育放置于其中去开展。而体验性就是预设教育目标的过程和结果,通过有规划的方案让学生参与其中获得接近真实的体验,设身处地去理解教育内容和成长要求。应当说,心理健康教育的这些方法已然贴近生活。而贴近学生就是尊重学生的基本权利和个体价值及个性特点,把德育与学生的幸福、自由、尊严、终极价值紧密相连。心理健康教育以个体为中心的工作彰显贴近学生的理念,通过一对一和一对多的灵活的工作方式,深入学生的心灵世界,了解和把握学生的思想和心理动态,准确分析和研判学生的心理规律,更有针对性地开展相应的教育指导工作。

其次,认知领悟方法可以在德育教育主体核心价值观的灌输与大学生对核心价值观的接受中间搭建桥梁。中国心理治疗专家钟友彬先生首创的认知领悟疗法是诸多心理疗法中少有的本土化方法,因其依托中国的心理文化特点,遵循中国人的心理规律和接受习惯,故又称为中国式心理分析,也称"钟氏领悟治疗法"。该疗法的主要特点是咨询师通过引领和改变来访者的认知,并敦促其自行领悟,从而降低或缓解因认知产生的情绪情感困扰或行为偏差。如果仅仅认为它只是用于心理咨询临床未免大材小用,它同时在个体的认知修正和发展方面为教育提供了一个有效可靠的理念和方法。大学生已然形成了属于自己的价值观,"我的地盘我做主",网络生活的拓展使得存在主义、无政府主义、消费主义、实用主义、享乐主义、民族主义、功利主义等思潮无筛选地出现在大学生面前,对价值观的影响不容小觑。而大学生自我选择性、自主性都较强,很容易先入为主。这就是之所以加强社会主义核心价值观教育的原因所在。认知领悟方法通过对学生进行多次直接全面的交谈,发现并指出其不现实的、非理性的、不合逻辑的思维之处,即用幼年的方式来满足或应对成年人的欲望或心理困难显然是幼稚和愚蠢可笑的,借此帮助学生建立较为现实和成熟认知的思维方法。而前述非核心的各种思潮之所以容易影响到学生,关键也是其含有的"狭隘自由、无节制、不控制、少理性"等"幼年需要"。借鉴认知领悟的过程让学生懂得要成长为一个真正全面发展的人,需引进理性的价值选择,如爱国、敬业、诚信、友善等。社会主义核心价值观的培养应遵循认识—选择—认同—接受—内化—践行的过程,这也是一个从认知到领悟的基本过程。

三、对大学生道德养成的奠基功能

对大学生开展道德养成过程中,不能忽视其认知、情感、意志等的固有特点和转化规律,因为大学生的道德养成中就是形成正确道德认知、丰富道德情感、道德意志强化的过程，心理健康教育的尊重、共情、心理资本建设、正向强化等理念和方法在大学生道德养成中都可发挥着重要功效。

(一) 尊重理念促进道德认知内化

道德认知是个体对道德关系、规范、原则的内化，道德认知升成道德理性而稳定下来，这种理性可以帮助个体持久而深度地去理解人生目的和价值目标、个人利益与群体利益关系等要素，并在道德判断中作为标准和规则。传统而经典的道德命令仅凭德育的灌输方法不容易进入大学生的内心，多元的价值取向使得道德规定的权威性已经产生弱化。

自尊是道德认知的心理前提。人的尊严是人区别于物和其他生命形式的一种特殊的尊贵和庄严。[①]约翰·罗尔斯认为自尊是一个最重要的基本善。而康德认为不按道德律的行为会刺伤我们的自尊心，削弱自我价值的意识，引起羞耻感。综上，自尊是道德认知的心理前提，以人本主义理念为指导的心理健康教育就是在以尊重的态度通过教育活动努力唤起大学生的道德自尊，培养大学生建立道德尊严，通过自尊转化为自律，进而在此基础上形成道德认知。

尊重有利于道德认知教育的开展。尊重是现代教育的主要理念之一，这种理念主要依据"霍桑效应"。该效应的核心内涵是指个体由于受到额外的关注而引起努力上进，进而导致绩效提高的现象。它最早发现于管理心理学，当工人感受到来自研究者和厂房管理人员的重视，会产生一种参与感，因而加倍努力工作，促使生产效率得以提升。企业管理者通过帮助员工提升自尊、尊严、自信和自控感，进而提高单位和部门的工作效率。由此可以看出，尊重是有意义的，可以作为沟通的桥梁，达到生产或教育的目的。

心理健康教育的理念主要来源于心理咨询的基本原则，而尊重是心理咨询中的重要原则。通过尊重，唤起咨询对象积极参与到共同的教育和实践活动中来，充分理解个体具有自我发现和自我疗愈的能力。德育中应主动引入尊重的理念元素，相信学生身上具有遵守道德——人之初性本善、发展良好伦理关系的能力和不断发展向上的动力，让大学生有尊严、有自控感、有自信地悦纳道德认知教育。

---

① 陈思坤. 公民尊严的伦理意蕴及价值体现 [J]. 探索，2010 (4)：114–118.

(二) 共情能力培养提升道德情感发展

道德情感既是对道德要求、规则的感受，也是对社会道德关系和道德现象的爱憎或好恶的情绪反应和倾向，个体在感受、情绪、好恶的基础上形成自己的道德态度和立场，是人类的一种高级情感。共情，又做共感、同感、同理心等。这一概念由铁钦纳于1909年最先提出，指人具有看到他人的情感，并能感受他人情感的能力。可以是对他人情绪状态或情绪条件的认同性反映，也可以是对他人的感受、思想和意图及自我评价的觉知，能客观理解、分析他人情感的能力。[①] 共情是道德判断与道德行为的基础，共情能力的高低与人的道德境界和层次存在着非常密切的关系，共情能力越高，道德境界相对就高，反之则低。当处在同一个情境中时，个体看到他人的处境通过共情能够体会到相同的感受和需求，促使个体做出有利于他人（相同于有利于自己）的判断，并成为行为的最初动机。当看到他人受到侵害，个体能够感受到侵害同样发生在自己身上时的痛苦和恐惧等，对受害者产生同情感，对侵害者的行为做出"恶"的判断而激发出愤怒和厌恶的情绪，经过认知加工后，会发出惩恶扬善的行为。如果因为多种因素不能实施已经选择的道德行为，那么会产生内疚的情感，而这种内疚的情感可能会成为惩罚自己的工具，也有可能在下一次相同情境中作为道德判断稳定的参考并成为消除这种自我惩罚而采取补偿行为的再一次动机。因此共情具有增强亲社会行为和削弱反社会行为的作用。一般研究认为，共情会增加积极行为（如帮助行为），并防止或减少反社会行为，包括攻击和青少年犯罪等。

通过情商培养提升道德情感建设。亚当·斯密在《道德情操论》表明这样一种观点：人具有同情共感的能力，具备了这种能力，美德才得以产生。正是因为能共情到别人的感受，我们就可以努力把自己的情感和情绪调节到让他人和社会都能接受并赞同的程度，也就是产生了自我克制、自我控制和控制各种激情本能的美德。人的自我感觉、评价、监督等因人满意或不满意的感受状态而构成一个主体的内部监控系统；而负罪感、羞耻感、共情等情感可以通过个体的自我情感体验和自我控制转化为积极的利他性行为。从心理学上讲，这种自我克制、自我控制也是人的自我防御系统的一部分，自制

[①] 孟昭兰. 情绪心理学 [M]. 北京：北京大学出版社，2005: 222.

不等于彻底的压制,它还可以通过转移和升华等方式发生作用,例如把羞耻转为自尊、嫉妒转为动力、内疚转为同情等。

通过体验的方式来引导学生提高共情能力。情感是内化的催化剂,较强的共情能力是提高道德判断力并使之通过道德行为表达出来的内在驱动。特别是对大学生来讲,如果他能很好地理解和体会他人的情绪情感,道德判断的原则自然就参与到认知结构中去。所以对他们进行旨在开发和提高情绪感知能力、情感表达能力、移情能力、情感思维能力、体验理解能力等的培养和教育是必要的。现在很多研究也开始尝试设计多种与真实生活相似的道德情境让学生体验,激发他们的道德情感,通过共情和共情训练,提升他们的共情能力,从而促进学生完美情感机制的建立。共情体验的培养模式,其基本结构一般包括五个方面:表情识别,就是指对他人表情的知觉,这是共情体验产生的第一个认知成分;情境理解,指对他人产生特定情绪的情境的含义,以及对情境产生的情绪之间的相互关系的认识和理解;角色承担,指通过角色扮演等形式从别人的角度去想人所想,感人所感;情感共鸣,指个体在理解他人情感的基础上产生与其一致的情感体验。情感共鸣是共情体验产生的标志,也是共情体验培养的结果。

(三) 心理资本建设利于道德意志强化

道德意志是个体在道德活动中控制或发动热情向明确目标驱动的力量,是克服一切困难和阻力奔向目标的心理机能。这种心理能力和力量可以解决人在具有清晰的道德认知,却因环境的阻力和情绪等非理性因素不能完成道德行为的问题。

心理健康教育通过维护和发展道德意志的基本心理要素来强化道德意志。个体道德意识的基本心理要素是道德理性、道德情感、道德意志的统一,共同支配个体道德行为的发生、持续和完成。其中任何一个要素出现问题,都可能导致道德认知与道德行为间的中断。比如道德认知的本来偏差自然不能激发出积极的道德情感,也不能导出正确的道德行为;比如偏狭的道德情感不仅不能支持正确的道德行为,甚至催生出超越道德底线的行为,如违法;如若道德意志本身就薄弱,即便有良好的道德认知和丰富的道德情感,也会因微弱的实践困难而放弃正确道德行为的实施。心理健康教育在道德"知、情、意"的指导和培养中,为道德意志的这些基本要素提供支持和保证。

心理健康教育通过增强心理资本来强化道德意志。心理资本是指个体在成长和发展过程中表现出来的一种积极心理状态,具体表现为:自我效能、乐观、希望、韧性、创造力等。心理资本中很重要的一个因素就是韧性因素,"韧性因素包括韧性资产、危害因素和价值观三部分"[①]。其中,韧性资产是心理资本中最重要的因素,特别是其所含有的"认知能力、气质、积极的自我知觉、情绪稳定性、自我调节等"元素正是心理健康教育积极提供给教育对象的服务。大学生心理健康教育以认知水平的提高为主要内容和目标,在大学生已有的较高认知水平上帮助其部分修正和巩固,教育大学生掌握积极的自我知觉,树立积极的生活观念,加强情绪稳定性,提高情商,学会自我调节;开展挫折教育,提高学生抗压能力,指导学生学会面对和解决人生道路上的困难和考验,充满希望和期待,拥有个人理想,并能为理想和目标的实现有信心有勇气坚定前行。学校通过开展心理资本教育,储备韧性资本,可以发展和提高学生的意志力,促进其道德行为的实施和践行的稳定性。

(四)正向强化方法引导道德行为养成

道德情感机制建立起来,道德行为不一定必然发生和有效发生,因为道德行为的发生要受到道德情绪的影响。科尔伯格把道德情绪定义为"自我意识的情绪"。在人类以情感为核心的意向系统中,移情、内疚、羞耻、共情、尴尬等高层次情绪发挥着驱动道德行为的功能,作为评价的震荡机制,使人选择某种行为,并使它现实化。情感自身的特性使这个过程不可避免地出现非理性和个体化状态,进而影响到个体道德行为和道德品格发展。

心理健康教育通过正向强化来稳定道德行为。道德的功能无外乎三类:认知功能、自我服务功能和社会和谐功能。行为需要环境的奖励或惩罚,才能被保留或放弃。遵守道德的行为,如果不能让当事人获得一定的物质利益或积极的社会反映,就不一定被可靠稳定下来。不是所有的道德行为都可以获得及时的物质奖励或精神鼓励,因为环境能提供的观察和认可是不确定的。但有一种获益是稳定存在的,即心理获益,任何一种遵守道德的行为至

---

① 衣新发.幸福老师的心理资本[J].基础教育参考,2011(1).11-14.

少可以消除道德焦虑或避免心理紧张。因此说心理获益可以是道德的强大内因和持久稳定的内驱力。阳性强化法是心理咨询行为疗法中常用的一种方法，也称正性强化法，由巴甫洛夫和霍尔创立。行为主义理论认为，行为有习得性，而行为的持续与固定是因为强化。因此，对教育而言，要对好的行为施加奖励，对不良的行为予以漠视和淡化，就能获得教育目的所需要的行为方式和行为习惯。心理健康教育中常用阳性强化法，即当个体出现所期望的心理与目标行为时，及时采取鼓励办法，立刻强化，以增强此种行为出现的频率，目的在于矫正不良行为，训练与建立某种良好行为。赏识教育即是基于此原理。

四、促进大学生德育个体享用功能

德育功能包含社会功能和个体功能，而德育个体功能的内涵更加丰富，虽然目前并没有相对统一的结论，但诸多学者依然比较一致地认为至少包括个体生存、个体发展和个体享用等三个功能，而个体享用功能是其本质与最高境界。个体享用功能是指让个体在道德生活中有领会、体验德性的美好，感受到道德人生的崇高与尊严及优越感，从中获得满足、快乐和幸福的精神享受的功能。

(一) 德的感受力与培养

感受力在心理学上指主观世界对外在客观世界的感知觉能力，体现了外在客观世界与主观世界的关联。教育可以通过引导个体从体验中获得感受上的升华，如使人从挺拔的青松中看到坚定与无畏、从夏天的艳阳中看到热情与力量、从秋天的落叶中看到成熟与收获、从冬天的红梅绽放中看到意志与顽强。同样，德行作为一种心理定式，也不是自然而然形成的，德性主体在主观体验和感受下，在社会教育和其他因素的综合影响作用下，在其具体生活实践中对德的原则和内容进行自主选择，经实践再确认后，才有可能转变为意愿和行为。体验式教育是心理健康教育的主要工作方法，可以促进德育对大学生个体享用功能的提升。

首先，促进感受德性之美的感受力。德行有智慧之美，每一个德行的行为都是一个实践智慧的运用。德性有高贵之美，"如若幸福就是合乎德性的现实活动，那么，就很有理由说它是合乎最高善的，也就是人们最高贵部分的德性"①。人们应在实践中自觉追求和完善自己的德行,在不断求知、探索的道路上,实现人格的逐步完美。心理健康教育原本是美的教育、完善的教育、哲思的教育。

其次,促进感受力后的个体享用能力。当大学生学会感受德性之美、之智慧、之高贵,德的感受会变得积极、接纳和认同,会体验到崇高感、神圣感和自由自主感,进而促进德的情操的坚守和德的行为的践行。正如马斯洛所强调的,人们可以从真、美、善、合法等最高价值的实现中获得满足,体味到做人的真正意义。这种人生的终极体验会让教育对象对德行怀有好感和信念,因为这份好感才能期待和接受教育主体所提供的教育。有了这种个体享用体验的学生,对自己能悦纳和认同,对人怀有仁爱之心,悦纳他人,满怀善意,同一性完整的个体更容易倾向尊重他人的独立人格,求同存异,在社会互动中获得相对理想的人际关系,德行满足程度高;同时也有能力感受他人、社会、环境给予自身的善意,懂得感恩,知恩必报,带着真、善去行走,处处投射出德性之美的光芒,人格变得高贵,成为一个真正发展的人。

(二) 幸福的个体享用能力与培养

幸福感的个体享用功能是德育的应有之义。亚里士多德认为,幸福是一个人最深刻地实现其本性的生活状态,是一个人生活的完满目的,是"符合德性的活动"。享乐主义和功利主义认为幸福是一种最大快乐和最小痛苦的生活,伦理学的幸福论强调幸福的合目的性、合道德性。综上所述,幸福显然不仅仅是心理学意义的,要基于心理需要和感受,受哲学指导,符合伦理要求,培养大学生树立科学的心理意义的幸福观和科学的伦理意义的幸福观。帮助和引领大学生为自身的过去、现在和未来都找到幸福的理由并发自内心地享用,这原是德育的根本任务。

良好的心理素质是幸福享用能力的基础。德育开展道德教育,培养大学生正确的道德认知、丰富的道德情感、坚韧的道德意志,这样的个体在社会生活中一定是受人认可和接受的,具备合格公民的基本条件,因而也一定是幸福的。但是这些教育效果取得的前提是一个人具备基本健康的心理状态,才能接受德育所传达的政治信念,才能提供客观的思维形成价值观念,

---

① 亚里士多德. 尼各马科伦理学 [M]. 苗力田,译. 北京:中国人民大学出版社,2003:223.

才可能有伦理概念和道德修养的形成。

　　幸福感的个体享用是一种心理能力。幸福感主要分为心理幸福感、主观幸福感和社会幸福感。心理幸福感认为幸福是人潜能的实现，以自我接受、个人成长、生活目标、良好关系、环境控制等为评判指标；而主观幸福感基于快乐论，以情绪状态和生活满意度为衡量标准；社会幸福感以社会整体、公共领域为参照，以个体对社会的整合感、与他人的认同感、对社会的贡献感、对社会实现的信任程度感等为指标进行评价。可以看出，幸福感的三个组成要素无论从内容到评价，都可以通过心理健康教育完成，特别是心理幸福感和主观幸福感的培养。以情绪和主观感受为主的主观幸福感是心理健康教育基于积极心理学研究的一个重要方向，在大学生心理健康教育实践中，通过冥想训练、品味生活、学会感恩等方式引导学生用积极的方式看待生活、领悟人生，通过"正念"等练习对自己的情绪，特别是负性情绪以对象化的审视和了解，学会接纳自己的负面情绪并与之和谐共处，乐观培养始终是大学生心理健康教育的基本内容。以自我接受、个人成长等为主要评判指标的心理幸福感更是心理健康教育的基本任务与主要实践。当前，高校心理健康教育遵循发展模式，从自我意识、人际关系、职业规划等成长点对大学生开展理论教育和实践引导，当学生自我意识正确、人际关系和谐、职业规划明晰，个体自然从心理上体会到成长和发展的快乐，自我满意度和效能感得以提高，幸福感便会油然而生。

第三节　大学生心理健康教育德育功能的优化与发展

　　大学生心理健康教育需超越自身局限，从自身体系的优化与发展、对大学生心理健康教育德育功能的认识系统及实践系统的优化与发展等方面做出努力，追求更具有可持续和未来意义的更新，将大学生心理健康教育德育功能的基本问题一一解决，全面提升，从而带动大学生心理健康教育和德育的双优化。

一、心理健康教育自身的优化

(一) 本质属性的深入凝练

心理健康教育充分发挥其德育功能的首要问题是自身的成熟与完善。心理健康教育起步相对较晚，且多以引用和模仿为主，其质性要素如信念、目标、价值、功能、方式、内容、载体和模式等都处于"摸着石头过河"式的研究和探索中。特别是其自身的功能与价值还有待挖掘和转化，目标有待强化，模式、内容、方式等还需完善的科学归纳。

本质属性的自我挖掘与凝练是心理健康教育自我价值的追寻。完善的理想的心理健康教育应当是从信念上充满智慧之光、人性之爱、人本之念，以人格化为目标，具有发展性功能，内容上关注生活层，载体上趋向整合型，方式上提倡自主式和模式多元化的一种教育，通过"思想的叙述，通过智慧的演说，通过精神的教化，本真地反映了人们对现代人和心理生活的阐释……"[①] 这种理想追求和自我价值的追寻也是心理健康教育完善其功能，提升其价值的过程。因为功能的完善和价值的提升，心理健康教育在德育领域中更显其华彩之处。

(二) 学科上的系统发展

心理健康教育应该是一门心理学、教育学、伦理学、社会学、哲学等学科相互交叉的融合性学科。既有心理学的科学主义，也有教育学、哲学、伦理学、社会学等的人文性质。高等教育的趋势就是要跨越科学主义，实现科学主义与人文主义的融合，让培养目标从对真的钻研融入对善和美的追求，实现大学生培养的发展性、全面性和可持续性。

实践中，德育对心理学学科予以了关注和应用，其主要成果是思想政治教育心理学的出现。思想政治教育心理学是一门新兴的交叉学科，是德育与心理学相互作用的结果，这种结合使得德育学科和心理学科均有丰富和拓展，主要体现在以下几个方面：

1. 对人的心理、意识、思想的内在联系有了新的认识

作为基础的心理，其健康状态、认知程度、情绪情感类型、意志水平等

[①] 崔景贵. 心理教育范式论纲 [M]. 北京：社会科学文献出版社，2007: 351.

因素必然对意识产生影响，进而影响到思维和思想的形成与发展；已经形成的思维风格方式、思想的结果反过来对人的心理健康状态以及知情意也会产生影响与支配。这些研究成果充分让德育认识到心理、意识、思想是密切相关且具有相通和递进性，即心理在先，意识随之发展，意识上升到理性思维，最后形成某种思想而固定下来作为行动的指导。因此在思想教育、政治教育、道德教育中必然要关注教育对象的心理基础，有效应用心理学的理论和实践成果，促进教育对象意识产生的规律，促进其理性思维的发展，引导其形成与主流和核心价值体系相对应的思想，才有可能保证德育的实效性，达成其目的性。同时也充分证明其与心理学的结合是科学的，也是必要的。

德育的现有理论和实践更多集中在教育主体和教育内容的成果研究上。遵循的主要方法就是通过"灌输"把所凝练和规定的教育内容（思想、政治、道德）借助教育主体传递给教育客体，即教育主体—灌输—教育客体，对教育主体而言，带有一定主观性、强制性和单向性，无法掌控和实现教育效果；而对教育客体而言，具有一定被动性、被迫性和简单接收性，内化的程度难以达到理想和预期。这样的德育方法和对方法的认识直接导致当前德育的有效性和实效性弱，教育目标与现实状况出现错位的后果。随着高等教育以人为本整体理念的转变，对教育本体、教育过程中的方法及规律的研究越发重要，也只有这些研究才有可能监控教育方向朝着预期目标有效达成。心理学通过科学的实证性方法，对个体心理状态、接受心理、内化规律等有很好的数据和常模等参考依据，可以为德育的过程研究、接受研究带来科学有效的方法上的更新与保证。

德育是实践活动，而心理健康教育是应用心理学、伦理学、社会学及哲学等多学科的应用实践。在当下的自媒体时代、改革开放深入的社会转型时期，各种思潮的冲击、多元化的价值体系下，虚拟与现实交织、革新与和谐碰撞，使得大学生的思想动态、政治意识和道德状况都变得具有复杂性、多样性和未知性。有些问题既是道德的，又是心理的，是法律、道德、思想、心理多因素的混合问题。心理健康教育的危机干预与应激管理研究、生命教育、人际问题的教育与引导等都可以给德育实践提供必要的参考和借鉴。

德育具有多维性，因此其发展与创新都需要多学科的支撑和融合。除了思想政治教育学本身，政治教育需要政治学、新闻学等，道德教育需要伦理学、社会学、消费学等，思想教育需要哲学，心理教育需要教育学和心理学下的健康心理学、咨询心理学、变态心理学等的理论成果与实践经验。而心理健康教育本身也是以多学科、多视角、多维度、多样化的方式去研讨人性、人生，积极培养人、引导人和发展人。人的问题本身就是多学科的全方位探索，心理健康教育实现其目的本身就要求其全面开放，吸纳多学科对人的价值和作用，在德育的四个子系统中，心理健康教育更易于成为德育引进多学科的通道，成为德育与多学科之间的软性联结。

2. 教育目的的清晰明确

我国的思想政治教育是"以共产主义为核心和方向的教育活动"[1]，这一规定说明我国思想政治教育的根本目的是培养有共产主义理想、怀有中国梦、以社会主义核心价值体系为基本指导、全面发展的政治人、道德人、法律人和接班人。而心理健康教育的目的是培养具有理想人格和完善个性、积极向上、有幸福能力的人。学者陈中永对此有具体化的解释，即促进个体心理的全面发展、增强心理适应能力、开发心理潜能、提高心理健康水平；促进民族心理素质的发展进步；建设良好的社会心理环境。具体分析德育与心理健康教育二者在目的上具有贴合性：(1)心理健康教育的"促进心理的全面发展"，与德育的"促进人的自由全面发展"目的贴合，即"全人发展"。且心理的全面发展为"人的自由全面发展"提供精神基础。(2)心理健康教育对思维力的培养、对思维技能的传授既可以作为智育的物质基础，也可以作为德育中的思想、政治、道德认知力的基础。(3)心理健康教育的"适应能力"也必然是德育目的，一个"自由而全面发展的人"的前提是适应，即适应自然环境、适应人文环境—教育、适应社会环境—群体生活、适应变化—发展与创新。(4)心理健康教育的"开发心理潜在能力"的目的对于德育的目的来说一样具有贴合性。一个发展了的人，其潜能一定是被部分开发抑或全部开发的人，一个自由的人也一定是潜能被唤起超越了自我的人。潜能的开发为德育目的的实现提供了更丰厚的心理空间。(5)"预防心理疾病，提高心理健康水平"的心理健康目的为德育的对象实现补救与发展，因为德育的目的在面对精神正常、精神健康的对象才具意义。思想教育、政治教育、道德

---

[1] 陈万柏，张耀灿. 思想政治教育学原理[M]. 武汉：华中师范大学出版社，2012：63.

教育是针对正常人群的"求圣"要求,其效果也只有在正常对象身上才有期待。(6)心理健康教育不仅提高了个体的适应等行为模式的完善,也同步发展了对德育的践行和执行能力,有利于德育外化行为的准确与稳定。(7)心理健康教育促进民族心理素质的发展进步,建设良好的社会心理环境也是德育最需要的心理基础和软环境。

(三)方法上的多重更新

1. 对话的方法的拓展

心理健康教育最初也是最具特色的方法就是心理咨询。首先,心理咨询中的尊重原则鼓励咨询者以价值中立的态度接纳和包容来访者的感受及其隐含在感受背后的价值观、人生观、世界观、道德状况和政治立场,取得来访者的信任,督促其敞开心扉呈现更接近真实的方面,咨询者得以找到辅导的契机,进而开展引领和指导。共情原则要求咨询者与来访者感受同频,全然理解和体会来访者的情感,在将心比心换位思考中找到"矫正情感体验"的转折点,给来访者恰如其分的帮助和领悟。特别是心理咨询的"积极关注"的理念,让咨询者全身心投放在来访者身上,积极倾听、回应、引领,让来访者有"来访者中心"的焦点感,更利于问题的深度呈现与解决。其次是技术上的嵌入。心理咨询中的谈话技术、短期焦点解决技术、沟通分析技术、认知领悟技术已经应用到德育工作中,这些技术为德育工作的谈话提升了效果。目前,德育工作广泛推行的高校辅导员"谈心"活动已经充分引入心理咨询的理念和技术。许多高校辅导员全体参加心理咨询师考试,目的就是让辅导员遵从心理咨询的理念和掌握心理咨询技术,更好地开展德育。

2. 教练方法的拓展

团体辅导是心理健康教育中最为常见的教育手段,心理教练是当下团队辅导比较流行的理念和方法。所谓心理教练,是指在个体和团队辅导中,心理工作者运用心理教练知识和技术来调整人的心态,激励人的精神,开发人的潜能,帮助被教练者提升效能,达成教育或辅导目标。这种理念和方法遵循信念—行为—成果的辅导链条,信念就是从教育对象原有的想法和目标出发,摒弃预设的道理和教条,相信学生是没有问题的,他们只是被暂时的困难或困惑所影响,通过高效能的对话,实现学生自我意识的发觉与改善,并由此带来行为改变,以学生成长为成果追求,帮助学生看到自身潜能，新行为具有的成长意义，在良好的沟通关系中促使学生愉快而顺利地达成原有目标。这种方法可以被德育教师借鉴的部分是以学生为主体，尊重学生差异和现实状况，不以说教和说理为目的，与学生分享成长经验和价值观，让学生自由成长。

3. 测量方法的推介

作为心理学的应用学科，心理健康教育以心理测量作为其理论和实践的主要参考与依据。SCL-90（症状自评量表）、SDS（抑郁量表）、SAS（焦虑量表）、16PF、霍兰德职业倾向测试等在大学生心理健康教育实践中被广泛使用。心理测量因其用客观标准化的评鉴工具具有信度和效度的准确化和方法的多样化等特点，因而呈现出一定的实证性、客观性，是当下分析人类行为与心理个体差异的主要方法。不仅可用于大学生心理状况评估和心理疾病的诊断或预防，还可以作为个体性格、气质、职业类型的评估，或者作为人才选拔的依据，这些都为德育和学生日常管理等工作提供了可靠的数据支持。

4. 干预方法分享

现代社会不仅能为人提供必要而充分的物质保障，还要能为人的心理发展提供科学、有效和全面的心理援助和服务，这是现代文明和社会进步的重要特征之一。为大学生提供及时必要的心理危机干预以及校园危机事件后的心理应激干预管理是当代大学的重要内容，也是大学生心理健康教育的重要内容之一，是最能体现大学生个体生命价值、终极意义的关怀的工作。当人在面临自然、社会或个人的重大事件时，不安全感会骤然达到较高阈值，因调节能力等原因除了有典型的生理方面的应激反应障碍外，通常还会有绝望、麻木等严重的情绪行为失衡状态。心理危机干预是通过专业的、有目的、有计划、全方位的干预方法帮助当事人重新建立"世界是安全的、可靠的"的理念，平衡其已严重失衡的心理状态，调节其冲突性行为，并努力到达与周围环境之间的平衡，降低、减轻或消除可能出现的对人和社会的危害。心理健康教育对危机的干预性和对危机后的系统性应激管理经验对德育具有方法上的启示。

二、认识系统的优化与发展

新的健康概念是指没有疾病，还包括躯体健康、心理健康、社会适应良好和道德健康。对健康的新解读也称"四维健康新概念"。研究表明，心理本身就是一种社会化了的自然属性，具体到大学生这个特定群体上，其心理健康的评价指标一定不是单纯的快乐、幸福、适应无问题和没有疾病的状态。作为高校心理健康教育也一定不会以此作为培养人的目标。更科学更具意义的视角应投放到德育的心理健康功能的研讨上。因此，心理健康教育在发展自身的同时，其德育功能的发挥应基于对自身思想基础、政治基础、道德基础及其相互关系的理性认识。

(一) 充分重视思想健康对心理健康的理性作用

1. 正确的世界观对个体的心理发展具有促进作用

人们所处的生活世界既是由具体事物构成的，也充满了人类所赋予其的意义和价值，因此需要有个对生命、自由、好、坏、利、害等问题的共同判断标准，有共同的观点和自知，才有可能求同存异，共生共存，共同发展。否则生活世界必然由冲突和矛盾所充斥与挤占，人类的社会实践活动将变得失去方向而无法正常进行。世界观决定了人们立身处世的基本态度，对人生观、价值观、道德观的形成起到了指导和定向作用，因此，开展科学的世界观教育一直是德育的根本性内容。

科学的哲学思维和认识方法促进大学生认知模式的发展。科学的世界观位于人心理世界的最高层面，既是正确认知模式的结果，也会主导和促进认知模式向着合理的方向形成与发展，进而对其他心理现象比如情感、意志、动机、兴趣等产生一定影响和导向，对人的各种实践行为也起到调节作用。通过世界观教育，祛除了大学生面对生活世界的盲目性，使其获得认识世界和改造世界相结合的思维方法，在个体生活中获得"知行合一"的实践观念，并将其投放到人生实践中、道德实践中和政治活动中，达到了自觉的自我教化。受正确世界观修正和指导的人的心理必然是和谐的、正向的、主流的，人格发展也会变得顺畅和通达。心理健康教育也将面对较少的人格障碍、心理问题和疾病的对象。当然，世界观教育并非无所不能，其效果并不能在每个教育对象的心理上一一落实，褊狭的、错误的甚至扭曲的世界观可能会使得个别教育对象走向思维的极端。大学生中并不少见"绝对化""过分概括""糟糕至极"的思维方式。"绝对化"的思维方式在看待问题时表现为"应当、绝对、必须"，带有强烈的主观主义；"过分概括"的思维方式会陷入以点带面，偏执一处不能全面看待所面临的问题，执着眼前不能用发展的眼光把握问题的走向的困境；"糟糕至极"的思维方式是以悲观主义视角看待所面临的问题和处境，不能对立统一地看到事物有好有坏、有利有弊甚至还有多种可能。这几类思维方式容易发展为绝对化、教条化、刻板性、悲观的认知方式，形成偏执型人格、强迫型思维观念和悲观主义倾向，以此为基础形成的人格倾向偏执、强迫、自卑、压抑等特质，对意志、情感和行为的发展起到负面作用，为心理健康教育工作的开展增大了压力和阻力。

（二）深度认识政治健康对心理健康的方向作用

任何人都离不开政治，古希腊学者亚里士多德说，人天生是一种政治动物。[①] 人对社会政治生活的自发反映通过政治认知、政治情感、政治态度等表现出一种稳定的政治人格。德育中的政治教育，其主要内容为理想信念教育、爱国主义、集体主义、社会主义教育等，即培养大学生能够基于共产主义信仰，立足社会主义的国家性质，用科学的"三观"来认识、判断及评价政治生活中各种人物、事件、活动及其规律的认知能力。政治教育的结果是，大多数大学生已经初步形成积极的政治人格，还有一少部分存在消极政治人格的问题，因而对心理健康教育的影响是有所不同的。

积极政治人格促进心理健康。高校政治教育的效果可以具体表现为大学生牢固稳定地确立了共产主义和中国特色社会主义政治信念，从感性消极服从逐步转变为主动理性抉择，能够自觉且坚定不移地按照自己确定的信念来选择政治行为，用相对稳定的政治价值观念来鉴别和抵御形形色色的社会政治思潮。具备这种人格的学生个体会体现出现代公民意识，能够很好履行和承担社会角色，推动大学生政治发展的良性循环。政治人格健康完善的大学生能够主动关心和积极参与社会政治生活，获得主流社会的归属感、主体意识的觉醒、自我实现的动力，行为上会表现为思想积极、要求进步、主动性强、上进心强等，这些心理变化也会带动自身人格、心理、行为方式的整体发展和成熟，从而获得主流社会的进一步接纳、认同和欣赏。

反之，消极的政治心理对大学生心理发展具有负面影响。政治教育的效果出现偏差或者在某些小众群体教育对象上出现问题就是在其身上呈现

---

① 亚里士多德. 政治学 [M]. 颜一，秦典华，译. 北京：中国人民大学出版社，2003.

出消极政治心理基础。比如会表现出政治态度冷漠，政治热情低下，共产主义理想信念缺失，对国家的大政方针和时局走向持怀疑和抵触情绪，具有明显的政治疏离行为，对政治要求和规则存在逆反和挑衅倾向，对民主政治要求绝对化，不能适应主流社会，处于主流社会的边缘，一旦现实生活中有重大挫折，就容易出现反社会行为甚至触犯法律。政治生活是一个人社会生活的重要组成部分，对待这部分内容的消极应对方式易泛化为对主流社会其他生活的消极态度和边缘化行为，从个体人格发展上易以本位心理成为支配自我行动的主要驱动力，在其政治人格的社会化进程中，形成思想的片面性、自我扩张的盲目性、社会适应的偏执性和人格发展的边缘性等消极的心理特点和人格特征。

总之，心理健康教育不能忽视教育对象政治心理这一事实基础，应准确观测和研判教育对象的政治认知、政治情感和政治行为的特点和规律，采取相应措施，及时跟进，有针对性地予以因势利导，促进其政治人格的正确发展与完善。

（三）客观理解道德健康对心理健康的秩序意义

柏拉图认为"德行是心灵的秩序"。人心灵的成长需要德性的引领，否则就会无序而混乱，心理健康也就无从谈起。按照弗洛伊德的人格结构学说，在本我、自我、超我中，超我作为人格的顶层，具有与社会规范和道德伦理的适应性和执行性，也称"道德我"，是内化了的"理想自我"和"良心"，成为管理和约束本我的理性。人有了德行，才能满足彼此尊重的需要、自我实现的需要、认知的需要以及审美的需要。因此，道德健康是心理健康的内在前提，一个道德健康的个体，其道德认知、道德情感和道德意志一定是健康的。

1. 心理机能的发展不能脱离道德健康的引领

一方面，健康的道德认知为心理秩序框定了边界，为个体的社会适应和社会化进程指明了方向。健康的道德认知应当具有这样的特征，即对现实道德关系和道德规范具有足够的了解和认识，形成清晰准确的道德概念，道德思维力得到合理发展。对善、恶、真、假、美、丑能够有正确的辨别力、判断力并以此作为道德生活中的实践指南。因此说，正确的道德认知是个体心理健康发展的内在戒律和判断机制，更是个体社会化进程中价值取向的依据。以独生子女为多的现代大学生，因独生子女的成长特点和家庭教育的特殊性等原因，多易形成以自我为中心的个性特质，"理所当然的"认知倾向明显，在人—我关系中，"应当"的向外归因方式在某些时候会模糊了利益与良心的界限，道德认知易出现偏差。比如，侵占他人财物是因为"我没电话费了"，伤害和骚扰前恋人是因为"我还爱她（他）"，考试作弊是因为"教师没教会"，情绪失控打架是因为"我不高兴"，与父母沟通不良是因为"他们没文化"，等等。这些道德认知很难能发展出正确的道德行为。而出现这些偏差的大学生一定是处在一个不良的社会互动中，甚至违纪违法，心理发展遭受阻碍和挫折。处于社会边缘的个体难免容易孤独或缺乏安全感，当在社会生活和实际境遇中遭受挫折或压力，相比之下，容易产生幅度较大的情绪反应，长此以往，不仅心理处于不良甚至是恶性循环状态，出现不良的社会行为，还会影响到个体生理健康。另一方面，健康的道德情感是心理健康稳定发展的动力。从个体的情绪发展上，日常情绪中除了生理条件带来的情绪表现，更多包含个体面对社会现象真假、美丑、善恶或道德实践中基于道德认知对道德现象表现出喜怒、哀乐、爱憎、好恶的心理体验，是道德情感中最直观可见的部分，具有即时性、可变性、外显性。这类直观性情感的程度、强度、水平对心理意义的情绪也产生重要影响，关系到人的情绪类型和变化。个体所具有的高级情感，如公正感、责任感、义务感、自尊感、羞耻感、荣誉感、集体主义情感、爱国主义情感，是在长期社会生活中通过教育和习得而形成，稳定下来后表现为更具判断价值的道德情感，这部分情感的生成和状态对人具有重大的心理意义。

2. 美德中蕴含巨大的人格力量

在积极心理学视域下，认为美德中蕴含着浓烈的人格力量，比如，智慧与知识这一美德包含着创造性、好奇心、思想开放、热爱学习与洞察力；勇敢这一美德中包含着无畏、坚持不懈、诚实和活力；而和善这一美德包含着爱和善良与社会智能；正义这一美德中含有合作、公平、领导能力等人格力量；而节制这种美德中含有宽恕、谦逊、谨慎和自制等人格力量。拥有着不同类型美德的个体充满和散发着不同的人格力量，而这种人格力量总体是正向的、积极的、向上的和发展的。作为一种发展的牵引力和内在的驱动力，鼓励和支撑个体具有外在健康的社会形象，同时具有向美、向善、向真的自觉性和能动性。而这一点既是德育开展的目的,也是心理健康教育所需。

3. 规范潜能发挥使其具有德性

潜能就是潜在的能量,一般指人类原本具有,却没有被开发或发现的能力。人在身体、智力、精神、感觉、艺术、文字计算等方面都具有巨大潜能。人拥有潜能,发现并发掘人的潜能使得教育具有了存在的价值。有效的教育不是传授给学生知识的量的累积,而是能够赋予每个人只身跋涉的能力和力量。也即能够充分唤醒学生潜在的生命活力,辅助学生实现生命的最大价值,且让生命与生命之间相互观照,共同展示生命的意义和美好。潜能的发挥需要几个因素作为前提和条件,即兴趣的因素、动机的因素、价值的因素、能力的因素和个性的因素。只有每个因素正当与健康,潜能才能正当和健康地发挥。个性和能力因素是其中相对现实和稳定的因素,价值因素、兴趣和动机是相对可变和可调整的部分,其正当性是对心理潜能观测。比如,兴趣的正当。也可说是需要的正当和健康,因为兴趣来源于需要,潜能发挥不是本能的释放,一个于个体自身发展有益、于社会群体有益、于自然和谐有益的兴趣才是正当和快乐的。不是所有兴趣都值得鼓励,也不是所有兴趣都是正当的。比如,某大学生用硫酸泼熊,看似是对硫酸作用于熊的反应结果有研究的兴趣,但显然非正当兴趣;大学生黑客侵入他人管理系统或个人收藏,看似有专业上破解程序的兴趣,但其行为的性质也是显而易见的;大学生过度使用网络,看似对虚拟世界有一探究竟的兴趣,但对其现实生活目的造成了负面影响,甚至带来人格变化,显然也非正当兴趣。所有兴趣一定与己、与他人和社会发生联结才得以显现,于关系有益的才是符合伦理的,随之得以发现和开发的潜能也才是正当和道德的。再比如,动机的正当。其前提应是目标的正当和健康。心理潜能的发挥以兴趣为起点并就此产生动机,才有可能变成行动。目标是个体对自己兴趣方向的目的认知,通常是外显的、有意识的、相对理性的,而动机相比较之下是内隐的、无意识的和感性的,不易察觉和观测的,因此,潜能的动机是否正当可通过关注其目标是否正当和健康来评判,也即要以个人健康发展,他人、社会、自然的正当利益作为参照。最后是价值的正当。从两个角度,无论是对潜能价值的研判,还是对潜能发挥价值的定位,都一定是以个体价值和社会价值包括自然价值的多维考量。不能是单一地追求,更不能是对某一方面的过度追求却同时损害或伤害到其他方面。

4.规范幸福快乐的追求使其呈现真善美

心理健康教育把对幸福和快乐的追求作为培养人的目标，道德健康的存在使得个体所追求的幸福和快乐具有真善美的德行光辉。真是幸福快乐的基础，真是真诚、真实、本真、求真，对道德规范和伦理要求有科学而客观的认同，不是虚妄的快乐，不是伪装的幸福，而是源于内心的和谐而引发的真实体验和感受。善是幸福快乐的根本，对人对已有悲天悯人的人文情怀，懂得共情和分享，在利益和良心之间能平衡自处，不以物喜、不以己悲，不以损害他人利益来满足自己的需要，不建立在别人的痛苦之上，追求双赢的幸福，获得淡泊明志、宁静致远的平和与愉悦感。美是大美的境界，幸福快乐除了主观感受，以及道德的平衡，还表现为有审美的立意和层面，没有低俗、没有浮夸、没有糟粕，自己赏心，他人悦目。

道德健康和心理健康最终都指向一种更高级的精神健康状态。这种精神健康有两种特性：一种是精神的积极向上性，指人有一种积极、进取、参与、拼搏的精神；另一种是指精神的良好感觉性，是精神的一种升华，是一系列美好感觉的组合及整体，如丰满感、充实感、满足感、幸福感、成就感、自由感等精神状态。

（四）理性审视德育与心理健康教育的异同性

首先，大学生心理健康教育与德育具有多个维度的交叉性，因而两者具有同质性，这是大学生心理健康教育德育功能发挥的前提和基础。

指导思想的同源。德育与心理健康教育的主要内容和任务都属于意识形态范畴，前者关注认识的理性、高级阶段，后者关注认识的感性、基础阶段。但两者都受哲学的理论支撑，且都在马克思主义的理论指导之下，两者同时都在思想政治教育学科背景和视域下开展具体实践活动。在各自的具体实践中又同时借鉴心理学、社会学、伦理学等二级学科的成果作为其理念和具体方法的依据。大思想政治教育理念下衍生出思想政治教育心理学、政治心理学、道德心理学等理论研究方向，而发展模式下的大学生心理健康教育在关注教育对象基础心理素质发展的同时，也关注其政治心理素质、道德心理素质和思想素质的发展程度作为衡量个体全面发展的因子。心理咨询和心理辅导中也衍生出咨询伦理、咨询价值观等研究方向。尽管侧重点有所不同，但马克思主义的"人的自由而全面发展"是两者指导思想上的同根同源。

根本目标的一致。德育和心理健康教育的根本目标都是培养自由而全面发展的人——"学会认知、学会做事、学会共处和学会生存"。[①] 两者对人的培养的方向都以社会化为方向，德育侧重人的社会的政治化、道德化、理想信仰和核心价值的趋同化；而心理健康教育侧重人的社会的适应与发展，所适应的也是德育所指向的主流政治生活、道德生活和主流思想意识，所追求的发展也是在健康心理的基础上，在各种社会生活的评价体系和规范体系中超越自己，达成自我实现——自我价值和社会价值的双重实现。一个思维偏执、人格缺陷、情趣低下的人很难会有坚定的政治方向、政治立场和政治观点。因此，反过来，政治适应、道德修养较高和思想意识客观正确的人一定容易身心愉悦，获得发展。就此来看，两者在育人的根本目标上是一致的，只是在实现根本目标的过程中，直接目标因各自的出发点和立意不同而有所区别。

教育对象的同一。显而易见，在高校德育和心理健康教育中，教育对象是同一的——在校大学生，两者共同面对的客体的心理特点、生理特点、思想动态、行为模式是相同的。从个性上，当代大学生自主独立性强，不轻信说教，不盲目崇拜权威，实用主义倾向明显，自我意识鲜明，价值取向和行为模式多元化；从思想上说是积极向上，道德修养程度较高，有个人理想，但信仰淡漠或不清；从个体需要上来，因社会环境影响、学业和就业压力等现实问题的指导和解决成为大学生对德育和心理健康教育的优先期待。面对同一教育对象，德育和心理健康教育是从各自的角度予以研究和观测，德育更多看到的是相对高远的理想信仰等问题，心理健康教育更多观测心理健康和发展程度。两者可以对同一对象从不同层面给予指导和教育，达到殊途同归。

教育问题的交叉。如前所述，由于德育和心理健康教育面对的是同一阶段的相同教育对象，所要指导和解决的问题具有一定交叉性。心理健康教育要承担对大学生实际情感发展和尊重需要的满足、对大学生认知需要和审美需要的满足、对大学生自我实现需要的满足。而德育要满足大学生道德情

---

① 国际21世纪教育委员会向联合国教科文组织提交的报告：教育——财富蕴藏其中[M].联合国教科文组织中文科，译.北京：教育科学出版社，1996：2-3.

感和爱国情感发展的需要，学会社会适应而获得尊重和归属感的需要，对世界、社会、人等基本元素、利益与良心等关系正确认知的需要，对物质世界和精神世界审美的需要，自我发展和自我实现的需要。心理健康教育同时通过对大学生这些需要的了解和满足，对大学生在发展过程中的需要与心理成熟度、客观条件不平衡所产生的矛盾和冲突的疏导和调节，对大学生潜能的挖掘和自我实现的引导中完成自身目标。当然，德育和心理健康教育同时还要为因彼此功能和效果的局限性而衍生的教育问题去补位和承担。

方式方法的相容。从两者的教育方法上看，谈话法都是基本的方法。德育中的谈话以说教为主，追求以理服人、以情动人，谈话方向具有一定单向性。心理健康教育主张会谈法，注重信息采集、来访者主诉，教育主体处于引领之位，相伴同行，关键处伸出点睛之笔，追求"助人自助"——帮助来访者获得自己帮助自己的能力。语言是两者共同的工具，因此彼此的谈话技术可以互为借鉴和补充，心理健康教育可以在适当时机通过说教体现价值引领，德育可以放低说教的强势，给教育对象以自我发现和自我领悟等自我教育的契机和空间。从两者的教育方式上看，也相对趋同，如都是通过课堂教学完成基本理论和知识的传递，通过集体性活动来完成同一教育目的（如心理健康教育的团队辅导、德育的集体性会谈），通过教育主体的言传身教呈现示范性教育，通过个别谈话来完成有针对性的教育（心理健康教育是个体咨询，而德育是"一把钥匙开一把锁"），通过组建专业性师资队伍来承担各自的教育任务，通过营建教育环境和校园文化氛围来增强教育效果，通过与家庭教育合作来扩容教育场域，通过占领网络阵地、利用网络资源来补充教育空间等。因此说，两者在教育方式方法上也具有相融的基础和条件。

其次，大学生心理健康教育与德育具有差异性。德育和心理健康教育在诸多方面还有差异，这种差异是两者先天的"种差"使然，也是两者保有独立价值和特色之必然。客观慎重地分析和研判这种差异，剔除不利因素，才有可能促进大学生心理健康教育德育功能的真正发挥。

理论背景和视角上的差异。狭义的德育即道德教育是伴随人类活动的出现而产生，德育的历史久远，已经形成了其独特的理论体系和视角，无论是哪个时期和哪个历史阶段的德育，一定是将出发点放在社会的需要、社会的价值方面，这是由德育的起源和本质所决定的，即便其为了更长远的发展做出调整，也不会放弃的动机和原点。创新的德育开始关注的人也一定是从该角度看到的人，所满足的人的需要也一定是不背离社会需要的部分，所发展的人也一定是以符合社会发展要求作为标准。心理健康教育的目光始终是优先落在个体的人身上，是通过关注个体的政治人格发展而间接关注政治，通过关注人的道德适应和道德人格发展而间接关注道德，通过关注人的认知方式和水平间接关注其思想境界和理想信仰状况。两者的这种差别不可能有本质上的改变，但需要做出相对调整和适度的转变，才可能促进某种程度上的借力打力。

直接目标上的差异。相比之下，德育是一定阶级或政治集团围绕其政治目标和根本任务而开展的以政治思想教育为核心，包括思想、道德和心理等内容的综合性教育实践。因此，德育在着眼点上更多投放到人的思想层面，也是人心理的最高层面，以教育对象意识结构的显层次——动机、态度、理想、信念等为主要观测点和研究点，修正人的"三观"，塑造人的道德品质和政治追求，将培养接班人作为目的。心理健康教育追求个体心理需要的满足，强调对人的充分尊重，对人的主观能动性和潜能有充分的信任，讲究心灵的沟通、深度的共情和理念的认同。着眼点上投放到人的基本心理层面，关注人的需要、知情意的发展状态、潜能开发程度和引领，必然是有所尊重、有所协商、有所分享。

教育方式上的差异。从过程和方法上看，德育追求的是"育人"，以育为先，必带有预设性、强制性和主观性。方法上以灌输为主，更多实行单向，带有强制性和主观性，必不能以教育对象的需要和现状为主。这种价值追求在一定程度上起到了塑造人的作用，但同时也容易成为阻碍其目的达成和创新发展的掣肘。心理健康教育从人本主义理念出发，在其实现目标的过程中，遵从"以来访者为中心"的原则，教育主体的角色定位是引领者、是同路人、是旁观者、是好朋友、是偶遇的智者，将自身的主体地位退居于并列或者同行，努力让教育对象自己从本能需要中升华、从认知上领悟、从精神上自觉、从潜能中挖掘成长力量、从体验中获得改变。在润物细无声中督促教育对象找到成长动力和方向，体会巅峰时刻，完成自我实现。心理健康教育的教育方式符合大学生的身心特点和学习接受习惯，是最为独特且更容易被接受的一种教育方式。

既然心理健康教育作为基础性部分，在"大德育"中理应为更高层次的理论和实践提供有力支持，而德育也不能忽略根基，只注重上层建设。因此，两者在各自的理论提升和实践总结时，特别是对功能的界定中要看到彼此的重叠性和交叉性，力求求同存异、扬长避短，而非孤芳自赏、各自为大。积极将彼此投放进一个"育人"的大系统中，实现强强联合，发挥1+1>2的增值效用，为学生的全面发展和素质提升各显其能，携手担当。在教育对象的成长和成才中重新定位自身价值和功能，重新回归其原本目的和本然。

三、实践系统的优化与发展

(一)"心育—德育"模式的实践系统

目前，诸多研究表明，"心育—德育"模式的提出为大学生心理健康教育德育功能的优化与发展提供了新的思路和走向。为避免心理健康教育完全德育化或德育完全心育化而让两者的本然有失偏颇，应遵照一定的实践原则。

首先是坚持"大德育观"的原则。德育是一门研究人的科学，从其实践的途径和手段上看，理应是多个教育层面共同协作的系统教育，就必然要突破传统的仅含有政治教育、思想教育和道德教育的狭隘思想政治教育。这既是德育的本来和本然，也是其获得发展和完善的必由路径。在德育和心育的整合中，首先要突破学科思维的限制，即坚持"大德育观"，借助心理教育在理念、理论基础、方法等的天然优势使德育更具科学性和完整性，真正实现育人的系统化和综合化。大德育观下，要坚持德育为主导，也意味着心理健康教育必须明确一个事实，即主体内在的、隐性的思想意识即认知水平和类型是心理发展的首要因素，特别对大学生这个群体来讲，较高的认知水平面在其发展中要受到主体在学习过程中逐渐形成的世界观、人生观与价值观的制约，反过来也会影响和制约其世界观、人生观和价值观的进一步发展，心理健康的人需要有鲜明的道德准则和相应的政治和价值导向，也一定会践行鲜明的道德准则和正确政治立场以及主流的价值体系。因此说，心理健康教育在价值定位和取向上不能远离、偏离思想政治教育的方向。

其次要坚持心育为基础的原则。在大学生全面发展的教育体系中，心理健康教育具有激励和增效作用。心理是行为与思想的中介，心理健康教育的作用具有发酵性，可以带动思想教育和道德教育以及法律教育在效果上产生蝴蝶效应。德育的本质是让受教育者接受一种已经存在的思想和思想体系，那就不能不考虑到受教育者已经存在的思维方式和思想体系与新的思想和思想体系如何融合的问题，以及如何消除两者间的差异和抵触问题，这也是教育的兼容性问题。因为这种接受也是一种心理活动，同时是思想的相互作用。

(二)"心育—德育"模式的实践方向

"心育—德育"模式的实践方向若要实现既不改变各自的本质属性，又能兼顾大学生心理健康教育德育功能优化和发展的目标，应以两者的交集地带为共同着眼点，开展两者均能实现目的和要求的教育活动，比如人格教育、情感教育、生命教育和生活教育。

1. 人格教育方向

重新构建人格教育内容。德育与心理健康教育不约而同地以健全人格培养作为目标。心理健康教育深谙人格的发展过程，了解接受的规律和机制，更接地气，可以化解德育的抽象和强硬。基于和谐的心理基础结构，把政治追求、理想信念、道德认知、道德情感、道德意志、思想境界统合为一个具有健康和发展性意义的人格结构，形成高层次的自我调节与控制系统，有自我发展目标，能够胜任个体生活、道德生活、政治生活、精神生活、网络生活的要求和规范，呈现出积极、有效的实践活动。在心理健康教育中，对人格有一个基于心理发展方向的定义，且更注重人格的内隐性和个体性。而在德育中也有关于人格的规划和设计，更侧重人格的外显性和社会性，如正确的人生观和价值观、创新精神、乐观开朗、尊重和诚信等内容。两者虽各有侧重，但都有共性和趋同。在心育—德育的整合模式中，人格培养内容和特征可以有相对一致的构建，比如在个性角度，辩证认知、情绪稳定、意志明显，要自信、自尊、自爱、自强、自立，具有一定的适应和调节能力；在人际角度，友爱、诚信、尊重、接纳；在社会角度，有爱国情感，有理想有道德，有与主流社会相适应的"三观"，有创新思维。这种整合可以使大学生在人格塑造和形成的最关键时期获得统一的教育合力。

学科兼容可以给人格教育提供更具体、更具贯彻性的支持。分属不同学科体系下的大学生德育与心理健康教育在现实实践中各自为战，自成一体，但教育教学中又不得不互为借用，相互请教。德育的教学实践，特别是人格培养目标的达成必须要用到人格心理学等基本知识，而心理健康教育的本质决定其不可能培养与社会（政治生活、道德生活、文化生活等）相脱离的人格和个性，结果是本应一致的人才培养变成个别教师的个体实践探索活动，教育教学效果仅仅取决于师者的水平和自主结合实践的程度。也有人说，各自为战是为了突出德育课程的主导地位，学科统筹就降低了其政治性和主导性。这必然有个理念转变的过程，是一道学科重要还是培养人重要的选择题。这个答案必将随着德育的不断发展和完善，其本来面目越来越清晰，其根本目标越来越凸显而不言自明。两者的整合促进两个方向的学科得以融会贯通，取长补短。以马克思主义和人本主义理论精髓为指导思想，立足哲学、思想体系、心理学、教育学的学科成果，对德育和心理健康教育原有的教育内容从新的视角予以具体化和方向化，衍生出既结合二者，又起到中介作用的新的学科或者教学方向，比如可以形成"政治心理学""品德心理学""素质教育学""人格教育学""心理教育学"等。事实上，一些德育工作者和心理教育工作者已经开始推出一些类似的理论成果，比如政治心理学、道德心理学等，只是大多以一种研究方向的形式存在，并未形成显性学科，更没有正式进入课堂。两个学科各具优势、各有独立性，整合中需要两个学科的人力资源共同完成，才能确保统筹兼顾，兼容并蓄。

2. 情感教育方向

情感教育是德育与心理健康教育的对接点。在德育中，世界观、价值观、人生观的教育最终是内化为大学生深度爱国、感恩、孝道、友爱、自爱的情感中。在心理健康教育中，情感教育是其重要内容之一，通过情绪管理提高情商，通过情感教育促进人格完善。因此，在德育和心理健康教育的诸多内容中，情感教育是双方最少差异最小障碍的部分。

情感教育让学生看到情感中原本蕴含的道德本能。所谓道德本能，是指人的内心当中无须教诲和学习天然固有的一些道德能力和道德生活方式。从心理学上讲，这些本能存在于人的潜意识中，也可能来自无意识。这种道德本能是由人类许多共有的自然情感组成并自动成为道德能力的一部分，比如同情心、羞耻感、爱情、敬畏感和亲近感等，也就是说，在人的自然本能中有一定道德本能。中国古代孟子提出了"人之初，性本善"，看到别人家的小孩马上就要掉到井里，人都会不由自主地伸手去拉，他的解释是人的善良，不忍看到幼小落井而死的后果。其实从心理学角度来看，这恰恰是人类共情能力的体现。神经科学的研究成果可以为解释同感和同情的形成提供生理学依据。在千钧一发之际，人被激起的不是惨烈后果的预测与分析，更谈不上对目的和意义的理性思考，以及自己救了能否被褒扬、被奖赏或是不救是否遭到惩罚和谴责的功利研判，所谓的不忍是对自己作为同类遭到同样境遇的恐惧感，与其说在救别人家的孩子，不如说在救援作为同类的自己远离危险的境地。这是一种人类的本能，而非理性的支配。这也可以解释我们经常会听到许多见义勇为者在回答媒体和周围人关于救人的动机时所说的"没想什么，谁都会这样做的"，很多人常常以为这是英雄的谦逊和境界，其实我们可以相信他真的没想什么，谁能为本能罗列出多么冠冕堂皇的几个理由呢？就好像我们无法回答适龄的我们为什么要找异性伴侣一样或者为什么每天都得吃饭一样。那这样来看，似乎是提出问题的人有问题了。但问题也不在提出问题的人身上，见义勇为与"食、色"的本能本身就处在不同层次上，人人都要吃饭，但不是人人都是见义勇为的英雄，这里除了生活里的境遇概率的问题外，存在着本能是共有的，但不是恒定的，在后天的教育、环境等因素的作用下，共性本能会在不同个体身上发生调整和变化，或被遮蔽。比如在极端情况下，厌食症患者看到食物就会呕吐；或被强化，有的好人一辈子都做好事，当小孩子第一次给生病的妈妈端水是被表扬和赞许的，那么他在同样的情境下就会倾向于稳定地做同样的行为；又比如恋物癖的成因就是因为第一次性兴奋对象是某物，而非正常的异性。当然这种强化或遮蔽直接发生在个体身上可以达成，间接看到作用在别人身上也可以达成。如果个体看到别人见义勇为的英雄"流血又流泪"，那么本能就可能被遮蔽。但在源头上，同情心是道德行为最原始的动机得到认同，人类很多共性的道德本能是不能因此而否定的。

在伦理学史上，"良知"名义下的各种道德本能也被许多思想家所论述和接受，卢梭、亚当·斯密等人主张同情。同情是一种最基本也最普遍的道德本能。卢梭讲道"怜悯心是一种自然的情感，它能缓和每一个人只知道顾自己的自爱心，从而有助于整个人类的互相保存。……我们不应该在高深的理论中而应当在这种自然的情感中去寻找人即使没有受过教育的熏陶也不愿意做恶事的原因"。① 如果没有道德本能，人的道德就是无根之木、空中楼阁。个体的道德境界最后也是以道德情感沉淀和稳固下来。人人都会有情不自禁，情感是在特殊的外部诱因下，会超出人的控制力而自然发生，所以道德本能有时会冲破理性的框架，使道德主体不得不服从巨大的情感力量而做出与通常情况下的理性相反的判断。因此有时道德本能与理性的道德判断是相对抗的。但同时也要看到，既是本能，就有与本能一样的特点，就是比较固化，不太容易伴随历史发展或者同一历史阶段下不同的政治文化等的变化而发生改变，反而更具有可靠性。

情感教育的核心是共情能力的培养。大学生接受情感教育后，具有了一定共情能力，才有可能对国家和民族的历史命运与未来产生更深层次的理解和认识，并在此基础之上形成爱国的高级情感，而非因教育的反复灌输被动形成爱国主义；有了共情能力，才有可能对父母亲人产生深度的理解和认同，激发孝道、激发感恩、激发友情，形成与人最基本的交往心理基础和能力，进而发展良好的人际互动，建立和谐共生的人际关系，实现社会化的真正完成，同时也减少因关系不良带来的心理困扰和心理问题；在恋爱方面也会因为有共情能力作为基本心理基础，真正爱人、懂得人，换位思考，跨越荷尔蒙之爱的非理性和激情之爱的不稳定性，学会处理好两性关系这一千古命题。

3. 生命教育方向

生命教育是提高生命意识、审视和提升生命价值的教育。生命是一切实践活动的前提，没有生命，何谈教育。教育的终极目的不是让人以一种物化的方式简单存在，而是引导人完成和享有有尊严的、有意义的生活。生命的意义不能解释和传递清楚，学生无法领略价值感、获得存在感，更无法积蓄发展生命的动力和热情。

价值观中的生命教育。生命教育强调生命能力的培养和生命价值的提升，培养个体关注和珍惜自身生命并不是其唯一内容，还包括培养教育对象懂得珍惜和尊重他人的生命，并扩展到对一切自然生命的尊重。大学生的

---

① [法] 卢梭. 论人与人之间不平等的起因和基础 [M]. 李平沤，译. 北京：商务印书馆，2007: 75.

思维领域已经发展到触及哲学层面，在大学新生中调查，有80%的学生开始或已经多次思考"人为什么活着""生命的意义是什么"，也有一些学生遇到挫折和压力的时候，思维游弋在"活下去还有什么意义"和"为了父母还要活下去"两者之间。当生命被轻易变成一种选择，当选择的标准只有"为了父母"这一条理由，生命的意义和价值的智慧显然还没能在学生的心里播种。人生观中首先当有生命观，没有生命，何谈人生，没有人生，何谈价值？一直以来，高等教育中，生命教育一直被狭隘成心理危机造成的自杀和他杀（伤）的教育和干预问题，由心理健康教育承担。石中英教授质疑道："在教育失败的地方才需要心理咨询。教育者难道没有职责帮助学生有一个健康的心理和充满意义的人生吗？"[①] 德育是教育的首要任务，生命的价值观这个哲学追求不应仅靠心理健康教育单方面来完成。

生活中的生命教育。生命教育是最以人为本的教育，生命教育不是高高在上的理论传播，而是贴近教育对象生活深处的教育。正如台湾一位知名学者的观点所表达的，生命教育就是让学生"有一颗柔软的心，不做伤害生命的事；有积极的人生观，终身学习，让自己活得有价值；珍惜自己，尊重别人，关怀弱势群体；珍惜家人，重视友谊，并热爱所属的团体；尊重大自然，养成惜福简朴的生活态度等"。[②] 生命的绵延悠长是时时刻刻、点点滴滴、日复一日的累积和叠加，生命教育必然也一定是贴近生活的教育，渗入教育对象人生轨迹中的弯弯转转。从清晨时刻笑迎温暖的太阳、上学路上珍惜花草、公交车上给老人让座、进到课堂向教师问好、与班级同学的友爱互助、向宿舍管理的阿姨微笑问候、给校园流浪猫适度投食、在食堂用餐不浪费粮食、健身途中扶正垃圾桶……这些平凡而朴素的行为正是蕴含着对生命的尊重和珍惜，其中也渗透着道德伦理的美好、积极的人生态度和乐观向上的价值追求、健康充盈的心理情感。这种教育同样需要德育和心理教育的共同完成。

应对死亡的生命教育。生命教育一般从生命的起点和发展入手，但更重要的一个命题是对生命的终点——死亡的解释和说明。死亡让人恐惧，

---

① 人民政协报 [N].2004-9-15.
② 邹滢君.港台青少年自杀暴力高发，学者来杭州探讨生命教育 [N].都市快报，2004-4-4（2）.

产生焦虑，也有好奇，当人生中遭遇重大困难和挫折，不是所有生命都有能力和力量顺利跨越。大学生从生理发展阶段的角度与死亡相对保有距离，但是大学生的现实生活中，与死亡发生联结一般有三个时刻：重要他人的离世、遭遇伤害或死亡的情境、面临重大心理危机。对大学生而言，有可能会面临重要他人的死亡事件，比如父母、师长、恋人或者其他至亲好友。比如，当大学生身边一个特别优秀的亲人意外去世，不仅是心理上产生了抑郁等症状，更为重要的是他的人生观和价值观出现困扰——那么努力、那么优秀有何意义？进而产生颓废、不思进取、寻求快乐等退行性行为。此刻，心理疏导是治标，而德育的人生观和价值观教育的及时有效跟进才有可能治本。大学生也有可能遭遇死亡情境，比如汶川地震中的幸存，比如宿舍中有人自杀，比如在公共场合目睹死亡现场等，这些境遇给他们的影响除了心理上的应激反应，还有对生命无常和生命脆弱等生命观的波动摇摆，间接影响到人生观和价值观的原有形成。个别学生因面临重大挫折时出现自杀等倾向时，也与死亡有近距离联结。选择自杀等行为的个体大多是彼时彼刻对自身的价值评价度很低，可以说明在危机发生前，价值评价体系并不成熟或者稳定。这是心理危机的问题，但显然更关乎价值观系统构建能力的问题。心理健康教育在应对死亡的教育中要承担起关注心理动态发展的任务，而德育应承担起提前培养更成熟的生命观、死亡观、人生观、价值观的责任，唯有这样的分工和合作，才有可能使生命个体的危机问题从根源到发生发展都得到有力的教育和控制。

  审美视角的生命教育。生命教育不仅仅是珍惜生命的教育，还应该是生命的审美教育。生命奇迹的美、存在的美、情调的美、力量的美这些都需要在生命存在教育之上而开展。生命是美丽的，大学生对生命的审美已经超过物化美的阶段，更多需要的是哲学角度的引领。心理健康教育培养完善人格，使学生具备审美的心理基础和心理能力，德育可以教育学生领悟生命的起源之美、过程之美、发展之美、创造之美。生命教育应从起源开始，通过播放大自然生命起源的纪录片、人类生命孕育和诞生的科普视频等让学生领悟到生命的奇迹和伟大，对生命有更高层面的认识；通过播放名人伟人的纪录片和成长历程的视频资料让学生领略人生历经奋斗与追求而谱写华彩乐章的震撼和神圣，也可以领略到人生从姗姗起步到睿智成熟的发展之美；最后要启发学生生命是唯一的，人生不可重复，活在当下，创造属于自己的奇迹和模式是生命突破和自我超越的更高境界，这就是创造之美。通过审美视角的生命教育可以让教育对象跨越生存进入到发展，跨越存在进入到理想，给学生以哲学的启迪和生命高度上的导向。

4. 生活教育方向

德育的核心元素如价值观、道德观等的存在和传递一定是有物质依托的，没有孤零零的、不借助任何物质载体的价值观和道德观。价值观和道德观一定会以一种元素或维度隐含在学生的物质生活、精神生活、社会生活和网络生活中。大学生的生活领域就是德育的实践领域，德育的发展应与学生现实生活领域的发展同频同步。同样地，心理健康教育也需要在学生的具体生活中体现引领和辅导的功能。生活教育既是心育—德育的主要内容，也是其关键的着眼点。

首先，生活教育是德育与心理健康教育两者从译介研究阶段转入本土研究阶段的共同中介。德育研究的初期多是译介苏联和国外关于公民教育的相关理论，而心理健康教育的起步和发展基本依赖译介西方国家心理学成果和心理教育的相关理论。借鉴和引用的理论和实践成果都是以国外教育对象为样本，其理论原则和实践规律都是基于国外的文化背景和对象特点之上的总结和归纳。译介是引用和借鉴的必然，是起始阶段的特色和不得已而为之。历经三十多年，德育和心理健康教育都需要将从外国文献中所汲取的精华应用于其实际要面对的对象身上，应根据教育对象的具体心理特点为其量身定做一套本土化的理论和实践体系。

其次，生活教育是从理论到实践的载体。德育模式具有行动性和实践性，但它并非实践本身，它只是一种理论形态、一种理论表达方式、一种"行动理论"。[①] 德育始终在理论和应当层面对教育对象进行方向上和理想上的指导，方法和手段上主要以理论灌输为主，因此它一度被认为是"目中无人"的教育，是单方面自恋的教育，也是自说自话的教育。大学生这个群体因生理和心理及发展阶段的特殊性，其在思想、政治、道德等方面所出现的问题并不是其成长的主要和显性问题，更多的是生活的各个环节中因认知、

---

① 班华，等. 学校道德生活教育模式的探寻与思考[M]. 镇江：江苏大学出版社，2010：35.

经验、情绪等而造成的困扰、矛盾和冲突问题。心理健康教育的发展趋势也早已突破了针对少数病态群体的咨询和治疗模式而走向发展模式，而多数大学生的发展问题就是体现在具体生活中，如人际发展、情感发展、学习发展、职业发展等。因此，无论是德育，还是心理健康教育，都需借由生活教育将其目标得以落实，将其价值具体呈现。

最后，生活教育是个体德育行为养成的重要途径。思想政治教育学和心理学共同需要的实证材料是人们外显的行为和实践。一直以来，传统德育重视知识传授，而忽略了行为养成和情感培养，也就是将认知教育与情感培养及行为养成分隔开来，形成了理论上的德育与实践上的德育的脱节，这也是德育效果不尽如人意的关键之处。因此，从主知的德育转向知、情、意、行协调发展的"大德育"是德育可持续和深度发展的关键点。同时，心理健康教育也要从纯粹心理层面知情意的培养和引导中转向对结果即日常生活行为的关注。大学生的日常行为主要发生在人际、恋爱、学习、经济、就业择业、公共活动和网络等生活中。最困扰大学生的人际互动行为中的问题少有政治和思想问题因子，更多是心理问题，比如因自卑、自负、虚荣等心理因素造成人际不畅，在人际互动中关乎利益时会有道德问题，比如损人利己、自私自利而造成人际冲突，这些需要心理调节和经验传递，尤其大学生的人际既有其简单，也有相比之下因思想简单和经验不足造成的复杂，心理健康教育通过创建人际情境，让学生通过体验来学习正确的人际交往技巧；还有经济活动中的消费问题，由于消费主义思潮的影响，大学生对物质的过度依赖，对消费刺激的寻求，对"符号化物质"的追逐也不是政治问题，而是虚荣心理、攀比心理下人生观和自我观的问题，心育—德育要引导其重新树立既有物质需要，也有精神丰富的自我观，克服虚荣与攀比心理，形成正确的消费观，发生理性的消费行为；网络行为是大学生普遍存在的生活内容，其与网络关系的健康程度是德育和心育的主要内容。一般认为，网络关系就是指网瘾，应隶属心理咨询和治疗的范畴，大学生网络生活也有道德问题和政治问题，比如人人、陌陌等社区空间的人际互动道德，比如因人肉搜索造成的自杀案件，比如直播自杀造成的不良社会影响等，这里含有心理和道德的多种因素，需要德育—心育模式予以有效关注和解决。

生活教育是教育以人为本理念的体现，也是其回归人性化教育的理性思考。人是实践中的人，是社会生活中的人。心育—德育要从生活实践中发现德行在心理层面上的发生、发展和变化的规律并传道于学生，把生活中的学生作为观察和教育对象，鼓励和推动学生到生活中去感受和体会德行之美好、思想之力量和心灵之自由。这样的教育才是"三贴近"的教育，有效的、受欢迎的教育，也必然是有效果和有价值的教育。

未来的德育—心育模式是一个扬长避短、和谐统一的育人系统。要呈现这样的范式，即以人格培养和塑造为根本目标，发挥主体—发展性的功能、教育内容生活化、多层整合型的载体、以主体教育和自我教育为主要方式、教育空间基于场舆论等系统性的教育模式。通过此模式，德育得以实现其普遍性通向个别性的根本价值，而心理健康教育则得以实现其从个别性转向普遍性的根本价值。

第四节 大学生心理健康教育德育功能的实现与发挥

大学生心理健康教育已经成为德育的重要资源，其所具有的德育功能就目前发展态势上看，存在一定无意识性和潜在性。如何让大学生心理健康教育的德育功能从无意识变成有意识、从潜在转化为外显、从客观必然实现主观能动是大学生心理健康教育德育功能发挥的核心要素。主体性实践路径、载体路径以及合力路径的采用对于大学生心理健康教育德育功能的发挥更具前瞻性和基础性。

一、主体性实践路径

主体性是人性中最集中体现人的本质的部分，"人不但能思想，而且能知其所思想（能批评、检讨、反省、纠正自己的思想）；人不但能感受，而且能知其所感受；人不但有意识，觉知到周围的世界，而且更有自我意识，觉知到自己在世界中的存在"[①]。教育者和教育对象是一切教育活动中的关键元素，任何一种教育功能的发挥和价值实现都需要通过主体来承担和完成。关

---

① 罗红. 人文精神的现代复兴与学校心理健康教育 [J]. 社会科学家，2003（103）：129–132.

注主体的教育资源,挖掘客体的教育基础,充分发挥主客体交往互动中的教育资源和育人力量是教育实践必要的视角和维度。主体性德育所要培养的不是德育要求的执行者和实践工具,而是接纳德育、享用德育,并能自由和有创造性地践行德育要求的人。

(一)重视教育主体的德育资源

教育的主体一般被认为是"教育者"主体。德育传统意义上的教育主体通常指国家等思想政治教育群体、思想政治教育者、作为阶段性主体的教育对象(受教育者)。[①] 当代德育的发展与外延研究认为我国的思想政治教育主体应具有广泛性,在前述三个主体基础上,外延拓展到对人们的政治人格、思想观念和道德人格产生影响的组织和个人。心理健康教育的主体主要指从事心理工作的专兼职教师,这些主体本身就具有丰富的德育功能。

心理健康教育主体具有德育效果的示范性。首先,大多心理教育者,特别在高校心理健康教育的主体大都是优中选优而从事该职业,本身是德育和心理健康教育的直接受益者和效果承载者。"学为人师,行为世范",教育主体具有先天的示范作用。其次,大多数心理教育者人格完善成熟度相对较高,个体发展比较全面,对正确的价值体系、良好的个性特质形成规律、行为模式调整等都有更深的理解和认识,在与教育对象的互动中,本身会传递出德育所需的理念、信息和感受。最后,心理健康教育工作者从学科特点方面具有对人的心理关照和人文情怀,从学历成长方面本身也具有高知群体相应的认知水平、道德修养及主流政治立场,从任职条件方面大多是专业能力突出、政治素质过硬(大多是党员)等,还有一部分早期入职的心理工作者是从德育教师、辅导员等转岗进入心理工作领域,较高的政治素养、道德水平和心理健康程度说明心理健康教育主体本身就是德育目的的呈现,展现着德育之后的效果。教育主体的一言一行、举止风貌、观念信仰的表达就是在向教育对象身体力行地示范德育的要求和标准。

心理健康教育主体具有德育内容的承载性。心理咨询的伦理要求是客观中立,即心理咨询人员要心怀尊重和平等,用开放性态度去接纳每一个来访对象,即便有价值冲突,也不能因个人期望、情感或偏见影响咨询的方

---

① 李合亮.思想政治教育主体的判定[J].求实,2010(7):72-76.

向。但对于高校心理健康教育实践来讲，教育对象也具有既是学生，又是来访者的双重身份，访谈学生的问题或诉求中时常出现与主流价值观相违背的内容，比如同性恋问题、心理危机问题；同样，实践主体即心理工作者承担着高校教师和咨询师的双重角色，既不能违背价值中立的原则，又不能有悖教育者的职责和功能，这就要求作为教师的角色应以自身所内化的科学观念和价值予以引导和施加影响，又要显示咨询师的身份而不能带有强迫性和歧视。在这种独特的引导和施加影响活动中，传递的是心理工作者自身所承载的德育内容和要求，比如价值观、人生观、世界观、道德原则、伦理规范和法律知识等。特别是现代心理健康教育无论何种技术和方法，都倾向遵从人本主义和积极心理学的思想理念，发现和鼓励人追求幸福和全面成长，而这显然也是德育所期望和追求的。

心理健康教育主体具有德育艺术的供给性。德育活动丰富多彩，其具体方法也是多种多样，德育工作者为了有效实现德育目的而创造性地运用具有感染力的教育技能和技巧，统称为德育艺术。常见的德育艺术主要有运用语言的艺术、选择时机的艺术、选择突破口的艺术、把握适度的艺术、综合运用各种教育方式的艺术。而心理健康教育的主体在其工作中需要学习和掌握多种咨询技术和技巧，且其中一些技巧可以作为德育艺术拓展和创新的有益借鉴。比如，心理咨询会谈中的倾听技巧，有效的倾听，如表情、非语言动作、坐姿等可以鼓励和支持来访者更好地开放和袒露心声；比如观察的技巧，可以通过观察生理特点如表情、语气、肢体语言、情绪等来判断对象的心理变化以更好研判对象的真实状况，及时调整咨询内容和话题走向；心理咨询中的影响性技术比如面部技巧可以帮助对象厘清心理困扰的实质，解释技术可以运用相关理论对其内心进行干预和扰动等。这些心理健康教育基本活动技巧的借鉴有利于提升德育——以语言为主要工具和技术的实践活动的艺术性和实效性。

(二) 观照教育客体的德育基础

教育客体与一般物质客体的区别在于它是有思想意识、有情感、有意志、有能动性的人。高校心理健康教育的对象——大学生已接受了十二年以上的德育熏陶，在德育环境下成长起来的他们已经被深深印刻上传统德育的教育痕迹，德育系统的内容和要求已经通过小、初、高三个阶段的不同德育实践投放在他们的头脑与内心。从总体上说,他们已经具有一定的德育基础,不同的德育基础和内化程度需要心理健康教育予以不同层次的对待,以发挥其在此基础之上的德育功能。

1. 德育思维的基础

良好的德育效果可以帮助大学生形成科学的价值理性思维。从政治的角度来看,多数大学生爱国情感浓厚、社会责任感强烈,与国家和民族同心同德;从道德层面来看,他们懂规则、重德性,表现出良好的道德修养。对这样的大学生,心理健康教育应以发展和超越为目标,引导教育对象将德育思维提升为理想信仰,在追求德性价值中完成自我实现和自我超越,真正达到"自由而全面发展"。反之,也有部分群体因多种原因,缺乏理想信仰,功利意识强,价值取向偏颇,那么心理健康教育理应从认知发展角度引领学生通过对"自由而全面发展"的自我实现角度积极吸纳和构建德行思维。

2. 德育情感的基础

具有良好德育情感基础的学生可以表现为对理想信仰有认同、对国家有稳定一致的感情、对社会有客观中肯的评价且充满期待和热情、对自己和他人有足够的认知和接纳,呈现出稳定的道德情感,懂孝道,重人际,对道德伦理规范能适应和顺应,实践道德行为时心态平和、情绪稳定,少有道德焦虑和困扰,对新事物保有好奇与积极关注等。在"后现代文化思潮"的涤荡下,在东西方文化的碰撞下,在当前社会多元化价值观的交叉选择中,会有少部分学生对国家和社会的感情出现游移和道德观念的模糊感,处于道德应然与实然错位的情境下会引发心理困惑与迷惘。心理健康教育面对这样的对象,应先从情感培养入手,提升情绪管理能力,再引导其政治心态、道德情感甚至法律情感的发展。

3. 德育行为的基础

人的思想品德是按照心理—思想—行为的顺序逐步发展的。行为是受教育者在日常生活中经常表现出来的有目的有意识的活动,它是思想品德的外显部分。"听其言,观其行",德育的效果终究要在教育对象的政治行为、思想品德行为上得以检验。良好的德育效果将在教育对象身上体现出积极性、主动性、创造性的德育行为,也即德育评价系统中的"优秀"。而还有一部分学生会有行为失范,甚至有触犯法律法规的案例。这就要求心理健康教育需要正视对象的不同德育行为模式和特点，发挥"行为模式矫正"的方法技术，对大学生施以行为规范的补救和修正。

(三) 促进主客体转换与互为

教育是一种交往和互动。"人的本质是人的真正的共同体。"[①] 说明人的交往必定是双向甚至多向的。"有意识的生命活动，把人和动物的生命活动区别开来，正是由于这一点，人才是类存在物。"[②] 教育注定是一个双向互动的过程——教育主体与接受主体在接受媒介和环境的作用下双向交流、互相作用的过程，是基于人类独有的意识特性。教育主体在教育中首先具有主动性和能动性，通过对教育方式方法的主导，积极调整教育内容设计和掌控教育效果；而教育对象的主导性表现为其基于自身需要，对所获得的教育内容、方式方法等做出自主性选择、判断和取舍以及创造性地发展和更新。这种主体性特点决定了在心理健康教育自身的运行和其发挥德育功能过程中要充分利用并发挥这种主体转换和互为中的教育功能。

1. 主客体思维相互制约

德育在实施过程中，包含着主客体两个过程，即教育主体的"施教"过程和教育客体的"接受"过程。既然是两个过程，必有差异和需要融合衔接的部分，而这部分在被改善之初，就成为教育主客体相互制约的因素。首先，受教育客体需要的制约。教育对象在不同阶段有着不同的成长需要和心理期待，对于大学生而言，共性需要较多集中于专业结构的完善、能力的提升和职业发展的规划与实施，且需要发展个性和标新立异、成为"颜色不一样的花火"，相对统一的德育内容和要求在大学生个性发展与现实需要面前时常遭遇冷落。其次，受教育客体接受能力的制约。这主要是指德育方法和途径问题，德育的方法就是一支粉笔、一块黑板（或者PPT），教育主体传授的大都基于自身对政治、"三观"、道德的理解，时常看到的是高而远的引导，20岁的年龄接受50岁的理性，学生感知到的德育内容离心理发展基础和具体生活差距很大。心理健康教育教学中经常用到体验法、情景法，将目光投放到学生可以体验到的体验，可以将见到的情境来进行认知提升，减少了因学生的需要和接受能力造成的对教育活动的排斥。

---

① 马克思恩格斯全集 (第3卷) [M]. 北京：人民出版社，2002：643.
② 马克思恩格斯文集 (第1卷) [M]. 北京：人民出版社，2009：162.

2. 主客体的教学相长

在传统德育活动中，德育主体需要具备高尚的道德品质以为客体对象做出示范和表率。但心理健康教育所提供的启示和借鉴表明，主体仅有对德育范式的充分了解和自身具有的示范性是远远不够的，德育的目标若想充分投放到德育客体灵魂深处，主体必须了解通达的桥梁即沟通、引导的能力和规律。这种教育中的发现要求德育提高、增加主体学习沟通和引导技术的内容，了解和仿照心理健康教育的理念与实践技巧，读懂客体的内心需要与接受的心理机制，否则再科学完善的德育体系在客体面前也是"白天不懂夜的黑""话不投机半句多"，这种客体对主体的提示和启发是基于客体的合理逆向期待而产生。当然，教育主体通过实施德育内容，促进教育客体的全面发展，促进其尽快成人成才是基于主体对客体的合理期待和要求。良好的教学与教育效果就是共鸣，即师生在思想教育过程中，情感有互感、互动、互移，达到一种高度一致的状态，使教育内容和要求在学生的心灵中得到认同、内化和升华。因此，德育主体应主动将情感与学生同步，借用客体的心理动力尝试增强其主体性，发展其能力和作用，将其由教育客体转变为教育主体，这也即德育客体主体化过程。

二、载体路径

(一) 课堂教学内容的有机渗透

按照《中国普通高等学校德育大纲（试行）》《思想道德修养教育大纲》的要求，"在思想道德修养课中，科学安排有关心理健康教育的内容"。心理健康教育的具体实践中，课堂教学发展到现在，已经实现了独立开课，在制定心理健康教育课程目标时，已经充分考虑课程目标的适应性、超前性、发展性、层次性、连贯性以及可操作性，且在其中积极主动有机地渗透思想道德教育的内涵和导向。

1. 由心理层面的需要、兴趣、动机解析与指导上升为理想信念教育

通过对需要、动机、兴趣等动力心理知识和调节技能的学习和指导，使学生了解从兴趣爱好出发，将适度的需要和动机作为心理发展的起点，合理调节需要、激励健康动机，将个人成长需要与国家需要和社会期望有益结合起来，将个人价值与社会价值统筹兼顾，将小我需要变成大我需要，将小我

梦想变成大我梦想，将自然需要变成理想信念，实现个体的自我发展与自我超越，同时为国家和社会的发展贡献一份价值和力量。

2. 由心理层面的情绪、情感、意志的解析与指导教育上升为情操教育

通过开展情绪、情感、意志等控制心理的知识和调节技能的学习和指导，促进学生养成自觉性、果断性、自制性等心理品质，并从情感上从小我升华为大我，对他人、对社会、对国家、对自然的一种境界与情操，爱国守信、容人悦己，达成和谐的关系观念。从意志品质上升华为一种自我管理、自我调节的能动性和理性思维，实现自我教育到自我完善乃至自我超越的全面发展境界。

3. 由心理层面的知识、认知的解析与指导上升为人生观和价值观教育

新兴起的认知心理学研究启示我们，人的心理活动机能的发展是无限的。心理健康教育课程教学通过对世界、自然、社会、个人、他人等认知的心理知识和技能培养的学习和指导，帮助学生了解自己，对人生、人性、社会等有客观理性的认识和了解，并在此基础上形成积极、健康、主流的人生观、价值观，作为指导自身知情意行的准则，进而实现德育的相应目标和要求。

(二) 教育活动的双重目标蕴含

1. 心理咨询蕴含的德育价值

心理咨询中存在价值干预，体现双重目的，是心理健康教育工作的重要组成部分。首先，从心理咨询的本质属性来看，心理咨询基于文化的起点决定其含有价值干预。事实上，许多心理问题就是价值观问题，是价值判断与价值选择问题，是个人需要与社会道德和个人道德的自我要求出现错位所导致的心理矛盾与心理冲突，因当事人缺乏旁观者的理性判断和自我调节经验而引发。因此心理咨询中所谓的价值中立是指对来访者的价值内容和结构避免主观批判和评价，咨询方案中的引导实质是对来访者应用价值功能的失调予以帮助和协调。其次，心理咨询的主体具有价值干预的必然。如前所述，咨询师本身就是价值的承载体，即使恪守价值中立的职业伦理，其咨询活动也一定会带有自身所持的价值痕迹，比如对问题的研判和分析、对咨询方案的选择、对技术和方法的择取，客观上都会出现价值观的传递和输出。因此，心理健康教育中的心理咨询一定含有价值干预，而价值干预正是德育所要承担的任务和要求。最后，心理咨询对象决定其必然要有价值干预。高

校心理工作者直接面对的教育对象是大学生，大学生处在独特的生理和心理成长阶段，社会化没有全部完成，价值体系没有构建完善而处于调整和不稳定状态，不成熟的心理状态因价值取向的不明确或者价值冲突而产生动荡和困扰。如果高校心理工作者完全执行职业心理咨询中的价值中立原则，没有用自身更为完善的价值观去影响和感染来访者，不仅无助于来访学生解决其认知中的核心问题，同时也不利于来访学生的心理成长，不能真正达成咨询效果和目标。

当然，心理咨询中的价值干预是从个体心理感受和问题的解决为出发点，而德育的价值干预更多侧重从社会的规范、和谐氛围的角度。实践中，许多个体心理问题的解决也一定是以尊重社会规范和伦理要求，适应社会并充分完成社会化为目标，这既是心理咨询效果的要求，也是心理咨询帮助人全面发展的目标使然。因此高校心理工作者已然担任了思想政治工作者的任务，在其实践活动中从主客观双重层面实现心理健康教育和德育的双重目的。

2. 团体辅导中内隐的德育导向

团体辅导是心理健康教育中另一种重要的工作形式和途径。团体辅导是在团体情境下进行的一种心理辅导形式，它与个体心理辅导的区别在于其以团体为对象，根据所需要解决的问题的方向设计方案创建一个让团体成员可以实现互动的情境，促使个体在团队互动中学会观察、获得体验，得以分享或效仿新的态度与行为方式，从而找到新的成长经验和模式，进而发展自己。团体辅导可一次性多人次地解决团员的共性问题，促进个人自我发现和个人成长，实现了心理健康教育从单一的矫治性辅导方式向集预防、优化、发展的多元化辅导方式转化，也拓宽了教育的覆盖面。

团体辅导从形式上蕴含双重德育意义：从广义的角度来讲，以一定教育目的对多人开展的旨在解决多人成长的共性问题的教育活动即是团体辅导。传统的德育集体性活动如班团会、座谈会、报告、讲座包括课堂教学也可以称为团体辅导。狭义的团体辅导多指以一个特定的活动方案指导团员通过互动达成心理教育目的的集体咨询。狭义的团队辅导是心理健康教育实践体系中的重要手段和方法。在团队辅导过程中，随着辅导方案的渐次实施，发生越来越多的人际互动，形成开放、包容、支持性的团体氛围，给人以归属感和安全感，每个成员都得到更多方面的借鉴和情感支持，化解了心理问题，提高了心理健康水平。因此说，团体辅导这种实践形式在客观上起到了团结互助的德育作用，教育对象获得激励和成长。

团体辅导从方法上蕴含双重德育效果：首先，团队辅导的方法在形式上具有吸引力。团队辅导营建出和谐互助互利、平等尊重的人际关系氛围，这有利于参与者从现实生活之外体验到良好的人际关系，获得心灵上的欣喜感和满足感，体会到被需要和存在的价值，通过团体经验进行仿效性学习，促进参与者在此体验基础上学会发展现实中良好的人际关系的能力和自信。成长中的大学生需要处理与自己的关系、与别人的关系，增加人际互动，积累人际资源，同伴的评价是他们认识自己的一面镜子，同伴的认可可以增强他们的自信和存在感，同伴的建议也更贴近他们的现实和接受能力。因此，团体辅导的活动形式更易于被大学生所接受和认同。其次，团队辅导使得教育信息具有延展性。因为在团体辅导中，除了辅导者会将自身的价值信息和其他教育教学信息传递给成员，促进其成长之外，成员在互动过程中也传递着更为丰富的社会信息、价值观念、成长规划和思想方法等。不同视角和不同层面的信息必然会开启学生的思路，拓展他们的视野。目前，许多高校的德育教育活动已经参照团体辅导的形式进行，组织者（比如辅导员）根据工作目标设计活动方案，借助团体中朋辈辅导的力量，相比传统德育的集体教育方式，易于获得事半功倍的教育效果。

（三）学生社团的朋辈互助效应

心理健康社团是高校心理健康教育工作系统下最具特色的组成元素，其开展的活动也是心理健康教育的重要组成部分和独特形式。心理健康社团的教育效应主要从以下几个方面体现出来：

1. 丰富了校园文化

心理健康社团一般以"推进校园文化建设，提高学生综合素质"为根本宗旨，以"促进心理健康"为主题，以丰富学生的生活为己任，积极配合学校开展心理健康教育的普及工作。在许多高校校园文化中，心理健康社团活动已经成为校园文化中独具特色的组成部分，为学生的大学生活增添了别样的风景和更丰富的空间。比如，心理剧团所推出的各种心理剧展演生动形象地展现了大学不同阶段和不同人群的心理状态，让观众通过表演设身处地地体会心理、道德现象的深层原因和良好的应对办法，既解决了观众的共性问题，也触及了观众的个别问题，间接受到启发和教育；心理志愿者协会除了做心理知识的传播者、心理健康理念的普及者，同时也兼任社会公益的发起者和参与者，用爱心唤起社会的呼应，用良知播撒正能量；心理训练营为有理想、有能力、有追求的学生提供领袖精英气质提升的平台，了解团队领袖的责任义务、领会团队精神和集体荣誉感、理解竞争与合作的深度含义、懂得担当与大局意识等，为学生未来的职场素质打下良好基础，有数据表明，系统参加过心理训练营的学生更倾向易于成为朋辈中的领袖与核心，其个人发展相对具有超前性；心理热线的开放让参与的学生更了解"助人自助"的意义，"助人"是一件兼具专业性和公益性的事情，仅有热情是不够的，而助人的同时就是在"自助"，从别人的发展挫折中体会人生、人性，预见发展成长中的困难与多变，更从"助人"的义举后看到自身社会价值的存在，感悟到人与人之间守望相助的温暖，夯实生命意义，遇见成长更大的可能性。这些新颖独特、更具人文情怀的心理社团活动不仅给校园文化增添了一抹亮色，其所营造出的校园心理文化氛围使高校的心理软环境更加浓郁厚重。

2. 实现朋辈教育和自我教育

一方面，在参与、组织活动过程中，学生可以展现才干和个人魅力。例如，自主编写和执行组织章程可以学习与提升组织管理能力、策划和开展活动可以增强沟通与交往协调能力、各种表演和宣传活动可以展示现实的艺术才能和挖掘学生潜在的艺术素养。通过这些环节的参与，学生重新认识自己，发现和培养自己的特长，促使他们更加自尊、自强、自爱，形成积极向上、乐观自信、追求成长和价值实现的人生品格。另一方面，可以获得朋辈教育。朋辈，也即朋友、同辈，是心理健康教育独有的一种教育途径，是通过积极的人际互动影响在同阶段人群中产生自我和相互教育效果的一种教育理念。这种理念和方法由西方国家教育机构提倡和实践，比如英国牛津大学创办同学心理互助训练计划，美国哈佛也有学生自我心理保健教育，在学生间形成一定的心理帮助和支持关系。学生在社团活动中，参加同龄人组织策划了更贴近自身生活和学习实际的主题活动，可以切实解决心中的困惑和问题；除了心理知识和技能，还可以聆听到学长或同龄人对德育内容和其他教育内容的反思与经验性见解，能够提高自身的理解力和接受力，客观上达到德育效果；从实际情况来看，心理健康社团里的会员大多是积极向上、对自我成长和发展有一定心理动力及充分认识的学生，通过在社团中结识学生中的精英团队和优秀朋辈，获得价值观、人生观、政治态度、道德风范的交流和熏陶，拓展了思维深度，提升了理想境界。学生在社团活动的互动中，彼此认同、相互启发、相互暗示、相互感染，潜移默化、不教自明，达到共同成长。这些都表明，心理健康社团活动可以给学生提供一个朋辈教育的平台，不仅实现了心理健康教育本来的教育设计与目标，同时，德育的要求与目标也通过朋辈间的互动，完成自我教育和他人教育及相互教育的功能，达到寓教于自然、育人以无形的效果。

（四）网络载体的正向优势引导

被称为"第四媒体"的网络既给人们提供了一个资源集约无限、信息生动即时、环境虚拟屏蔽、活动自由自主的科技空间，也给人们开辟了一个主体具有自主性平等性、表达具有面具性隐身性、沟通具有间接性多维性、存在具有自由性穿越性、感受具有自拟性虚无性、人格具有反主流性反传统性等多种全新元素和概念的精神世界。这些飘忽、物化的刺激条件把当今青少年催化为"网络新生代"，其蔑视权威、挑战秩序、共享资源、追求自由的思想和行为倾向对德育提出了新的严峻要求。

网络心理健康教育通过心理疏导和人格修复体现网络的德育功能。网络心理健康教育即心理工作者从工具的视角在作为信息技术和信息交流平台的网络上所开展的有关心理健康的教育活动。网络时代提供给人以虚拟实践的机会和空间，现实社会中需要控制和压抑的欲望、需要、动机、情感得以充分释放和宣泄，当人再回到现实社会中，少数人会出现虚拟与现实之间转换的心理障碍，最典型的是网络成瘾综合征。对于人格尚未完全形成和完善的大学生来说，容易造成人格偏差。网络心理健康教育以关注网络心理现象动态作为研究起点，对网络人格的变化与塑造及时跟进。通过在线咨询实现网络中的心理辅导，解决大学生大部分时间在网络中生活而影响或减少现实中接受心理咨询辅导的问题；通过心理知识传播，丰富网络信息资源，在大学生海量浏览信息部落中挤占一席之地；网络心理测试提供人格、心理健康状况自评、职业倾向、人际状态、网络成瘾自测、社会适应性等专业测量和评估量表，实现了学生便利自由的心理自测和自我心理健康状况评估，满足学生随时了解自我、认识自我的需要，促进学生自我反思和自我内观。以上这些网络内容的扩充以及借助网络开展的教育活动可以有效帮助学生更好地认识心理自我。

激励和导向是网络心理健康教育体现其网络德育功能的重要方法。网络是一种环境，是社会生活的一部分，既是环境和社会生活，就会对人的心理、思想观念、行为模式产生影响，也即具有"育人"的效果，当然这种效果可能是德育所希望和需要的，也可能是德育所要应对和予以干预的。独有的专业特色和教育风格是网络心理健康教育所呈现出的特殊的德育功能。首先，可以重树学生的网络态度。网络心理健康教育的载体是其所建设的网站或网页，大多数拥有清新淡雅的界面、专业主流的思维以及睿智洞穿的见地。本身就是给大学生或其他浏览者一个网络态度导向，即网络中是有审美的、有智慧的、有成长的、有深度的。其次，可以修正用网习惯。心理健康教育网站的出现给了学生一个提示：网络可以用来学习和吸取知识，修正和完善自己。心理健康教育网站是一个平台，也是一面镜子，看到自己的成长空间，看到他人的发展经验。通过心理故事分享，传播励志精神，宣扬正能量，主动给学生政治成长、道德发展和自我完善的正向参照；"幸福树""树洞""微笑墙"等专业时尚的栏目帮助学生私密倾诉、调整情绪、感受幸福，体验积极乐观的人生态度，提高追求幸福、感受幸福的能力；通过一些特殊案例，提示学生关注心理健康状态，更正对心理问题和心理咨询的不良认知，理解"智者当借力而行""求助是一种能力"等做人和成长智慧，这同时也应是德育所要求和提倡的思想高度。总之，网络心理健康教育通过"坚持社会主义先进文化的发展方向，大力宣传科学真理、传播先进文化、倡导科学精神、塑造美好心灵、弘扬社会正气，切实发挥网络滋润心灵、陶冶情操、愉悦身心的作用，使学生切实获得健康有益的思想启迪"[①]。在虚拟空间也呈现出一定德育功能。

三、合力路径

心理健康教育必然走向自然的、无时不在的情境化方向。这样的特质

---

① 房广顺，尚大鹏．构建高校网上思想政治教育长效机制[N]．光明日报，2007-7-7(6)．

终究受到当下社会和教育环境认知程度的制约，褊狭的认识已经成为心理健康教育功能发挥的桎梏。因此，心理健康教育自身功能，特别是其德育功能发挥的前提是铺垫好教育主客体的心理基础，通过全员心理健康教育的合力路径是解决这一问题的关键所在。

(一) 全员通识教育

相较高校心理健康教育育人目标的达成，目前少数心理教师的工作是杯水车薪，全员的心理健康教育理念亟待推广。每个教职员工都需要了解心理健康教育，每个环节都需要体现心理元素，同时还要了解心理健康教育所蕴含的德育功能，打破德育与心理健康教育两支队伍、两个学科、两套方法的狭隘认知，形成心理健康教育的全员格局。

培养对心理健康教育的共识。全员，即全体师生员工，对心理健康教育的了解是从对其自身心理健康状况的认识和改变开始的。一方面，要引导全体教职工关注自身的心理健康状态、工作效能感和幸福感受性的水平，正向提高心理能力和素质。教职工与学生朝夕相处，互动频繁，他们的心理健康水平和状态有时会变成影响学生心理健康水平的直接因素或中介，在特殊情况下也可能是学生心理问题的诱因。具有消极心理的教师不可能带动学生积极向上；偏执极端的教师不可能培养学生拥有客观理性；处于心理危机的教师职工可能会暗示和感染个别学生而引发次生心理危机。因此，关注教师自身的心理健康既是高校人文情怀的体现，也是通识教育的首要内容。当下有部分高校开始引进旨在提高全员心理健康教育水平的 EAP (员工心理援助计划)，这种项目就是基于对员工心理健康水平的密切关注和人文关怀而产生的。为提高教职员工绩效和组织整体效能，同时也关注员工的个体职业效能和主观幸福感受，组织相关人士为学校管理者和教职员工提供个人心理帮助的专家解决方案。这个项目又被称为精神福利，为高校的精神文明建设和发展起到积极的促进作用。另一方面，还要引导全体教职工初步学习和了解心理健康教育的相关知识，人人都成为心理健康教育的主体，在成为一个发光体影响和感染学生的同时，也能懂得观察并力所能及地去为有需要的学生提供帮助，放大每一个教职工的教育价值，让校园里的育人效果得以叠加。

提升对心理健康教育德育功能的认知。大学生心理健康通识教育的开展可以促进全员对大学生心理健康教育的了解和认识，但同时也要普及大学生心理健康教育具有德育目的和功能的理念及认识。让全员了解心理健康教育不仅是心理健康与心理发展的教育，因为心理状态也是道德、政治、思想活动的前提和基础，所以心理健康教育还具有德育的目的，事实上也蕴藏着德育的功能。通过全员教育，消除对心理健康教育的片面理解，从思想认识上统一对心理健康教育的全面和客观认知。培养全面发展的人既是马克思和恩格斯的价值目标，也是德育和心理健康教育共同的价值和目的。共识的自然达成需要相当长的历程，有目的的教育和宣传可以促进全员尽快在更高层面达成共识。

（二）学生管理中渗入

大学生心理健康教育德育功能的发挥，从实施的角度来看，在全员心理健康教育的大环境中，辅导员队伍是最可合作和借助的师资力量。因此，心理健康教育工作要在学生管理工作体系中寻求到有效的结合点和落脚点。

1. 嵌入辅导员队伍培养体系

要重点培养学生工作者的心理健康教育理念。有一个认识误区，感觉心理健康教育有一定专业性，非心理学等相关专业背景的人是不适合从事或参与的。而从现实情况来看，也确实以心理教师为主，这个认识的结果是心理教师无法跨越职业边界，逐渐被孤立和边缘化起来，加之心理咨询专业的自愿性原则的规定，个别学校的心理健康教育呈现出"门前冷落车马稀"的状况，被动而孤独，与大多数教育对象处于隔离状态。而高校辅导员活跃在思想政治教育和学生管理的第一线，他们与学生接触多，对学生的思想动态和心理动态乃至行为表现有机会随时观察，第一手掌握学生信息，对学生的心理特点和心理需求有更直观和连续的体会。而且大多数辅导员都是学生时期的骨干，自身心理素质较好，学习成长的动力也比较强，这支队伍理应成为大学生心理健康教育的重要补充力量。心理健康教育要联合并借助辅导员队伍中的优质人力资源，共同把大学生心理健康教育工作承担和完成。这就需要将专业化和职业化的内容渗透到辅导员培养中，首先要培养辅导员的系统观念。引导辅导员懂得他们对学生的观察和了解主要是根据学生的外显行为，因为角色和关系的原因，学生在辅导员面前呈现的是超我，是经过调解后的角色扮演，是其心理状态的表层；而心理工作者所能把握和了解到的是学生更深层面的心理动态，只有两者的信息适度结合，才能对学生客观完整的心理和思想动态有一个比较全面的认识和理解。其次是在职业成长方向上的培养。把心理健康教育作为辅导员职业化发展的重要方向之一，注重培养基础好、兴趣高的辅导员，使其有能力和信心部分承担心理健康教育工作，将心理健康教育作为其工作的特色方向，培养其成为心理健康教育的咨询员和兼职助手，进而成为具有心理健康教育专业技能的专家型思想政治工作者。最后是在职业优势上的辅助作用培养，辅导员对学生各方面信息的收集有着独特的优势，可以培养辅导员职业敏感度，使其成为采集心理健康教育所需要的动态信息和突发事件的观察员、信息员、宣传员。

2. 纳入学生管理规划上

心理健康教育将自身的工作规划和具体实践嵌入学生管理和教育工作的规划与实践中，可以有效保证其真正发挥德育功能，同时也为学生管理和教育系统提供心理动力和特色工作方法参照。首先要从体制和机制上嵌入。比较正确的做法是将心理健康教育工作纳入学校思想政治教育体系，学校党政工作要定期关注和研讨本校心理健康教育工作的开展情况，因地制宜地规划和设计具体实施方案，从体制上对心理健康教育工作的全面实践提供基本保证。其次，要改变心理健康教育工作就是少数几个心理教师的工作的狭隘性认知，结合具体情况努力构建校、院（系）、学生班级、寝室、心理委员等层级的网络型工作机制，团结合作、协同作战。最后，从实践上嵌入。所制订的工作计划要与学生管理和教育计划衔接，除了心理咨询、心理教学、心理普查、"5·25"心理活动周等自身运行体系之外，在教育活动规划方面要跟进学生管理和教育进程，特别是在大学生学涯中的重要时刻，比如新生入学、毕业生离校，重大节日，如七·一、教师节、父（母）亲节、国庆节等应配合学生管理系统开展独具优势的感恩教育，爱国、爱党教育等旨在培养学生道德情感的活动。这样的心理健康教育规划就避免了孤军奋战，重心理目标、轻德育目的的倾向，从制度设计和实践规划的起点就体现出其德育意向和价值。

3. 与学生管理实践融合

首先是实践理念上。基于工作对象的特定性和独特性，高校心理健康教育工作者从职业理念上应有实践意识。据资料显示，美国学校中从事心理健康教育工作的人员应具有"科学家—实践者"双重内在角色，在这种角色定位和成长模式下，心理健康教育工作者获得了精神上的鼓励和客观现实上的支持，使得他们既积极参与理论研究，又全面提高专业能力，跨越专业限制而投身于学生教育和管理系统中去彰显自身的功能与作用。传统心理健康教育坐在咨询室中"守株待兔"等待来访者"自愿"上门来访，如果是个体心理咨询尚可以接受，但对于积极、系统、科学的心理健康教育来说是有失偏颇的、保守的、刻板的甚至是不尽全责的。心理工作者要到学生中去，不仅要积极履行专业心理咨询师的职责，更应在学生管理和教育中寻找发挥德育功能的契机，提升自身的职业价值。其次是实践方式上。除了如前所述在工作规划中主动将自己投放到学生特定的需求阶段，努力契合学生管理和教育内容，积极体现工作价值，更重要的是，当学生管理和德育出现瓶颈和弱点的时候要及时补位。比如，当学生管理中出现群体性事件，心理健康教育可以在学生心态调研、心理疏导方面发挥作用；再如，当学生管理中出现个体意外猝死等突发事件时，心理健康教育可以通过应激干预协助辅导员队伍处理好家属、相关人员的心理抚慰等工作。

（三）善用家庭教育资源

大学生的全面发展目标需要调动家庭教育资源。传统的高等教育更多倾向专业技术培养，当前教育已经提出了"全面发展的目标"。一个大学生是否合格不仅要看专业成绩，还要观测其道德水准、政治素质以及心理健康和发展程度。这是因为心理学研究成果表明，家庭中亲子关系的状况、父母关系的和谐程度、家庭成员彼此的心理期待、亲情系统的支持能力等因素对大学生的心理发展和人格塑造起到关键作用，这绝不是学校或辅导员理性引领所能取代的。德育实践中，"父母亲情孝道为先"的感恩教育是最可能对大学生产生重大影响的重要内容，而感恩的能力只有在基于健康心理上才能唤起，通常德育活动形式是教育者引导学生给父母写一封信，同时鼓励家长给学生回信，但如何在信中表达，是表达价值观点还是陈述事实，是社交性表达还是情感展示才能更有效沟通呢？心理健康教育在此德育活动可积极注入的理念是着重表达感情，让家庭中的情感资源穿越事实、关系及价值有效流动，真正在学生心里产生震撼和触动，因情生恩，因小爱滋生大爱。

磋商性服务是善用家庭支持系统的有效途径。磋商性服务的主体是学校心理健康教育工作者、家庭和学生及学生工作部（处）等相关部门的工作人员。其服务的主要方式是与学生、家长（监护人）联合工作，对学生个体在某个心理、生活、学习等出现的问题进行面对面商讨，共同选择为解决学生问题而应该实施更有效的教育和管理策略，包括提供直接的心理咨询服务、社会技能训练和行为矫正等内容。两种情境下需要磋商性服务的提供：一种情况是当学生在校园中面临行为失范甚至危机情境，比如学籍变动（中途退学、不能毕业）、重大受挫（亲人逝去、求职失利）、失恋引发的心理危机，人际不畅形成冲突波及个人和公共安全及其他突发危机事件，如果按照传统，仅凭学生管理按照条例框定显然在某些方面是无力和无效的，此时需要心理健康教育和家庭资源的双介入。另一种情况是当家庭失范，比如学生出现父母重大矛盾、离异、重大疾病去世、意外死亡、失踪、精神异常等问题时，需要心理健康教育及时介入和跟进，敏锐发现和善用家庭系统中的积极支持力量帮助学生有效应对突发变故，将对学生的心理伤害降至最低，最大化维护学生心理的正常发展和成长。这种磋商通过直接方式完成对相关家庭成员的指导和培训，通过间接方式完成对当事学生的辅导和教育，是专业知识和技术的奉献、职业伦理的呈现、教育价值和追求的表达，既是现实问题的心理视角解读和应对，对当事人的一种人文关怀，也是向家庭和社会传递教育的责任、力量和智慧，更是心理健康教育在德育系统内展示和发挥其独特功能的重要时刻。

　　大学生心理健康教育德育功能的发挥与提升的路径应有更多选择，无论是哪种路径，都应基于大学生心理健康教育的本质出发，充分理解和认识其属性功能，在将其自身的价值和功能最大化实施中，要蕴含德育目的和价值。力求心理健康教育和德育双重目的与价值的共同实现，完成对大学生系统而立体的培养，促进大学生从内而外、从做人到做事、从专业成才到精神成人的全面发展。

第七章

高校德育与心理健康教育的融合探究

第一节　德育与心理健康教育融合的可能性及现实意义

一、高校心理健康教育与德育的差异分析

高校心理健康教育和德育的差异表现在诸多方面，这些差异是先天性的，也是各自在发展中保持独立特性和价值所必需的。于是，我们在评析和判别这些差异时要保持谨慎客观的态度。只有在全面深入差异的基础上，仔细剔除影响大学生发展的不利因素，才能真正发挥高校心理健康教育和德育的真正作用和价值。

(一) 具有不同的理论背景和研究视角

在文明发展早期，德育特指道德教育，道德教育自人类出现就已存在，并随着人类社会的不断进步而发展。由于其发展历史久远，所以其发展历程中逐渐形成的理论体系和研究视角是独特的。纵观德育发展史，不难发现，德育必定是基于当时的社会需要和社会发展价值所发展的，任何发展时期和历史阶段的出发点都受到德育的起源以及独特的性质影响。随后，伴随着社会的进步和时代的发展，虽然可能不断地做出修正，但是其本源和动机永远不会改变。当代高校德育更加关注人、关注社会化的人，这是德育的一大创新。德育更加满足大学生的社会化需要，所培养发展大学生的标准也是能够符合社会的发展要求。

与德育不同的是，高校心理健康教育优先关注的是大学生个体，特点是间接性，间接地关注政治和间接地关注道德分别通过关注大学生的政治人格、道德人格及其适应发展来实现的；间接地关注思想和理想是通过关注大学生的认知方式和认知水平来实现的。

高校心理健康教育和德育的这种差异是本质上的，虽然不可能本质地改变，但是可以通过各自的调整和改变实现互惠共赢的效果。

(二) 具有不同的直接目标

高校心理健康教育和德育的本质目标相同，均为培养全面而发展的大学生，但是二者在直接目标上各有不同。高校德育的核心是围绕政治目标和

政治任务的思想政治教育，这些政治目标和任务是一个阶级（政治集团）所特有的；而思想政治教育具有综合实践意义的教育，其主要包括思想教育、政治教育、道德教育等。因此，高校德育的主要着眼点在于大学生的思想层面，这同时也是高校心理教育最高层面，即以"知""情""意""行"为观测和研究的重点，目的在于引导当代大学生树立正确的人生观、价值观、世界观，塑造符合社会主义接班人的品质和追求。但高校心理健康教育则更侧重满足大学生的个体心理需求，在尊重的基础上，充分信任大学生的主观能动性和潜能的有效发挥，无论是认同理念，还是沟通心灵、产生共情，都十分注重。

(三) 具有不同的教育方式

高校德育是以说教为主的具有强制性、主观性和计划性的"育人"，把"育"作为教育过程的根本追求。以单向的强制性灌输为主，具有很强的主观性，所以对大学生需求的满足关注较少。这虽然在塑造大学生上起到一定作用，但是也会成为目的达成以及创新和发展的掣肘因素。以人本主义为出发点的高校心理健康教育更关注满足大学生的心理需求，在"来访者中心"原则的支持下，心理辅导教师承担聆听者、指引者的角色，把来访者置于主体地位，自己是陪伴者、同行者，帮助教育对象改变认知、挖掘潜能、满足需求、实现价值。以春风化雨、润物无声的力量指引来访者寻找成长动力和前进方向。显而易见，高校心理健康教育采用的是遵从大学生的身心发展特点、学习接受的习惯的教育方式，虽然独特，但是这更易于大学生接受。所以二者要互补互足、相互借鉴学习，高校心理健康教育应更注重上层建筑的教育，德育应更注重满足大学生基本需求，实现自我发展。在高校教育中，认识到二者的相同点和不同之处，扬长避短、求同存异，为培养全面发展的大学生贡献力量。

二、高校心理健康教育与德育融合的可能性

(一) 具有相同的指导思想渊源

所属范畴同是意识形态范畴的高校心理健康教育和德育虽然对认识的关注点不同，高校心理健康教育关注的侧重点在于对理性、高级的认识，而高校德育关注的侧重点在于感性、基础的认识。但高校心理健康教育和高校

德育的理论支撑都是哲学思想，并且都受指导于马克思主义理论，背景视域同为思想政治教育。在各自开展具体的实践活动中，一些二级交叉学科的理论实践成果又同时被借鉴，这些二级学科分别是教育学、社会学、哲学、心理学、伦理学，等等。在"大德育"的思想理念下，心理学与德育内容衍生出思想政治教育心理学、政治心理学、伦理心理学、道德心理学等；同时，在把基础心理素质的发展作为教育对象的关注侧重点，也扩充因子组成来衡量大学生的全面发展，这些因子包括道德心理素质、政治心理素质、思想心理素质、法制心理素质，等等。与此同时，高校心理健康教育的两大主要途径（心理咨询、心理辅导）也衍生出许多研究方向，如咨询伦理、咨询价值观，等等。虽然拥有不同的思想侧重点，但是这些思想都有一个共同的理论渊源——"人的自由而全面发展"。

（二）具有相同的教育目标

培养自由而全面发展的大学生是高校心理健康教育和德育的共同根本目标，且都侧重培养社会人，社会化是两者共同的培养方向。"培养学生具有坚定正确的政治方向、辩证唯物主义世界观和共产主义道德品质""培养学生的道德思维、道德评价能力，使之能识别和抵制资产阶级的、封建主义的思想和道德""培养学生自我教育的能力和习惯"是班华提出的德育目标。高校德育侧重政治、道德、理想信念、价值等趋同化的大学生，即社会化的大学生。而高校心理健康教育的侧重点在于培养大学生适应社会并有所发展，并且这里的发展也是建立在心理健康教育的基础上，符合社会的各种规范和评价体系并在此基础上实现超越自我，完成自我双重实现，即实现自我价值和社会价值。我们不难发现，拥有坚定立场、方向、观点的人一定是人格没有缺陷、不偏执、有情趣的；同样，社会化的人拥有较高的政治适应性和道德修养，而且很容易实现自我价值，获得身心的愉悦。所以，显而易见的是，高校心理健康教育和德育虽然在各自的实践过程有不同侧重点和具体目标，但是培养全面有发展的社会人的根本目标一致。

（三）具有相同的教育对象

显而易见，无论对于高校心理健康教育，还是德育，它们的教育对象都是当代大学生。所以，两者所面对的客体无论在心理、生理特点上，还是在思想态度和行为模式上，都是相同的。从大学生的个性来看，普遍具有自主性强、独立性强、难于说教、不盲目崇拜、实用倾向、价值取向和行为模式多元化等特点；从大学生的思想来看，虽然总体上积极向上，有较高的道德修养，有明确的个人追求和理想，但是普遍信仰不清晰和信仰冷漠；从大学生的个体需求来看，由于功利性、实用性的社会思潮的影响，普遍侧重解决学业、就业等现实性问题的期待，成为其接受心理健康教育和德育的优先选择。虽然教育对象一致，但是高校心理健康教育和德育研究和关注的角度却大相径庭，高校德育侧重理想、信念等相对高远的层面，而心理健康教育则更侧重对大学生心理健康、社交发展的监测与干预。总而言之，高校心理健康教育和德育对大学生进行教育和指导的层面不同，却又殊途同归。

（四）具有相互交叉教育内容

高校心理健康教育和德育的教育对象一致，各自指导和解决的教育问题，即教育内容，必定有重叠和交叉。高校心理健康教育主要满足大学生的各种心理需求，即情感需求、尊重需求、认知需求、审美需求、自我实现的需求，等等。同时高校德育也是为满足大学生的各种需求，但是需求内容不同，主要是道德和爱国情感发展的需求、适应社会的需求、审美的需求、获得归属感的需求、获得尊重的需求、认知的需求、自我发展和实现的需求，等等。高校心理健康教育除对大学生各种需求的满足之外，还要帮助其疏导和调节需求不满足所产生的矛盾和冲突，并且帮助其挖掘自身潜能，引导其完成目标，实现自身价值。与此同时，高校心理健康教育和德育还要补位和承担各自的功能局限性。

（五）具有相同的教育方法和方式

高校心理健康教育和德育最基本的教育方法都是谈话法。在高校心理健康教育中，主张来访者主诉的会谈法，心理辅导教师注重引导话题方向和信息的采集，耐心倾听和陪伴，并能在关键之处及时准确指出要点，帮助来访者实现自我救助。高校德育主要是单一方向的谈话，主要是指说教，力求实现以理服人。无论是高校心理健康教育，还是德育，最有力的工具都是语言，因此可以相互借鉴和补充谈话技巧。高校心理健康教育可以在适当时机通过说教实现对来访者的价值引导，高校德育也可以借鉴心理健康教育谈话时的长处，即放低强势的说教心态，减少被教育者的逆反抗拒心理，留出契机和空间实现教育对象的自我发现和领悟，最终实现最高质量的自我教育。

在教育方式上也有共同之处，即基本理论知识的授予传递都是在课堂教学实现，完成教育目的的方式都是集体活动（心理健康教育的团体辅导、德育集体会谈），教育主体（高校辅导员、教师、心理辅导教师）的主要教育方法是通过言传和身教，针对性教育（心理咨询、单独辅导）都是通过谈话法实现的，为完成各自的教育任务，都建立了专门的教师队伍（心理辅导教师、思想政治工作者、医务人员）。为增强教育效果，营造轻松舒适的教育氛围和积极健康的校园文化，并联合家庭教育、借助网络载体扩充教育领域，这些基础条件都具有相似性。

三、高校心理健康教育与德育有效融合的现实意义

（一）大学生全面发展的要求

1. 大学生心理健康成长的要求

当代大学生处在一个复杂多变的大环境之中，价值取向呈现多元化特点，竞争更加激烈，生活学习的节奏更加紧张。这种大环境一定会影响大学生的认知状态和生活习惯的形成，同时也在不同方面挑战着大学生的心理素质，如面对压力和挫折时的状态以及持续力、意志力，等等。但是，大学生处在胜利和心理逐渐成熟的关键阶段，且中国传统的应试教育主要关注的是学生的学习成绩，而非问题的解决能力。因此，当大学生遇到情感问题、生活挫折时，由于以往教育缺乏对情感认知、应对的策略，以及基本的人际交往情商与能力等方面的教育和训练，使得大学生容易出现各种问题，而社会普遍给他们的标签是"不成熟"。在每年的各类新闻报道中，高校中大学生因为心理问题引发的休学及退学现象，以及恶性事件频频发生。所以，高校心理健康教育不仅是要促进大学生的全面成长和成才，还要弥补之前教育中对心理健康教育的缺失，促进大学生心理的成熟。高校心理健康教育和德育虽然彼此的教育角度有差别，但是若两者能互相补充、互相促进，形成教育合力，必然能有效实现高等教育目标。

2. 大学生人格成长的要求

自我同一性指个体具有稳定的自我意识。高校大学生正处在形成和发展这一意识的重要阶段，这个阶段的核心任务是克服同一意识的混乱，这同时也是大学生人格发展的关键一步。在高等教育这一阶段，最核心的任务是促

使大学生正确选择并且确定自己的各种角色,能够调节自己和各种角色的种种冲突,表现出自己独特的精神特质。具体来说,处于此阶段的大学生应该具有稳定的心理及外在表现,社会属性应该是其最主要的属性特征。

这一阶段的大学生不仅在人格的各个具体方面有所提高,如内部能力、性格、气质、兴趣、动机等,还要进一步增强其适应性、增加理性、更具有理想信念、更符合社会规范,等等。培养"四有"(有理想、有道德、有文化、有纪律)青年是高等教育的目标,这个目标的实现离不开高校心理健康教育与德育通力合作。

3.大学生精神成长的要求

高等教育最本质的内涵是促进大学生精神成长,给予大学生真善美的精神支撑与鼓舞。要使大学生具有完整的人格、健全的灵魂,他们应具有相对完善与成熟的个性,这也是高校教育的根本目的,是衡量精神成长成人的重要指标,同时也是衡量高校培养质量的重要指标。真正意义上合格的大学生应是具有独立精神的成人。同时,内在精神的支撑也是大学生发挥个人能力、为社会做出贡献的前提条件。精神的成长成人内容丰富,主要包括情感的发展程度、认知水平、信仰结构、价值观体系构建等方面。不难发现,情感的发展程度和认知水平是高校德育的主要教育内容;信仰结构和价值观体系构建是高校心理健康教育的主要教育内容,并且不是明确区分的,几个方面两育都有涉及。所以,大学生的精神成长和成才需要高校心理健康教育与德育的共同努力。

(二)高校心理健康教育与德育发展的需要

1.有利于促进高校德育的发展

第一,高校德育学科发展的本质需要。回归本质是高校德育学科发展的必然轨迹。德育学科历经几十年的发展,已经趋近成熟,更加接近学科的理想构建,这是德育学科发展的必然属性,也是德育学科的本质。实际上,德育学科的本质就是解决"是什么"这一终极问题,同时也是德育基本理论的中心问题。因此,德育学科的出发点和归宿都是回归本质。高校德育就是"育性"与"育行",无论是亚里士多德提出的德行即优秀,还是马斯洛提出的自我实现,德育的本质都是使人摆脱人是工具和手段的错误认知,使人就是人。同样,高校有效的德育并不是强制的灌输与要求,而是使大学生内化与接受，树立正确的人生观与合理的道德信仰，并指引着其学习和生活。

第二，实现高校德育目的的需要。高校德育不仅需要回归目的，还需要以教育目的为教育实践的指引方向。根据大学生所处的不同立场与角度，高校德育的目的也是千差万别的，但主要区别是"人"的角度和"社会"角度。从德育的提出以来，这几十年的教育实践都是以"社会"角度为主要出发点，把社会化作为教育的主要方向，而把人作为实现社会化的工具或手段。随着社会的不断进步，时代的不断发展，单纯从"社会"角度出发的德育已经越来越不能满足个体发展的实际需要，进而也无法实现高校德育所期望的社会价值。全部的人构成社会，若忽视个体人的发展，仅仅追求社会整体的发展显然是不可能实现的。正如康德所主张的不能把个体当作方法或手段。德育要想获得长足发展，就必须实现人的发展，这就要求高校德育应更具有人性化，把人作为教育的主体和目标，最终促进社会的共同发展。

2.有利于促进心理健康教育的发展

高校心理健康教育的发展需要与德育相互学习合作，共同促进大学生的成人成才。高校心理健康教育与德育形成合力，不仅能提高大学生的认知水平和素质水平，还有利于培养大学生积极进取的人生态度，这是两个学科发展的原则和要求。当然，实现大学生的发展需要高校心理健康教育与德育形成合力，这也是心理健康教育学科发展的需要。优化提升大学生的能力与素质、培养大学生开拓进取的人生态度需要高校心理健康教育与德育相辅相成，同时也是两个学科未来发展的方向和准则。

(三)心理健康教育与德育实效性的要求

1.实现德育实效性的要求

被内化、践行、接受、认同是高校德育实效性实现的特征，同时也是高校德育的教育理想。功利化、抽象化、伪圣化是阻碍高校实现实效性的具体表现。具体分析，功利化是指高校德育注重把学生看作工具和手段；抽象化是指高校德育不现实具体；伪圣化是指高校德育高高在上，不切合实际。总而言之，就是高校德育不能具体分析解决大学生遇到的实际问题。所以，要实现高校德育的时效性，需将德育从"云端"回归"大地"，把目光聚焦在现实生活中的具体问题上，用通俗易懂的语言替代抽象复杂的强制性命令，把促进大学生成长作为教育的动机和目的。

2.实现心理健康教育实效性的要求

显而易见，单纯从高校心理健康教育的载体、目的、方法、理论等方面无法快速实现其实效性，所以应更换侧重点，即在有效补充高校德育的培养内容方面。如在履行自己教育职责的基础上，在实践中提升自己教育的实效性。高校心理健康教育的实效性包含两个方面：一是对大学生心理健康的引导与作用；二是满足大学生全面发展的政治态度端正、道德健康和思想健康等需要。综上所述，高校心理健康教育与德育相互合作形成合力是其实效性实现的重要途径。

第二节 高校德育与心理健康教育的融合共生路径

一、德育与心理健康教育在高校教育实践中的融合困境

高校德育和心理健康教育虽然密切相连，但是融合的现状却不是非常到位。充分认识目前高校德育与心理健康教育整合遇到的实际困境将有助于探寻二者的协同发展。

(一) 二者工作机制融合不畅

从历史条件来看，我国高校均已建立了较为完善的德育组织管理体系，德育工作的机制已相当成熟，人员配置都已形成了相对固定化的模式。这对德育工作的正常、持续开展起到了组织维系作用，但体系的惯性作用有可能使德育工作形成对自身体系的依赖和对外部力量的排斥，自身改变、革新的意愿不强，对于心理健康教育工作与队伍的接纳程度不高，融合热情不足。面对与心理健康教育融合而引发的不确定性，有可能产生自发抗拒和焦虑。

相较我国高校深厚的德育工作传统，各高校对于心理健康教育工作早期重视有限，投入不多，许多高校心理健康教育的管理体制、价值原则仍没有完全理顺。高校纷纷建立的心理健康教育（咨询）中心更多承担的是心理咨询干预职能，而具有更广泛意义的心理教育职能则被忽视。值得注意的是，在我国高校广泛运用的心理咨询，大多数理论或技术来自西方，一些笃信西方心理咨询理念的工作者缺乏对中国本土德育传统和文化精神的理解与认同，也缺乏对于现实高校德育工作的尊重与接纳，工作中往往存在"去

道德化"的冲动，执着"价值中立"和"价值无涉"①，缺乏与高校德育工作的整合动力，甚至出现自我封闭化的趋势，极大地影响了心理健康教育与德育整合的效果。

(二) 二者工作队伍融合不顺

高校德育工作由于机制建设较为完备，队伍经过长时间建设，形成了学历、技能的合理准入，学校对其角色定位清晰，工作目标、任务也很明确，职业发展通道也日益合理顺畅，德育工作者对其认同度高。尽管由于社会转型、学生问题呈复杂化趋势，近些年，德育工作者学习心理健康教育内容和方法的人数增长很快，但大多数仍是立足德育视域，对于心理健康教育工作的意义认识不深，主动融合心理健康教育的意愿不足。与德育成熟的体系和发展通道相比，心理健康教育工作在高校教育中的定位仍很模糊，工作内容与任务并不明确，尤其是队伍职业发展通道并未理顺，使得很多想从事这一工作的人望而却步，也很难吸引优秀德育工作者长期融入其中，在很大程度上影响了心理健康教育队伍的稳定与发展，而目前，从事心理健康教育工作的专职人员，其学科背景或所受训练往往集中于心理学或心理咨询方面，他们对于我国德育体系触及较少，可能导致在理念上、方法上对德育工作缺乏认同，对于与德育队伍的融合有着心理上、专业上的抵触，担忧会因此丧失心理健康教育工作的独立性。

(三) 二者对话融合平台不足

关于德育与心理健康教育的整合研究大都集中在关系探讨层面，而忽视了实践操作层面的整合问题。实践中，我国德育心理健康教育融合的困难表现在缺乏二者融合的协调机构，也缺乏针对具体融合层面的平台建设。因此，在实践上建立切实可行的平台以及操作流程是实现二者融合的基石。通过平台对话机制下的沟通、交流，促进双方的理解，鼓励二者彼此接纳、相互学习，专注具体问题的解决，形成二者融合的现实路径。

二、高校德育与心理健康教育协同共生的创新路径

高校德育与心理健康教育的整合需要从精神与心理、文化与价值形成

---

① 刘晓明，王丽荣.视域融合：心理教育中的价值中立与价值蕴涵[N].心理发展与教育，2005(1).

深刻共识，需要从队伍到课程、活动到研究深度开展融合，以实现二者协同、共赢发展。

(一)"协同共生"的精神共识

之前有关德育与心理健康教育的融合策略研究较少触及二者精神层面的融合，使得尽管双方在实践方面的融合展现了合作的多种可能性，但无法在精神、心理层面实现彼此接纳，导致二者"貌合神离"而无法形成整合优势。因此，实现高校德育与心理健康教育的融合，首先应使二者在精神层面达成共识，彼此在精神、心理层面相互认同。

高校德育与心理健康教育的精神共识达成需要从中国文化中去探寻共识"基因"。"和"的思想是中国传统文化中最有影响、最有传承价值者之一，它强调共存、共生，彼此依赖，"天地之气，莫大于和。和者，阴阳调，日夜分而生物"(《淮南子·氾论训》)。主张"万物并育而不相害，道并行而不相悖"(《中庸》)，从本质上说，是一种利他利己，实现人、自然与环境、社会与经济的高度契合及协同演化。①从"和"的理念出发，高校德育工作需要重拾"和"的精神，平等对待、尊重、接纳心理健康教育工作，而心理健康教育工作也需要领悟"和"的思想，认知德育之于我国高校育人的贡献，达成"新"共识：二者彼此在文化深层上相通，工作对象在某种程度上都具有中国文化精神气质，二者可对话、可融合；二者融合的过程中又需要意识到彼此不同，需要相互尊重，相互学习。

二者的共识架构还应体现在价值观念上的"和而不同"。从人与环境的关系来看，心理健康教育关注的焦点是学生的自我认知与健全人格的培养，提升学生对社会环境的适应能力；而德育的重心聚焦于学生的外在行为，强调环境对学生的影响与塑造。从实践来说，心理咨询可能解决了个体所面临的情绪问题或心理层面的某些问题，但这种解决很可能只是暂时缓解，而真正的问题（道德适应、社会适应）则可能被忽略或掩盖。健康心理状态的获得不仅需要关注心理层面，还需要从更深层面（人生观、价值观）去反省和建构。因此，高校德育与心理健康教育需要达成价值"共识"：二者本质上都是教育性活动，都无法避免对人与自然、人与社会的关系做出价值认识、

---

① 贺达仁. 医学科技哲学导论[M]. 北京：高等教育出版社，2005.

价值评价，其目标都是为培养自我与社会价值相统一的大学生。

制度创新是高校德育与心理健康教育融合的保障。从高校实践来看，德育工作有全校性协调机构，但很多高校还未建立心理健康教育工作的校级协调机构，即使有心理健康教育校级协调机构的高校，也大都未明确与德育协调机构的关系，影响了二者在系统中的融合。因此，建立全校性德育——心理健康教育融合协调机构，统一部署、管理及协调二者的协同建设，将有力改变目前二者游离的现状。这一机构作为二者的战略对话平台，不仅承担着整合德育与心理健康教育的功能，同时也将加强二者与其他专业教育的联系与渗透。

(二)"协同共赢"的双层融合

高校德育与心理健康教育融合真正发挥实效，还需要在实践中建立协同共赢体系，使二者体系中的个人或团体能有充分交流和实践的机会。

从历史来看，二者队伍有融合"基因"。早期心理健康教育工作者中有些就来自德育工作队伍，他们作为学校心理健康教育工作的开拓者，推动了高校心理健康教育工作的开展，这成为早期德育与心理健康教育融合的起点，但从目前高校实际来看，二者具体工作层面融合大都还处于自发状态。一方面，德育工作十分繁重，德育工作者并未得到充分的心理教育技能培训；另一方面，大多数高校还在大力建设校级中心（咨询、教学团队），而且以目前高校人员编制配备，心理健康教育工作要充实基层困难很大。针对高校德育、心理健康教育建设的实际，二者可在不同层面进行不同程度的融合。

一是积极探索基于工作队伍的学校德育与心理健康教育工作的基层融合。从现有基层队伍筛选、培养、建设一批复合型人才，通过对他们进行德育与心理健康教育两方面的培训，使他们既能掌握基层德育工作方法，又具有基本心理健康教育技能，能胜任一般性、支持性心理辅导工作，从而将德育与心理健康教育有机整合，实现德育与心理健康教育工作的基层融合。

二是大力支持基于团队意义的高校德育与心理健康教育工作的协同合作。基于笔者所在的团队实践，学校可鼓励心理健康教育体系中的学校专职心理咨询师团队通过二者对话平台进行系统培训，承担部分德育体系的主干课程，通过德育课程实践，"以德促心"，心理健康教育工作团队能深入了解到学生德育状况、心理发展水平，深刻领悟到道德作为幸福生活的必需，从而实现课程中的二者融合。同时还应支持德育体系中教师团队通过"对话平台"系统掌握心理咨询等相关技术，通过心理健康教育咨询实践，"以心促德"，德育教师团队能更近距离了解咨询的意义，加深对心理健康教育工作的理解，从而引发德育工作的实践反思，实现在咨询中的相互促进。

(三)"协同共建"的融合平台

高校应在不同层面搭建多元共享平台，开展德育与心理健康教育之间积极的协商对话、协同共建，才有可能达成德育与心理健康教育的未来共识，从而实现高校德育、心理健康教育融合真正落地。

一是大力建设专注二者工作连通的对话平台。引导他们不仅在概念层面上的关系整合，还要深入具体问题情境或活动进行开放式对话，增进对共同关心问题的理解。如开展思想政治理论课教师、德育辅导员充分参与新生心理测验的实践，能够增进德育工作者对心理健康教育活动的认知和理解，加深双方的工作与情感连接。

二是积极搭建学术对话平台。鼓励二者在学科理论、技术发展上深入交流，鼓励二者联合参加各个层次学术研讨、教学改革，支持二者相互间的理论渗透、技术交流、课程互补，激励二者在更广阔视域下理解、接纳对方。

三是提供联合专项研究平台。各高校可设立专项基金支持德育与心理健康教育拓展研究视野，积极开展交叉学科的学术研究与实践探索，对富有代表性、前瞻性的热点问题进行联合研究。通过专项研究平台，德育与心理健康教育共享学术信息资源、教育信息资料资源，组成工作"联合舰队"，开拓二者融合的新领域、新路径。

总之，高校德育与心理健康教育的融合共生之路才刚刚开始，德育工作者与心理健康教育工作者需要更开阔的视野和工作思路，促进二者多方面融合，增强二者整合的效力，为高校人才培养开拓创新路径。

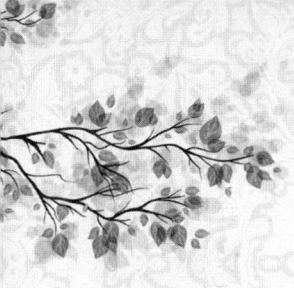

第八章

心理健康教育在高校德育教育中的运用研究

第一节　心理健康教育在高校德育中的运用现状及其原因分析

一、心理健康教育在高校德育中运用的现状表现

(一) 心理健康教育对大学生心理以及道德素质产生影响的表现

1. 心理健康教育对解决大学生心理问题提供了帮助

目前我国高校内部积极开展心理健康教育工作，学校负责学生工作的部门对心理健康教育十分重视，他们基于对学校实际情况的了解和考察，针对自身学校学生的特点，不仅将心理健康教育纳入学生专业必修课程内，还通过各式各样的课外活动对学生群体进行心理健康知识的普及和传授。此外，部分高校还通过具有学校特色的心理健康活动月、校园内网、校园广播等方式为学生提供心理健康教育。由于各个高校的学生素质、教师队伍均不相同，心理健康教育采用的主要方式也各有所长。不过，可以肯定的是，高校内部对心理健康教育的重视和发展也得到了学生的认可和肯定。部分学生遇到心理、情绪等问题愿意主动寻求教师的帮助。积极的双向交流使得心理健康教育在实际运用中达到了预期的效果，为解决学生的心理问题提供了帮助。

2. 心理健康教育引导提升大学生道德素质的效果不佳

高校德育体系包括思想、政治、道德和心理健康教育。目前大部分高校也早已将心理健康教育纳入了德育工作内容中。但是高校德育中的心理健康教育依然是孤立化的，心理健康教育的知识传播依然局限在心理课堂和心理活动中，并没有在各个学科内有效渗透。高校德育工作者认同心理健康教育是学生成长过程中重要的教育内容之一，但是他们并没有引导学生将良好的心理状态合理内化成自身的道德素质。也就是说，心理健康教育对于提高学生的道德素质并没有在实践中得到良好反馈。心理健康教育还停留在单纯解决学生的心理问题，引导学生形成良好的心理状态，而并没有继续深化，没有将实践产生的效果和思想道德教育进行结合，没有对学生的综合素质起到

更好的作用。大多数心理健康教育工作者忽略了对于学生培养的最终目标是拥有良好素质的优秀人才，因此轻视了心理健康教育对道德素质提升的重大作用。综上所述，尽管心理健康教育积极地运用在高校德育工作中，但是心理健康教育在提升大学生思想道德素质方面取得的效果不佳。这种现状要求教育者更加积极地探索如何才能更好运用心理健康教育来提高德育工作的实效性。

（二）心理健康教育理念与德育理念融合现状的表现

事实上，教育界在对待心理健康教育和德育二者之间的关系已经有了较为明确的一致结论，政府相关工作部门也针对心理健康教育和学校德育发布了相关文件。从学生的角度出发，其本身存在的德行问题与其心理出现的偏差不无关系；反之来看，学生的心理问题很有可能是其本身道德素质低下造成的。但是，在高校内部德育工作中，心理健康教育运用的效果并不理想。当前的德育还是注重思想政治教育，内容偏形式化和政治化。德育的关注点也还停留在学生的宏观层面上，对于学生的内在需要关注较少。而心理健康教育也只是关注学生的个体心理发展，并没有把自己放在"大德育"的前提下，没有将培养优秀的人作为活动的最终目标。因此，只有将心理健康教育以人为本的教育理念与德育培养高素质人才的教育目标相结合，才能实现有效运用心理健康教育改善德育现状的目标。

（三）心理健康教育载体在高校德育中运用的现状表现

目前，多数高校在学生心理健康教育方面已经开展了形式多样的活动，并且积极开发了网络平台。但是，正是由于互联网的高速发展，部分心理健康宣传过度依赖微信、微博、网站等平台，缺乏一定的主动性和强制性，学生无法在生活和学习中真实感受到它的存在。所以会出现学校相关教师更新新媒体平台上的心理内容，但学生不会进行认真阅读和浏览，达不到进行心理健康教育的目标。另外，也有部分学生和教师反映现在学校内各种关于心理健康的平台太多，有学校提供的、学院提供的、班级提供的、专业提供的，等等。过多的平台和信息也会造成学生的厌烦，从而导致其不再关注。此外，对比心理健康教育，学校德育工作的主要载体样式较单一，所提供内容的热度、话题度和阅读量均比较低。这也就说明了德育并没有真正利用心理健康教育的优势来进行自我优化，而是选择固守自己的套路，没有更新进步。

(四) 心理健康教育与德育教育方式互相吸纳的现状表现

当下，对比德育教育和心理健康教育的教育方式，德育教育的教育方式还主要停留在课堂上，为新入学的大学生开放思想政治、马列主义等课程。此外，德育的教育过程单纯地将理论知识传递给学生，并未考虑学生是否可以进行实践。而心理健康教育的教育方式则要略胜一筹。心理健康教育从最初的心理咨询开始发展成为结合心理课堂、心理社团活动的全方位教育活动。无论是专业的心理教师，还是普通的专业课教师，在学生遇到心理问题时，都可以提供帮助。由此可以得出，心理健康教育的教育方式可以有效改善德育固化的现状。但是，尽管心理健康教育在高校中开展得十分红火，但是德育教育方式并没有与其融合，没有改变自身以理论为主体的课堂教学方式。因此，心理健康教育和德育在教育方式上并没有有效地相互采纳，心理健康教育也没有在教育方式方面引导德育方式产生积极变化，二者依然各自为营，未能团结协作。

(五) 心理健康教育内容在高校德育中运用的现状表现

1. 德育教育内容理论化，缺少心理健康教育内容

目前，高校学生对于德育教育内容的感受大多数停留在新生入学后的第一学期开展思想道德修养与法律基础课。此外，德育还包括思想汇报、讲座等内容。大多数高校的德育教育内容还是传统的德育课程，并没有根据"大德育"概念的出现对其进行针对性的更改和优化。德育课堂内，教师传授的基本是宏观的社会价值观和思想理论基础，并不会对学生的心理进行关注，也没有渗透关于心理健康的知识。德育教育者默认将心理健康知识留给心理健康课堂去讲授。对于德育教育课程的考核也采用较为传统的闭卷考试、论文书写等方式，并没有研究出新的考核方式。此外，关于德育方面的教材和阅读材料也以认识正确的三观、了解辩证唯物主义为主。这样理论化的德育并没有结合心理健康教育中关注人内在发展的教育内容，造成了德育课程单调、内容枯燥，影响了学生学习和感悟的直接效果。

2. 心理健康教育内容以心理问题为主，未引入德育内容

目前高校中开展的心理健康教育形式多样，内容依然以为学生解决心理问题提供帮助为主。心理健康教育只关注学生群体内大范围存在的心理现状，为学生提供解决问题的方式和途径，倾听学生的内心需求。从心理健康

教育在德育中开始运用起，心理健康教育的教育目标就不应只初步地定位在培养具有良好心态的学生，而应该在教育过程中以学生良好的心理状态为基础对其进行进一步引导和鼓励，从而影响其思想政治道德的提升。而目前心理健康教育目前的教育内容也限制了对最终教育目标的实现。要想通过心理健康教育的运用来改善德育现状，就必须将德育的目标和内容引入心理健康教育中。只有教育者在传递心理健康知识的同时，对学生进行以提升道德素质为前提的引导，才能实现心理健康教育和德育的共同发展。当下两者独立的教育内容只能使两者的实践效果保持现状。

(六) 心理健康教师和德育教师队伍相补充的现状表现

1. 专业知识和理论的掌握情况对教师队伍的互相补充有明显影响

当前，具有心理学知识的教师与不具有心理学知识的教师在心理健康现状、主观态度、对策建议上均存在显著差异。是否具有专业心理学知识对于以上三个维度的影响是明显的。教师拥有的心理学基础越深厚，就越会认为心理健康教育可以提高德育的实效性。因此，在高校德育工作中，需要提高教师的心理学知识，加强对教师心理学的培训，从而有效开展德育工作。

2. 心理健康教师和德育工作者未能进行有效的分工合作

当下，负责心理健康教育工作的职能部门领导、心理健康教师和辅导员对于心理健康在德育中运用的现状有更多不满；在运用心理健康提高德育实效性的主观态度上看，心理健康教师和管理干部对此更加关注；在对策建议方面，主要也是心理健康教师有更大的认同度。大多数专业课的授课教师没有参与过学生工作和学校管理，对心理健康教育和德育工作不是很了解，基本上默认心理健康教育和德育工作应该是由专职人员负责的。由此可见，在高校德育开展的心理健康教育中，不同职务的教师在教育工作中没有全部将心理健康作为自己工作的一部分。高校心理健康教育工作者局限于范围狭小的心理健康教育者，把教育责任归结为专职教育工作者，教师主体难以多元化。

二、心理健康教育在高校德育中运用现状的原因分析

(一) 忽略学生需求导致教育理念借鉴无果

从理论层面上看，仅仅通过教育载体、方式等方面对德育进行改革是

无法从根本上改变德育低效现状的，而通过对德育教育理念的思考才能从根源上解决德育实效性差的现状。①高校德育工作为培养适应社会的优秀人才，需要时刻关注社会的发展变化，与社会大环境保持紧密联系。然而，在学生的成长过程中，除了要拥有过硬的专业技能、正确的价值观和强大的竞争力以外，还需要良好的心态和强大的自我心理调节能力。将心理健康教育运用在高校德育工作中，就是希望可以对学生的成长过程进行全方位把控。但是，现如今的德育依然过分重视社会发展的硬性条件，以社会主义理论为基础，向学生传授固定的传统知识，在教育过程中忽略了学生内心的切实需求。传统的德育教育理念没有发生根本性改变，心理健康教育的运用并不能得到实际效果，自然也无法完成提高德育实效性的主要任务。高校德育作为一种对道德素质和价值观的培养教育，与现代学生的发展规律不吻合，就算是已经将心理健康教育纳入德育体系内也无法改变德育不关注学生个体的现状。尽管教育界明确提出心理健康教育对于德育工作的重要性，但是在整体的教育理念上，二者并未进行有效借鉴，未能从根本上对改善德育实效性提供有力辅助。

（二）教育载体的不合理运用致使"二育"实效性差

教育载体的合理运用有助于教育资源的整合、教育实效性的提高，新兴媒体的发展拓宽了教育的影响力，激发了教育的功能，从而打开了教育的新视野。②目前高校对快速发展的科技十分重视，大多数高校都积极运用互联网和新媒体等新型教育载体开展教学活动。但是，事实上，这些载体的运用并未取得预期的效果。首先，一个重要原因是思路单一的运用方式造成教育载体的不合理使用。这也就造成了载体形式多样，但实践效果不佳的现状。在思想上，无论是德育工作者，还是心理健康教育工作者，都意识到新兴事物的重要性，但是却没有意识到发挥重要性需要结合学生的实际情况，而不是跟随着其他从业者照搬照抄。其次，在心理健康教育运用新型教育载体展开活动时，德育工作者并未紧随其后，而是依然采用隔岸观火的态度，

---

① 侯蔚，姚春雷．现代教育理念视阈下的德育效能探析[J]．中北大学学报（社会科学版），2008（2）．
② 王静．网络德育视域下的大学生心理健康教育载体研究[J]．淮海工学院学报（社会科学版），2011（6）．

维持着传统的方式。这样单一又僵化的思维限制了德育教育载体的发展，不能够独立创新地找寻利用新型载体进行教育活动的方式。最后，心理健康教育在高校德育的运用过程中，没有积极主动协助德育工作对教育载体进行优化，也只是满足自身的需求，独自探索教育载体的运用。

（三）教育方式未有效结合，造成"二育"融合效果不佳

心理健康教育纳入德育后，确实给德育的发展带来了希望。但是如何借鉴、利用心理健康教育的教育方式和教育成果也成为教师工作中最大的挑战之一。在高校德育中运用心理健康教育的过程中，心理健康教育活动和德育教育活动基本上是独立存在的，二者的教育方式各有千秋，并未进行有效的利用和融合。这样的现状最重要的原因是二者并未寻求到在教育方式方面合理高效的结合方法。心理健康教育不只停留在课堂上，还延伸到学生的社团活动、社交生活中去。反观德育的教育过程依然把大部分精力放在课堂知识讲授上。心理健康教育纳入高校德育体系中也仅仅停留在表面，在教育方式上没有形成二者合力，没有将心理健康教育真正放入德育中。

（四）独立的教育内容导致心育无法有效改善德育现状

虽然现在高校对学生的培养方案进行了更改，但是由于国内现行的人才选拔制度，对于学生的培养还是主要集中在知识掌握情况和应试能力上。在部分单位的选拔过程中，对学生思想政治道德和心理水平的考察选用了考试问卷的形式。这样的社会现状也使得高校虽然提高了德育教育的地位，但是在实际上还是更加注重学生的学习和考试能力。因此，许多学校即使已经将心理健康教育纳入德育工作中，但在实际工作中，仍然是以课堂教学的形式对心理健康和道德素质进行形式化和学科化培养。实际教育过程中，单一的学科化知识不足以支撑学生拥有良好的心态，也不足以给学生带来自我调节能力的提升，自然也就无法将心理健康教育的结果深化为对道德素质的影响。

（五）教师队伍不互通造成心理健康教育运用效果差

高校德育工作者对于心理健康知识的掌握程度影响了心理健康教育在德育中的实际运用。然而，心理健康教育工作者对于德育理念的把握和对德育知识的了解也成为其能够利用心理健康教育引导学生优化自身道德素质的有力条件。但是，部分心理健康教育工作者由于缺乏对德育观的了解，导致他们对心理健康教育可以提高德育实效性的认同度低，因此无法在实践工

作中正确处理心理健康教育和德育教育的关系，自然也就无法在实际操作中做到二者的合理结合。此外，还有部分德育工作者不具备系统的心理学知识，在日常工作中只重视学生思想上的变化，认可但不采纳心理健康教育的教育方式。负责两个方向的教师队伍由于对彼此专业的不了解，导致无法利用对方的优势来为自己的工作效果服务。还有一点需要注意的是，在高校内部兼任德育和心理健康教育的工作者数量也不少。他们在实际工作中既要观察学生的个性发展，又要关注学生人生观价值观的宏观变化。二者的冲突和矛盾以及对自我角色的定位也都成为影响教学实效性的原因。综上所述，心理健康教师和德育教师之间的知识、信息不互通造成了他们不了解对方的优势条件，最终导致心理健康教育无法更好地提高德育实效性。

第二节 强化心理健康教育在高校德育中运用的策略

一、相互吸纳教育理念

发展理念就是发展行动的先导。教育理念是指个体对于教育这项行为的认识，什么样的理念，就会引发什么样的教育行为，从而培养出什么样的个体。与过去相比，如今德育理念正在不断发生改变。"大德育"理念的提出丰富了德育工作体系，把心理健康教育引入德育工作中，使二者相互融合，取得最为理想的实际效果。

（一）以心育为基础，坚持"大德育"

"心育—德育"模式提出后，普遍得到了教育界的肯定和支持。为了使二者的融合可以得到理想中的结果，在具体运用过程中要做到合理融合、不狭隘偏颇。这就要求高校及相关教育者要认准以心育为基础坚持"大德育"的教育理念。因此，在心理健康教育在高校德育的运用过程中，应该坚持以德育目标为主要方向，认真对待受教育者已经形成的、客观存在的思想意识和认知，要在其基础上通过心育的方式对学生个体进行心理教育。也就是说，心理健康教育在高校德育中的运用不能偏离德育的主要轨道，要在一定范围内进行操作。

心理健康是一个人正常学习和生活的基本前提，心理健康教育对于大学生群体具有引导和激励作用。将心理健康教育运用到德育的过程中，教育者要形成一个共识，那就是优秀道德素质形成的前提条件是良好的心理状态。因此，教育者在工作中要注意学生的真实心理需求，了解他们的内心想法，通过心理健康教育带动政治、道德、思想三方面的变化，在效果上达到事半功倍。心理健康教育和德育教育的融合既满足了学生优秀道德品质的发展需求，又满足了心理健康状态不断优化的内在需要。

（二）以理论实践结合为本，坚持主体性教育

"大德育"体系从最初的思想政治教育体系发展而来，目前涵盖的内容较为全面，但是在实践方式和途径上较为单调。目前德育传授大多数力量停留在课堂教学，教育者与受教育者多为讲台上下的师生关系，单向传授、强制性灌输都是影响其实际效果的重要原因。而心理健康教育在与个体进行互动方面有着较好的方式和效果。心理健康教育的特点和涉及的话题可以将与学生个体的互动时间定位在课余休息时。心理健康教育在德育中的运用可以将德育理论与实践生活相结合，通过愉快的方式在轻松的氛围中完成对道德素质的影响和提升。理论与实践相结合，才能使心理健康教育和德育相辅相成、卓有成效。

高校德育和心理健康教育的教育对象均为大学生，在传统的讲授活动中，教师为活动主体，而学生为活动客体。然而，无论是德育，还是心理健康教育，都是一项以人为本的活动，在这个过程中，学生的主体性地位不能被忽视。步入大学校园的青少年在之前已经接受过十二年的学校教育和熏陶，在他们身上已经存在着基本的德育思维、情感和行为。教育者无法像操作数据一样直接抹掉原始内容，重新输入指令。无独有偶，学生的心理健康状态也是拥有前提条件的。因此，无论是心理健康教育，还是德育教育，都要求教育者需要重视学生的主体性，在具体工作中结合学生的主体现状采取相应的教学方案。此外，在传统的德育教育方式中，教育者需要具备高尚的道德素质，站在道德高点为受教育者做出表率。而心理健康教育则要求教育者放下身份，通过沟通和倾听来启示引导。将心理健康教育运用到德育中时，重视受教育者的主体地位，这种情况就发生了改变。教育者和受教育者可以通过沟通、引导进行双向互动。教育者可以在此过程中将心理健康教育和德育的目标投放到受教育者的思想中去，引导其形成自主面对的能力。教

育者也不再是单一的施教方,而是通过对德育教育内容的传授,正向引导学生建立良好的心理状态,促进其全面发展。因此,教育者应该遵守心理学中的共情原则,主动与受教育者进行情感同步,尊重受教育者的主体地位,坚持主体性教育,借用心理健康教育的方法和知识,促进受教育者发挥自己的主观能动性,使心理健康教育和德育教育均可获得良好效果。

二、合理运用教育载体

随着信息时代的到来,越来越多的新生事物出现在人们生活中。这些新事物的出现也给教育工作带来了新的改变。心理健康教育在德育中的运用载体也应该不断寻求与新兴技术的结合方式,合理运用教育载体。

(一) 借助"互联网+"打造德育新模式

互联网的出现改变了人们的生活,为人们提供了一个信息快速更新、资源优势共享的环境。互联网已经成为大学生生活的一部分,他们利用互联网学习、娱乐、创业,等等。高校德育和心理健康教育作为高校生活的重要组成部分,也应该加强与互联网的结合,从而打造出更适合学生群体的教育途径。对于互联网心理健康教育的研究已经有很多了,他们通过心理在线咨询、线上活动等方式与部分学生进行沟通,传播心理健康知识,辅助学生进行自我认识。心理健康教育结合互联网的良好运用方式可以转移到德育教育上来,将德育内容形象化,通过现实事例分享、线上实时讨论等方式对受教育者进行鼓舞和引导,从而对学生的道德水平产生影响。心理健康教育在高校德育中的运用应联合构造"互联网+"的新型模式。教育者将互联网作为一项重要工具,通过信息技术来整合网络资源,积极建设有利于心理健康教育的网络德育环境,实现德育与心育的有效融合。因此,高校可以通过建设自己的内部网站,打造德育栏目;利用微信小程序、公众号等功能将有关德育和心育的基本知识进行分享;利用互联网提供心理测评、德育测评以及相关结果的分析和解答,等等。教师可以通过互联网这个无界媒体和学生进行实时互动,在线上为其答疑解惑,并且针对热门事件进行分享评论。根据受教育者对于互联网内容的有效使用情况和反馈情况,教育者可以反推其心理变化和思想道德变化,提前意识到问题并尽早进行心理危机干预。联合互联网建设学校内部的"互联网+德育教育",采用有趣的页面和丰富多彩的资源传播当代正能量，为学生的学习和生活提供正向能量。

（二）结合新媒体技术寻求德育新途径

近年来，微信、微博、朋友圈的兴起占据了人们大多数的休息时间。利用新媒体分享生活、见闻和知识也成为人与人之间相互沟通的有效途径。对于心理健康教育和高校德育来说，这也是一个机会。利用现阶段学生接受度和普及度高的各类新兴媒介建立高校德育教育的新平台是势在必行的。首先，高校可以利用微博、微信公众账号传播校园内外的大事小情，积极鼓励学生与官方账号进行互动，对现实事件进行评论与沟通，以此赢取学生的关注。此后，继续利用公众账号分享心理健康知识、道德小故事和心灵鸡汤，弘扬社会主旋律，以此提升学生的正向情绪和心理幸福感。其次，相关教师可以根据学生的具体情况利用微信等即时聊天的软件与学生保持联系，通过与其沟通、查看其动态等方式实时掌握学生心理和道德动态，以保证可以第一时间察觉异动。最后，学校也可以打造知识问答平台，里面可以提供关于心理健康、政治、思想、道德等知识题目，通过举办答题小活动来激励学生。此外，学校可以根据实际情况通过新媒体平台分享学生身边的事例，打造出学生群体内部的榜样，从而影响更多学生的道德观念和心理状况。联合新媒体，改变传统的课堂讲授和"说教式"的知识传递方式，利用线上数据变化强化对学生的了解，主动分析学生的道德心理需求，积极面对多层次的复杂现状，争取做到将生活中的正能量传递到每个学生的脑海里，使其能够正确对待心理和道德问题，从而使其可以积极地生活和成长。

三、相互借鉴教育方式

心理健康教育和高校德育工作在教育方式上既有相同的一面，也有各自独特的一面。在高校德育工作中，教育者应打破二者的界限，改变各自为营的现状，合理利用心理健康教育中的教育方式实现二者的有效结合，达到互利双赢的理想局面。借鉴和结合二者教育方式可以形成一个相互支撑、共同受益的"大德育"有效体系。

（一）改善传统德育教育方式

心理健康教育和德育的教育对象均为大学生群体，该群体正处于从少年走向成年的过渡时期，需要个性化的教育方式。传统的德育教育方法多重视说教，将德育内容政治化、课本化，把教育者与受教育者的互动定位为差级互动，即教师是权威的教育者，学生则是被动的接受者。而心理健康教育方式则更加灵活化，也多采用双方沟通的方式来解决问题。这样的现状就要求德育教育可以借鉴心理健康教育的方式，将固化的德育知识通过沟通、倾听等方法传递给学生群体。在教育过程中，无论是德育工作者，还是心理健康教育者，都应该坚持以人为本，重视学习过程中学生出现的主观能动性，同时要利用心理健康教育中的共情教育原则将单一的说教式改为双向的交谈式，在教育中引导学生，感受学生的内在心理需求，调动学生的兴趣和积极性，将枯燥的大道理与生活紧密结合。在此过程中引导学生改变自己的行为举止，从而产生良好的道德效果。除此以外，心理健康教育在德育中的运用还可以采纳团体辅导、单独沟通、情景模拟、无领导小组会议等方式，着重人文关怀，将教师对其细腻的教育内容内化为其内心的认同，以此来改善其心理现状，提升其道德素养。

(二) 加大对兴趣社团的利用程度

社团活动是大学生活的重要组成部分之一，学生可以根据自己的兴趣爱好在相应社团中找到志同道合的人。许多高校利用社团这一小群体开展心理健康教育活动，举办心理健康教育周。一方面，社团通过举办相应活动，将心理健康知识与学生的兴趣爱好有机结合，从而达到提高心理素质的目的。这种良性的教育方式同样适用于德育教育。德育工作者可以通过设计相关的社团活动，让学生的道德素质在实践中得到潜移默化的提升。比如说，青年志愿者协会可以通过组织志愿活动带领学生共同进行公益活动，引导学生反思自己的生活现状，得出积极的感悟和改变。社团活动不仅可以丰富学生的课余生活，还可以在生活中让学生真正感受到思想、道德的力量，自发地改变自己的道德状态。另一方面，社团内的同龄人就是彼此的教育者。个体通过外界群体形成的良好氛围来改变自己。学生个体通过参与社团活动，与同龄人之间进行社会交往和人际互动，通过感受他人身上传递的积极心理状态和高尚的道德情操，切实改善自身出现的不良状态，提高自身的道德素质，获得内心的巨大成长。

(三) 合理融入各类教学活动

学生道德素质的提高来自全方位的教育、引导和影响，对于学校教育来说，德育工作不应只是一部分专职人员的任务，而心理健康教育也不应只是心理工作者的专属技能。将心理健康教育运用到德育中是提高德育实效性的重要举措，同样将二者的工作渗透到学校的各类教学活动中也是提高学生道德素养的必然要求。专业课教师应该明白专业知识可以完美运用在社会生产中的前提是学生拥有高尚的道德素养和积极的心理状态。因此，在专业课程教学过程中，教师要观察所传授的专业知识在实践中的运用，引导学生在运用专业知识过程中思考他们所承担的社会责任，也要注重观察学生在学习知识时的心态变化，争取尽早发现问题。另外，各学科教师要根据学生的心理状态改变教学计划，真正做到因材施教。为此，这就要求学校的全体教师都应具备基本的心理和德育知识，都要承担起心理健康教育工作的一份责任。与此同时，学校的课余活动也应重视将心育和德育渗透其中。丰富的课外活动不仅可以提升学生的生活兴致，还可以在活动中扩充自己的见识，磨炼自己的意志，同时锻炼自身的能力。在活动中，如果对学生进行正向的鼓励和引导，也可以使学生维持良好的心理状态，对道德素质的提升有着不容忽视的作用。

（四）开展多样化的心理咨询

心理咨询是高校心理健康教育的重要方法之一。学校聘请专业的心理教师来专门为学生解决所遇到的心理困惑和心理问题。传统的心理咨询将整个过程局限于心理咨询室内，随着硬件环境的不断发展，许多学校开始提供线上咨询、邮件咨询，并且通过建立学生心理档案对学生的心理变化进行监测和记录。心理健康教育在高校德育的运用过程中，心理咨询是必须应用的方式。由于现阶段的心理咨询不受时间和地点的影响，任何一位教育工作者都可以成为一名简单的心理咨询师。他们可以通过与学生沟通，倾听学生的声音，与学生建立双向信任的关系，引导学生说出自己内心的感受和困惑。了解学生的真正需求后，教育者可以和学生共同剖析问题的关键点，从而得出合适的结论和方案。在此过程中，除了单纯为学生解决心理问题，教育者还应该引导学生通过问题看到本质，对自我和社会进行正确合理的判断，形成正确的认知。这样的引导行为可以对学生的人生观、价值观产生影响，给自身的道德素质带来积极的改变。

四、有效融合教育内容

教育内容是学校教育的重点环节。制定教育内容要根据学生的具体特点和成长规律，做到因材施教。在心理健康教育在高校德育中的运用过程中，对二者的教育内容方面还需进行有效的融合和渗透，改变理论化和单一化的现状。只有二者取长补短，才能在实践运用中起到积极作用。

(一) 增加心理健康教育内容在德育中的分量

传统的德育教育课程包含思想道德修养与法律基础、马克思主义基本原理、毛泽东思想与邓小平理论、中国近代史纲要、民族政策与法律等。教育内容多为生硬的理论教育，不联系实际，也不注重学生感悟。这种强硬的教育只在乎学生是否建立了正确的世界观、人生观和价值观，是否了解辩证唯物主义思想以及是否具备法律基础等上层建筑理论，而忽视了学生自身形成的世界观、人生观和价值观，忽略了学生思想成长的内在需求。而这些基本需求，例如情绪的调节和控制、恋爱心理、学业恐慌等，正是心理健康教育所关注的。此外，德育的实效性不高也与教育内容政治化、形式化有关系。因此，增加心理健康教育内容在德育中的渗透可以有效改善德育现状。增加心理健康内容不代表抛弃原有的德育教育内容，而是在保留传统德育内容的基础上，加强对人的心理问题的了解、心理咨询以及其他调节方式的知识内容的教授。德育工作将心理健康教育纳入其中，接受心理健康教育的内容，使德育工作者在关心学生政治修养、道德素质的同时，也关心学生的心理状态和内心需求。这不仅可以完善德育体系，还可以使德育教育收到较好的效果。对于受教育者来说，完善的教育内容不仅可以使其获得优秀的道德素质，还能够自我调节心理状态，为之后的学习和生活打下基础。

(二) 实现心育和德育教育内容的双向互补

我国许多高校已经开设了较为完整的心理健康教育课程，同时也将心理健康教育纳入德育工作体系中。但是，心理健康教育的教育内容依然只围绕学生的心理问题以及解决办法为中心，并未进行有利于德育教育的深入引导。德育工作的本质是要按照社会需求培养出符合社会规范的高素质人才。对学生进行道德素质的培养和思想政治的有效引导是达成这一教育目标的重要方式之一。如今，心理健康教育已经成为德育教育的一部分。因此，心理健康教育也应该在德育教育内容中进行择优,将其引入自身的教育过程,从而使学生形成的良好心理状态在潜移默化中转变为高尚且积极的道德素养。可以说,无论是理想信念的树立还是道德素质的提升,或者是良好心态的培养,都是心理健康教育和德育共同的奋斗目标。因此,心理健康教育也不应该独立在心理学的山峰上,而是应该同时建立在马克思列宁主义和辩证唯物主义等政治理论上。德育教育也要通过对心理学知识的有效运用,培养德智体美劳全面发展的高素质人才。二者之间只有在教育内容上双向互补,才能在实现教育目标上不断前进。

五、统一管理教师队伍,提升其知识水平

与时俱进的"大德育"是德育工作者不断努力探索的结果。心理健康教育在德育中的运用离不开心理健康教育工作者和德育工作者的共同努力。两者融合后,对教育者的队伍提出了新的要求。这样的现状就需要提升教师队伍的整体实力,打造两位一体的专业团队。

(一)建立健全统一管理工作机制

心理健康教育和德育二者之间无法全部代替,从事两育工作的教师队伍也不能完全重合。目前,在高校教师队伍中存在德育工作与心理健康教育工作兼任的教育者。在实际工作中,他们总是面临着或多或少的矛盾和冲突。德育工作与心理健康教育虽然有许多相同之处,但也存在不能忽略的差别。如果学生遇到了心理问题,却接受了以政治观念为主要讨论话题的德育教师的心理调节,那么这个学生势必会产生厌倦情绪,从而选择压制自己的心理问题,使得问题不能得到善终。因此,对于心理健康教育在德育中的运用来说,教师队伍的整合需要统一的管理体制。也就是说,将心理健康教师放入德育工作者的队伍中,成为整个队伍的一个分支;将心理健康教育的日常事务纳入德育日常工作议程中。整体遵从统一领导,加强统一管理,做到无论学生遇到的是思想道德问题,还是心理问题,都有专门的教师进行解答,都可以统一归档、统一记录、统一管理。

(二)加强教师队伍专业知识的学习

德育工作的实效与德育工作者的能力有很大关系,德育工作者除了具备基本的理论知识外,还应该具备丰富的实践经验。而心理健康教育运用在

高校德育中也就要求从事心理健康教育的教育者不仅要具备完整的心理学知识，还要具备扎实的德育理论基础。就目前高校教师的现状来看，部分德育工作者具有夯实的德育理论和实践经验，但对于心理健康知识只掌握简单的一部分。反观，心理健康教育者对于德育理论的掌握也不尽如人意。因此，加强教师队伍的专业知识学习是十分重要的，其中包括心理健康知识、德育理论等内容。针对提高高校教师队伍专业性，最重要的方式就是集中培训。学校可以定期举办相关知识培训班，将整合后的教师队伍按照自身需求进行学习培训。另外，学校还可以通过举办相关知识讲座、教师小组会议讨论以及优秀教师知识分享等方式对教师自身专业知识进行培训和加强。部分教师也可以根据自身情况对所需知识进行自学，利用图书馆、互联网等方式，选择适合自己的专业知识技能进行学习和充电。无论利用哪种方式进行学习，教育者都遵从边学习边实践的原则，将所学专业知识转化为个人工作能力，以期更好地为学生提供帮助。

　　此外，在教师队伍中与学生直接接触的教师主要是辅导员和社团教师。这类特殊岗位的教师在学生的道德养成过程中有着更加重要的作用。因此，要重视辅导员、社团教师等一线岗位的教师，通过他们可以更加快速、直接地了解学生的道德和心理动态。对于处于特殊岗位的教师，更应该提高对自身的要求，养成定期总结分析工作案例的习惯，学会分析学生出现的特殊状况，并且能够从中探索出学生思想道德的变化特点，提高心理健康教育在高校德育中的有效运用，为提升高校德育的实效性做出应有的贡献。

结 束 语

21世纪是新知识层出不穷、新学科不断涌现的时代，我们要善于吸收和借鉴各学科中的相关成果，不断丰富充实德育教育，有效推进德育的建设和发展。从高校德育的工作体系来看，原有的以思想、政治、道德为核心的传统模式依旧是德育工作的重要内容，但是，随着心理健康教育的加入，高校德育并没有顺应出现应有的现状。如果高校德育工作中无法摆正心理健康教育的定位，不重视其可以产生的作用，仍然按照传统模式操作，同样会造成德育实效性停滞不前。因此，探索心理健康教育在高校德育中的实现途径、定位、功能及两者的融合、运用是符合高校发展规律的重要举措。

心理健康教育是一项系统的育人工程，它要求各科教学、日常管理及学生思想品德教育都要有机配合，互相渗透，互相促进，形成一个有机的整体。良好的心理素质是大学生有效接受思想教育、政治教育和道德教育的前提和保障，所以，在高校德育工作中，我们应该积极推进大学生心理健康教育，充分发挥心理健康教育对德育工作的促进作用。

正确认识心理教育的地位是积极有效开展心理教育的前提和基础。本论文主要从性质、价值、结构和功能四个维度给心理健康教育在德育体系中予以具体定位。重点是心理健康教育在高校德育中的结构定位。从系统论的观点分析，整体功能的发挥有赖各个组成部分功能的完整和部分之间关系的完整。在德育体系中，思想教育是引导，政治教育是核心，道德教育是重点，心理健康教育是基础。心理健康教育在高校德育中的基础地位是由德育培养各种素质的层次性、德育的心理接受过程、德育的心理接受机制和认识的阶段性来决定的。

心理健康教育内在地具有德育的功能和价值，或者说正分担着德育的部分功能，并且在一些方向促进了德育功能的发挥和实现。从实然属性的角度来看，大学生心理健康教育已经在无意地、无形地承担着德育系统整体的基础功能，对德育的主要内容如对教育对象的个性塑造和培养、理想信念、道德心理、政治心理和法律人格等构成要素均以显性或隐性的形式产生作用，实施其属性中所具有的实然的德育功能。积极地有意识地寻求发挥和提升其德育应然功能是大学生心理健康教育未来的自我要求和内涵发展的关键。

将心理教育融入高校德育之中，可以更多地关注到学生的心理状况，有效提高德育教育的效果。本书从二者融合的角度出发，阐述了心理教育与德育相结合的重要性及对其本身发展的重要意义。在深入了解心理健康教育和德育关系的基础上，全面抓住心理健康教育的优势条件，探索二者之间的契合点，充分调动高校内部教育资源，共同推动心理健康教育在高校德育中的有效运用。

目前心理健康教育在高校德育中融合、运用的情况和效果不佳，同时在教育理念、教育载体、教育方式、教育内容以及教师队伍上均存在着不够重视、无效融合的问题。面对高校德育实效性不高的现状，高校要善于利用德育体系内的教育资源和教育内容，借鉴以人为本的新理念，利用丰富多样的新方式，积极通过对心理健康教育的合理运用稳固提升高校德育的实效性，为学生的身心发展提供有力保障。

受笔者能力的限制，虽然不一定能在学术界达成共识，但无论是从心理健康教育的学科建设上，还是从增进德育的实效性上来看，都是一种有益尝试。这项工作需要高校从事德育研究的工作人员共同努力，才能达到更好的效果。

参 考 文 献

[1] 王文鹏.高校德育教育的影响因素及对策[J].河南科技学院学报，2009(04).

[2] 张冬梅.浅析新时期高校德育面临的问题与对策[J].西安社会科学，2009(05).

[3] 习近平.全国高校思想政治工作会议[N].人民日报，2016-12-8(09).

[4] 朱浩，黄志斌.关于和谐人格的理论探讨[J].科学技术与辩证法，2005(08).

[5] 蒋学东.论我国当代大学生人格缺陷的原因[J].长沙铁道学院学报，2010(02).

[6] 矫程飞.中国传统和谐文化对当前大学生人格影响及对策研究[D].东北林业大学，2007(25).

[7] 檀传宝.学校道德教育原理[M].北京：教育科学出版社，2004.

[8] 王莉.重视心理健康教育提高德育实效性[J].社科纵横，2011(06).

[9] 张习文.伽达默尔视域融合理论研究[D].济南：山东师范大学，2012.

[10] 杨谦.异质文化互动中的"视域融合"与马克思主义的中国化[N].西南大学学报(社会科学版)，2012(38).

[11] 鲁赛萍.德育背景下心理健康教育的功能和实现途径[J].企业家天地，2008(05).

[12] 刘华军.以心理健康教育增强高校德育实效性探究[J].吉林工程技术师范学院学报，2013(07).

[13] 张卫平.心理健康教育方法在思想政治育中的实践价值[J].教学与管理，2013(04).

[14] 云恒.论大学生思想政治教育与心理健康教育的有机结合[J].教育与职业,2012(02).

[15] 于钦明.心理健康教育视域下思想政治教育创新研究[J].教育与职业,2012(02).

[16] 鲁洁.当代德育基本理论探讨[M].南京:江苏教育出版社,2003.

[17] 林崇德,等.学校心理学[M].北京:人民教育杂志社,2000.

[18] 鲁洁,王逢贤.德育新论[M].南京:江苏教育出版社,2010.

[19] 檀传宝.德育形态的历史演进与现实价值[J].教育研究,2014(06).

[20] 隋海娇.我国当代学校高校心理健康教育与德育交叉的研究[D].吉林高校,2006(04).

[21] 邹广万.我国大学生心理健康教育与德育关系研究综述[J].赤峰学院学报:自然科学版,2010(03).

[22] 谭军.高校心理健康教育与德育的相互渗透[J].教学与管理,2011(36).

[23] 李一鸣,常亮,郝祁霞.高校德育实践缺位的原因分析[J].高教论坛,2013(08).

[24] 崔景贵.班华教授心理教育思想及贡献初探[J].中小学德育,2014(08).

[25] 黄定华.大学生心理健康教育与德育互动机制研究[J].湖南社会科学,2008(02).

[26] 马建青,石变梅.30年来高校思想政治教育对心理健康教育发展的影响[J].思想理论教育,2018(01).

[27] 胡寒春,黄建榕.高校德育与心理健康教育的融合共生路径探讨[J].思想教育研究,2017(12).

[28] 杨明.心理教育在大学生德育中的应用研究[J].当代教育科学,2017(10).

[29] 潘柳燕.心理健康教育与思想政治教育协同作用[J].学校党建与思想教育,2016(09).

[30] 杨静.思想政治教育与心理健康教育有机结合的策略研究[J].教学与管理,2016(3).

[31] 周少贤.心理健康教育在大学生思想政治教育中的应用[J].中国青年政治学院学报,2014(04).

[32] 柯尔伯格.道德发展心理学[M].郭本禹,何谨,等译.上海:华东师范大学出版社,2004.

[33] 叶一舵.现代学校心理健康教育研究[M].北京:开明出版社,2003.

[34] 柏丽华.大学生心理健康教育的思想政治教育功能及实现路径[J].四川文理学院学报,2011(04).

[35] 陈中建.当前高校德育实践实效性提升的科学路径[J].南京社会科学,2014(10).

[36] 冯改花,刘振安.高校心理健康教育与思想政治教育有机融合探析[J].辽宁工业大学学报(社会科学版),2017(01).

[37] 傅强,陈澜.高校心理健康教育和德育整合的探索[J].西南民族大学学报(人文社科版),2014(03).

[38] 马玲玲.心理健康教育与大学生思想政治教育关系探究[J].教育现代化,2015(09).

[39] 王荣,滕飞.融合心理健康教育的思想政治教育路径研究[J].思想理论教育,2015(03).

[40] 胡寒春,黄建榕.高校德育与心理健康教育的融合共生路径探讨[J].思想教育研究,2017(12).